賈誼及其《新書》研究

潘銘基 著

上海古籍出版社

圖書在版編目(CIP)數據

賈誼及其《新書》研究 / 潘銘基著. —上海:上
海古籍出版社, 2017.11
ISBN 978-7-5325-8659-2

Ⅰ.①賈… Ⅱ.①潘… Ⅲ.①政書—中國—西漢時代
②《新書》—研究 Ⅳ.①D691.5②B234.2

中國版本圖書館 CIP 數據核字(2017)第 267255 號

賈誼及其《新書》研究

潘銘基 著

上海古籍出版社出版發行

(上海瑞金二路 272 號 郵政編碼 200020)

(1) 網址:www.guji.com.cn

(2) E-mail:gujil@guji.com.cn

(3) 易文網網址:www.ewen.co

惠敦印務有限公司印刷

開本 890×1240 1/32 印張 8.625 插頁 2 字數 224,000

2017 年 11 月第 1 版 2017 年 11 月第 1 次印刷

印數 1—1,500

ISBN 978-7-5325-8659-2

Ⅰ·3230 定價:36.00 元

如有質量問題,請與承印公司聯繫

自　序

　　賈誼，洛陽人，以年十八能誦《詩》屬《書》見稱，文帝徵以爲博士。誼所論述，大多匡正時事，俾益於有漢一代，雖古之伊尹、管仲未能遠過。後遭讒見放，兩爲太傅，至懷王墮馬死，誼傷爲傅無狀，哭泣歲餘亦死，時年僅三十三耳。其生平事迹詳載《史記·屈原賈生列傳》及《漢書·賈誼傳》。

　　賈誼著述，今可考者，約有以下數種：一、辭賦：《史記》、《漢書》皆載賈生《鵬鳥賦》、《弔屈原文》，《楚辭》收録《惜誓》，《古文苑》載《旱雲賦》及《虡賦》佚文。二、奏疏：《漢書》所載《陳政事疏》(又名《治安策》）、《論定制度興禮樂疏》、《論積貯疏》、《諫鑄錢疏》、《請封建子弟疏》、《諫立淮南諸子疏》，以及《通典》所載《上都輸疏》。① 賈誼所上奏疏，大多互見於賈誼《新書》。三、賈誼《新書》五十八篇。

　　司馬遷嘗於賈誼本傳謂其“頗通諸子百家之書”，② 今證之《新書》，益見史遷所言甚是。今考與賈誼《新書》互見之周秦兩漢典籍甚

---

　　① 此處所列之七篇奏疏，《陳政事疏》、《請封建子弟疏》、《諫立淮南諸子疏》見於《漢書·賈誼傳》，《論定制度興禮樂疏》見於《漢書·禮樂志》，《論積貯疏》、《諫鑄錢疏》見於《漢書·食貨志》。另《上都輸疏》見於《通典·食貨十》。(《上都輸疏》見於杜佑：《通典》，北京：中華書局，1988 年，卷十，頁 214。)

　　② 司馬遷：《史記》，北京：中華書局，1982 年第 2 版，卷八十四，頁 2491。

衆,大抵爲其頗通諸家之書之明證。兹列與《新書》互見之周秦兩漢典籍如下:《鬻子》、《詩》、《左傳》、《國語》、楚簡本《緇衣》、《戰國策》、《韓非子》、《吕氏春秋》、《淮南子》、《韓詩外傳》、《春秋繁露》、《毛詩詁訓傳》、《史記》、《文子》、《禮記》、《大戴禮記》、《新序》、《説苑》、《古列女傳》、《漢書》、《前漢紀》、《論衡》、《孔子家語》。另賈生《鵬鳥賦》雖未載於今本《新書》,①其文亦與《鶡冠子·世兵》有互見關係。②

　　本書之撰,以文本細讀爲法,從各方面比勘賈誼《新書》與周秦兩漢典籍之互見關係。概略而言,可分爲三大部分,共八章節。各章節内容簡介如下:

　　第一部分包括兩章節,分別以宏觀與微觀之角度討論賈誼之學術思想。首章爲《論賈誼學術思想之歸屬——兼論其思想之時代意義》。賈誼學術思想之歸屬,歷來多有爭議。《史記》本傳言賈生"頗通諸子百家之書",則其博學可見一斑。又據前人所論,賈誼學無常師,匯通諸家,致使其思想兼具各家之影子。本文據《新書》所載,析論賈誼與儒、道、墨、法、陰陽各家學術思想之關係,輔以前人有關賈誼學術思想所屬之討論,從而指出其兼通各家之特色。此外,亦就其師承關係、時代背景等,探討賈誼與各家學術思想之關係。馮友蘭説:"賈誼的思想是很複雜的。"③賈誼所倡議者部分並不能單純歸類爲單一學術思想,本章亦將一併討論。賈誼博采諸家學説,並非前漢士人之孤例,實兼具其時代意義。本文以陸賈、晁錯之學術思想歸屬爲證,藉以表明賈誼思

---

　　① 案:《漢書·藝文志·詩賦略》載《賈誼賦》七篇。(班固:《漢書》,北京:中華書局,1962年,卷三十,頁1747。)又《諸子略》儒家類載《賈誼》五十八篇。(《漢書》,卷三十,頁1726。)由是觀之,《漢書·藝文志》已將賈誼之賦作與其他著述分別著録,則賈誼賦作當不包括在《新書》之内。惟宋人陳振孫《直齋書録解題》謂其所見本賈誼《新書》"首載《過秦論》,末有《弔湘賦》"。(陳振孫:《直齋書録解題》,上海:上海古籍出版社,1987年,卷九,頁270。)《弔湘賦》即《弔屈原賦》,是陳氏所見《新書》或包括賈誼賦作,與今本有所不同。

　　② 賈誼《鵬鳥賦》與《鶡冠子·世兵》之互見關係,前人多有論之,如戴卡琳(Carine Defoort)之《解讀〈鶡冠子〉——從論辯學的角度》、孫福喜《〈鶡冠子〉研究》皆其例。

　　③ 馮友蘭:《中國哲學史新編(中卷)》,北京:北京出版社,1998年,頁14。

想之所以糅合各家之説,實與當時時代背景不無關係。陸賈、賈誼、晁錯同爲漢代政治家,三人活躍時間相近,同爲朝廷出謀獻計,創獲甚多。陸賈爲賈誼之前輩,曾於文帝一朝擔任朝中大夫;晁錯雖與賈誼同年出生,但其參政歷程則稍晚於賈誼。基於三人政治背景、活躍於政壇之年代相若,以陸、晁與賈誼比較,藉以論證賈誼思想具時代意義亦較爲恰當。本文以陸、晁政論文爲本,分析其學術思想,繼而藉二人之學術思想歸屬,復論賈誼學術思想之時代意義,其博學多才實乃前漢學者之特色。

　　本部分第二章爲《賈誼與荀子學術淵源考證》,旨在討論賈誼與荀子之學術淵源。賈誼頗通諸家之書,但非雜亂無章,而以荀學爲其學術思想之主導。此章列舉證據,以見賈誼學術思想源於荀子。賈誼生於漢興之初,其時天下始定,士大夫務以安定天下爲己任,並就此多所倡言。秦之統一六國,駕馭宇内,成就一時之功,然十五年而速亡,傳位不過三世。漢初士子於此多所關注,高祖時,陸賈撰《新語》十二篇,嘗多番論及秦失天下之因由,據《史記》所載,高祖於陸賈所奏無不稱善。①　此後,文帝時賈山"言治亂之道,借秦爲諭,名曰《至言》"。②　及後賈誼《過秦論》,乃係以秦之速亡諫主之集大成者。當司馬遷編纂《史記》之時,復將賈生《過秦論》置諸《史記・秦始皇本紀》之末,其重要性自可見一斑。《過秦論》今置《新書》之首,亦可見賈生學問之根本。賈生之以秦亡爲鑒,以爲法只能治劇,禮治方是長治久安之策,以及指出教育太子之迫切性。凡此種種,皆與荀子之學術思想頗爲接近,惟歷代著述以此立説者多有未備。《史記》謂賈生爲河南守吴公所薦,而吴公故與李斯同邑,又嘗學事焉。李斯嘗爲荀卿學生,學者即據此認

---

　　①　案:《史記・酈生陸賈列傳》云:"陸生迺粗述存亡之徵,凡著十二篇。每奏一篇,高帝未嘗不稱善,左右呼萬歲,號其書曰'新語'。"此所言"新語"者,即今陸賈《新語》。(《史記》,卷九七,頁2699。)
　　②　《漢書》,卷五十一,頁2327。

爲賈生與荀學關係密切。此等近乎直線傳授之授受關係,實在失諸交臂,過於簡單。本章取用賈誼《新書》與《荀子》兩書文本比對分析,以見二人於學説、思想之傳承關係,並論二者之師學淵源。

第二部分包括三章節,以文獻互見之法爲據,析論賈誼《新書》及其互見文獻之關係,並討論《新書》之真僞。本部分第一章爲《論賈誼〈新書〉之命名及其出現的年代》。自《漢書·藝文志》載録賈誼五十八篇以來,歷代有關此書之書名、卷帙之記載多有不同。此後而有《賈誼書》、《賈子》、《賈誼新書》、《新書》等名,又有九卷、十卷、十一卷各種版本之分。後人有因賈誼《新書》命名之混亂,以及卷帙載録不一,或偶有散佚之文,乃以爲今所見賈誼《新書》爲僞書。本文以歷代書志、序跋載録爲據,輔以唐宋類書引録賈誼《新書》之文,重新梳理賈誼《新書》書名演變之由來,以及"賈誼新書"出現的年代,並據以考證今所見賈誼《新書》之真僞。

本部分第二章爲《賈誼〈新書〉與〈漢書〉互見關係考略》。歷代學者於《新書》之真僞多有爭論,或以爲真,或以爲僞,亦有半真半僞之說,然皆多以《漢書·賈誼傳》所載諸疏與賈誼《新書》之關係立説。班固以賈生"所著述五十八篇,掇其切於世事者著于傳云"。① 《漢書·賈誼傳》部分内容乃班固采賈生五十八篇文章重新編排而成。今考賈誼《新書》五十六篇(《問孝》及《禮容語上》原缺),見於《漢書·賈誼傳》者二十一篇,② 見於《食貨志》者五篇,③ 見於《禮樂志》者兩篇,④ 見於《五行志》者一篇,⑤《陳涉項籍傳》則載録《過秦上》。即賈誼《新書》共

---

① 《漢書》,卷四八,頁 2265。
② 此二十一篇包括《新書》卷一《過秦上》、《宗首》、《數寧》、《藩傷》、《藩彊》、《大都》、《益壤》,卷二《權重》、《五美》、《制不定》、《階級》,卷三《俗激》、《時變》、《孽産子》、《親疏危亂》、《解縣》、《威不信》,卷四《匈奴》、《勢卑》、《淮難》,卷五《保傅》。
③ 此五篇分別爲《新書》卷三《瑰瑋》、《銅布》、《憂民》,卷四《無蓄》、《鑄錢》。
④ 此二篇分別爲《新書》卷一《數寧》、卷三《俗激》。
⑤ 此篇爲《新書》卷十《禮容語下》。

有三十篇見於《漢書》。本文綜合前人之意見,然後對讀《新書》與《漢書·賈誼傳》、《漢書·食貨志》《禮樂志》等相互重複之篇章,發現《漢書》與《新書》互見部分互有所是,非必以《漢書》所載者爲是。陳振孫《直齋書録解題》謂賈誼《新書》"其非《漢書》所有者,輒淺駁不足觀,決非誼本書也",①以及《四庫全書總目》謂"其書多取誼本傳所載之文,割裂其章段,顛倒其次序,而加以標題,殊瞀亂無條理",②以爲《新書》乃割裂《漢書》而成之論,實有需要重新考訂。準此,本文循而考證二書互見部分之先後關係,並論定《新書》之真確,以及討論《新書》之成書年代。

　　本部分第三章爲《賈誼〈新書〉與〈鬻子〉互文考》。《鬻子》一書,題爲楚祖鬻熊所撰。③歷代辨僞學者如黃震、宋濂、王世貞、楊愼、姚際恒及四庫館臣等皆以爲僞書,以賈誼《新書·脩政語下》所引各條"鬻子曰"不見於今本《鬻子》也。考今本《鬻子》,賈誼《新書》所引"鬻子曰"各條確乎不見,則以今本《鬻子》爲僞者所論似是。然而,豈必題爲"鬻子曰"者,方是《鬻子》文字哉?當辨僞者言之鑿鑿,以爲《鬻子》必僞之際,俞樾《諸子平議補録》、劉師培《賈子新書斠補》等校勘賈誼《新書·大政上》《大政下》《脩政語上》,卻又疏理出《新書》與《鬻子》相合之文字。然則,是《鬻子》確有見於賈誼《新書》者也。今人黃雲眉《古今僞書考補證》復云:

　　　　《漢志》著録之《鬻子》,當爲戰國時所依托,而今本《鬻子》,如《四庫提要》所言,唐以來依仿賈誼所引,撰爲贋本,則毋寧謂今本《鬻子》,與今本《新書》,皆唐以來人所依托,而其有心相避,或

————————

　　① 《直齋書録解題》,卷九,頁 270。
　　② 永瑢等:《四庫全書總目》,北京:中華書局,1965 年,卷九十一,頁 771。
　　③ 班固《漢書·藝文志》云:"《鬻子》二十二篇。"注:"名熊,爲周師,自文王以下問焉。周封爲楚祖。"(《漢書》,卷三十,頁 1729。)

者竟出於一手,亦未可知也。①

黄氏因賈誼《新書》"鬻子曰"數條不見於今本《鬻子》,因而推斷今本《鬻子》爲僞書,並進而指出賈誼《新書》同爲僞作,作僞者同屬一人,二書之成書年代則在唐以後。可見辨僞者如黄雲眉謂賈誼《新書》、《鬻子》並無互見,校勘學者如俞樾、劉師培則得見二書相關部分。總而言之,今本《鬻子》確見於賈誼《新書·大政上》《大政下》《脩政語上》諸篇,黄説待商。本文即利用文獻排比對讀之法,細論《鬻子》與賈誼《新書》之互見關係,並蠡測今本《鬻子》與賈誼《新書》成書年代之下限。

第三部分共録三篇文章,詳論賈誼之經學。本部分第一章旨在探討賈誼之《詩》學。據《史》、《漢》本傳所載,賈誼十八歲時便以能誦《詩》而著聞於郡中,則其於《詩》當頗有研究。西漢初年三家《詩》學未分,前人學者如陳喬樅《三家詩遺説考》、王先謙《詩三家義集疏》等以爲賈誼之時只有《魯詩》,因此賈生説《詩》必爲魯説。此説實可商而未可盡信。文帝時始立一經博士,五經博士至武帝在位時才確立,賈生文帝初人,其時經學既未定於一尊,且師法家法亦未嘗確立。在齊、魯、韓三家《詩》以外,他家詩説亦應存在,《魯詩》時代雖早,亦不可斷以爲賈生用《詩》必屬魯説。此外,賈誼《新書》與周秦兩漢典籍互見者甚衆。賈生多有引用前代文獻説《詩》,或引用已含《詩》之文獻之例,若以此而論賈生所屬《詩》派,實未足以饜人意。本部分即以文本細讀之法,臚列賈誼以文獻説《詩》之例,仔細分析賈誼《新書》用《詩》之法,以證賈生頗通諸子百家之書,以及賈誼《詩》説之實。

本部分第二章討論賈誼與《左傳》之關係。據《漢書·儒林傳》、《隋書·經籍志》、《經典釋文·序録》等載,賈誼嘗習《左傳》,更爲張蒼之弟子。然細意比勘賈誼《新書》所録春秋史事,知其與《左傳》不合

---

① 黄雲眉:《古今僞書考補證》,濟南:齊魯書社,1980 年,頁 119。

者頗多，是以不能謂賈誼乃《左傳》學者。其實，賈誼博通諸子百家之
書，學識廣博，解說史事，自不以一書囿之。賈誼漢初人，其時所見之典
籍，微爲近古，其中載録春秋史事者，亦必較今日所見多有不同，故《新
書》所言與《左傳》未爲相合，亦固其然也。汪中《賈誼新書序》云：“其
時經之授受，不著竹帛，解詁屬讀，率皆口學。其有故書雅記，異人之
聞，則亦依事枚舉，取足以明教而已。”[1]指出口耳相傳引致史事記載多
有不同。汪之昌《賈子新書書後》言《新書》所記春秋史事“皆與《左氏
傳》異同，尤足見其廣徵博引，異於株守一先生之説者”，[2]其説最爲通
達。本部分將綜合前人學者意見，討論賈生與《左傳》之關係，然後取
《左傳》與賈誼《新書》對讀，以見賈生引用春秋史事之法，從而引證前
人論説之當否。

　　本部分第三章探析賈誼經學思想之時代意義。前人論述賈誼經學
思想，每多就其學術淵源著眼，以爲窮波討源，雖幽必顯。就《詩》而
言，清人陳喬樅、王先謙、魏源等皆以爲賈生用《魯詩》；至於《春秋》，學
者多推尋賈生學術淵源，以爲其師承張蒼，習《左氏傳》訓故。及至用
禮，又單憑片言隻語，少加考證，輒謂賈誼禮論源自荀卿，乃“荀子的再
傳弟子”。[3] 以上衆説，皆可商而未可盡信。汪中云：“漢世慕尚經術，
史氏稱其緣飾，故公卿或持禄保位，被阿諛之譏，博士講授之師，僅僅方
幅自守，文吏又一切取勝。蓋仲尼既没，六藝之學其卓然著於世用者，
賈生也。”[4]汪氏以爲賈生説事多用六經，卓然於世，今證以《新書》諸

---

　　① 　汪中：《賈誼新書序》，載汪中著、田漢雲點校：《新編汪中集》，揚州：廣陵書社，
2005 年，文集第四輯，頁 423。又王更生《賈誼春秋左氏承傳考》亦云：“今案賈誼之引春秋與
左氏多不合，蓋因其經之授受，不著竹帛，解詁屬讀，率皆口耳，其有故書雅記異人之聞，則亦
依事枚舉，取足以明教而已。”（王更生：《賈誼春秋左氏承傳考》，《孔孟學報》第 35 期，
1978 年，頁 141。）王氏所言是也，其説蓋襲用汪中而未明言之。
　　② 　汪之昌：《青學齋集》，新陽：青學齋，1931 年，卷二十三，頁 3a。
　　③ 　王興國：《賈誼評傳》，南京：南京大學出版社，1992 年，頁 99。
　　④ 　汪中：《賈誼新書序》，載汪中著、田漢雲點校：《新編汪中集》，頁 423。

篇,知汪説是也;而《新書》與六經之關係亦可考見。本文以賈誼《新書》與先秦兩漢典籍互見部分爲證,考察賈生引用經籍之實況,以期打破前人所謂賈生經學淵源之成見。復以諸經爲證,細論賈誼《新書》所引經文,及其説解與經説之異同,並據此重構賈生用經之貌。

　　本書之撰,實以筆者哲學碩士論文《賈誼新書與先秦兩漢典籍關係考》爲基礎,加以補足資料而成。業師何志華教授經年間之教導,循循善誘,多所指正,裨益甚多。本書首次於 2010 年在香港結集,名爲《賈誼〈新書〉論稿》,當時包括了六篇文章,分別是《賈誼〈新書〉與〈漢書〉互見關係考略》、《〈鶡子〉與賈誼〈新書〉互文考》、《賈誼與荀子學術淵源考證》、《賈誼説〈詩〉考》、《賈誼〈新書〉與〈左傳〉關係考辨》、《〈四部叢刊〉電子本賈誼〈新書〉的問題》等。近年來,我就賈誼及其《新書》又有些新想法,寫了新文章,分別是《論賈誼學術思想之歸屬》、《論賈誼〈新書〉之命名及其出現的年代》,以及《論賈誼經學思想之時代意義》,並就過去所寫的論文都作出了一些修訂,作爲學術研究上階段性的總結。事隔六年,是次蒙復旦大學陳尚君教授之鼓勵和引薦,並得上海古籍出版社劉賽先生的協助,重新編排並作出版。又本書各部分均曾刊登於中港臺匿名送審之學術刊物,包括《人文中國學報》、《九州學林》、《經典與解釋》、《諸子學刊》、《臺灣書目季刊》、《古籍整理研究學刊》、《嶺南大學經學國際學術研討會論文集》等,謹此一併致謝。各篇文章在收入本書時略作修改,下不贅述。本書不足之處尚多,還望四方君子不吝賜正。

二〇一六年十二月於香港中文大學

目　　録

第一部分
賈誼之學術思想

論賈誼學術思想之歸屬

——兼論其思想之時代意義

一、引　　言

賈誼(前 200—前 168),洛陽人,年十八以能誦《詩》、《書》而聞於郡中,文帝徵以爲博士。誼所論述,大多匡正時事,裨益於有漢一代,劉向以爲雖古之伊尹、管仲未能遠過。後遭讒見放,嘗爲長沙王、梁懷王太傅,至懷王墮馬死,誼傷爲傅無狀,哭泣歲餘亦死,時年僅三十三矣。其生平事迹具載《史記》、《漢書》本傳,其中《漢書》兼錄賈誼之《陳政事疏》,較諸《史記》而言更爲完整反映賈誼之政治思想。

縱英年早逝,惟賈誼對西漢一朝以至後世影響深遠。魯迅(1881—1936)謂賈誼"沾溉後人,其澤甚遠"。[1] 賈誼在政治、文學等方面影響後世,其歷史地位毋庸置疑。賈誼政論既見於《漢書·賈誼傳》

---

① 魯迅:《漢文學史綱要》,載《魯迅全集》第九卷,北京:人民文學出版社,1996 年,頁 391。

《禮樂志》《食貨志》等，亦見載《新書》之中。① 此外，賈誼亦以辭賦名家，《史記》、《漢書》本傳錄其《弔屈原文》和《鵩鳥賦》，其中後者多採《莊子》文句，闡析老莊道家齊死生之理，頗受後世稱頌。

　　至於賈誼的學術思想歸屬，歷來多有爭議。《史記》本傳言賈生"頗通諸子百家之書"，其博學可見一斑。又據前人所論，賈誼學無常師，匯通諸家，致使其思想兼具各家之特質，兼蓄並收。茲篇之撰，以賈誼政論和辭賦爲據，作文本細讀，輔以前人學者就賈誼學術思想歸屬之討論，證成賈誼學術思想非出一家，其博學多才實乃前漢學者之特色。

二、賈誼與各家學術思想之關係

　　討論賈誼學術思想之歸屬，可從賈誼《新書》入手。② 下文據《新書》所載，析論賈誼與儒、道、墨、法、陰陽各家學術思想之關係，輔以前人有關賈誼學術思想所屬之討論，從而指出其兼通各家之特色。此外，亦就其師承關係、時代背景等，探討賈誼與各家學術思想之關係。馮友

---

　　① 有關賈誼《新書》真偽之討論頗多，學者所言莫衷一是。其中焦點所在乃係《漢書》所載賈誼奏疏與《新書》之互見關係，據本人考證，"前代學者討論賈誼《新書》真偽之時，多以其與《漢書》之互文爲說，並以傳習既久之《漢書》而動輒指出《新書》必偽無疑。誠如余嘉錫所言，此說可商而未可盡信。"此外，"賈誼《新書》未見載於《漢書》各傳者，前人嘗謂‘淺駁不足觀’，因而推斷《新書》必屬偽作。今據兩漢六朝典籍所引，知《新書》不見《漢書》者亦有典籍引之，前人謂《新書》作偽者爲魏晉以後人之說，實可重新檢討。"詳參本書後文《賈誼〈新書〉與〈漢書〉互見關係考略》。大抵賈誼《新書》未必是《漢書·藝文志》所載"賈誼五十八篇"，但亦不必是黃雲眉《古今偽書考補證》所言的"唐以來人所依托"（黃雲眉：《古今偽書考補證》，頁120），要之，蓋成於漢魏六朝之間。
　　② 案：班固《漢書·賈誼傳》"贊曰"云："凡所著述五十八篇，掇其切於世事者著於傳云。"（班固：《漢書》，卷四八，頁2265。）可見賈誼本傳乃據《漢志》"賈誼五十八篇"約取而成，今所見《新書》實五十六篇，大抵亦非《漢志》之舊，唯所載內容有勝於《漢書》諸疏者，故本文分析賈誼思想時，主要以《新書》爲據。

蘭(1895—1990)説:"賈誼的思想是很複雜的。"①賈誼所倡議者部分並不能單純歸類爲單一學術思想,下文亦將一併討論。

(一) 賈誼與儒家

　　賈誼所言多與儒家學說相關,《漢書・藝文志》亦置"賈誼五十八篇"於諸子略儒家類,②其學說與荀學尤爲相近。王興國(1937—)謂賈誼乃"荀子的再傳弟子"、③徐復觀(1904—1982)謂"賈生所突出的禮的思想,又是受荀子的禮的思想,而繼續向前發展的"。④ Charles Theodore Sanft 亦指出,"There are certainly some similarities between the thought and imagery between Xunzi and Jiayi."⑤三者俱言賈誼與荀子之學術思想關係密切。前人學者以爲賈誼師承荀子,有兩條線索,一爲賈誼由河南守吳公舉薦予朝廷,其淵源如下:

$$荀子→李斯→吳廷尉→賈誼$$

丁毅華(1945—)、王更生(1928—2010)、王興國等認爲荀、賈具以上師承關係。⑥又丁毅華謂賈誼因《春秋左氏傳》而爲荀卿之再傳弟子,因而提出另一條荀賈師承脈落:

$$荀子→張蒼→賈誼$$

---

①　馮友蘭:《中國哲學史新編(中卷)》,頁 14。
②　《漢書》,卷三十,頁 1726。
③　王興國:《賈誼評傳》,頁 99。
④　徐復觀:《兩漢思想史(卷二)》,臺北:臺灣學生書局,1977 年,頁 140。
⑤　Charles Theodore Sanft, "A Study of Jia Yi's *Xin Shu*", PhD. Diss., University of Munster, 2005, p.32.
⑥　丁毅華、王更生、王興國之説分別參見: 丁毅華:《荀子、賈誼禮治思想的傳承》,載《天津師大學報》第 6 期,1991 年,頁 33;王更生:《救世愛國的少年賈誼》,載《中華文化復興月刊》第 13 卷第 8 期,1980 年 8 月,頁 66;王興國:《賈誼評傳》,頁 2。

持此説者雖在少數,唯據《經典釋文・序録》所載,"(虞卿)傳同郡荀卿名況。況傳武威張蒼,蒼傳洛陽賈誼",①則以爲賈誼遠承荀子,實古已有之。

事實上,前人所論意在證成賈誼師承荀子,此足證賈誼頗受荀子影響。學者亦試從不同方面仔細論證荀子與賈誼之關係。丁毅華從篇名對照、文風、内容、歷史進步觀等方面考查賈、荀相同之處;②本人嘗以文本互證法,從賈誼因襲《荀子》文句、詞彙、句義等方面,論證荀賈關係之密切,詳參下文討論。③後世雖或以爲荀子已非純儒,唯於儒家道統之中,荀子仍是承繼孔、孟之儒者,後世討論先秦儒學時仍多以孔、孟、荀並稱,故謂荀子學説極具儒學色彩,實無可疑。下文即以賈誼所論正君之身、仁政治國、教育觀等三方面,析述其與儒家學説之關係。

1. 正君之身

賈誼《新書》所言多針對君主與皇子而發,指出爲人君者必先正其身,與儒家所倡者合。儒家論爲政,亦重正身,《論語》、《孟子》等多有記載。④《大政上》指出國君爲萬民之表率:

> 故夫士民者,率之以道,然後士民道也;率之以義,然後士民義也;率之以忠,然後士民忠也;率之以信,然後士民信也。故爲人君

---

① 陸德明:《經典釋文》,北京:中華書局,1983 年,《序録》,頁 26a。
② 參丁毅華《荀子、賈誼禮治思想的傳承——兼論中國傳統政治文化的思想基礎》,載《天津師大學報》第 6 期,1991 年,頁 33—40。
③ 詳參本書第一部分第二章《賈誼與荀子學術淵源考證》。
④ 《論語》與《孟子》對爲人君者必先以身作則多有論述。如《論語・子路》云:"其身正,不令而行;其不正,雖令不從。"《論語注疏》,載《十三經注疏(整理本)》,北京:北京大學出版社,2000 年,卷十三,頁 193。本文所用《十三經注疏》悉據此本,不另作説明。《孟子・離婁上》云:"君仁,莫不仁;君義,莫不義;君正,莫不正;一正君而國定矣。"《孟子注疏》,卷八上,頁 258。

者,其出令也,其如聲;士民學之,其如響;曲折而從君,其如景矣。①

士民與君主之關係如影隨形,士民以君主爲學習對象,君主爲一國之領導,賈誼由此論證爲人君者必先正其身。

2. 仁政治國

賈誼關於治國主張相當完備,在民本施政、仁政愛民、禮治天下、選賢與能等方面均有言及,與儒家學説相合者衆。

第一,賈誼所倡之"以民爲本",與孟子所言民本思想相合。②《新書·大政上》指出國家之興衰存亡全繫於民心背向:"聞之於政也,民無不爲本也。國以爲本,君以爲本,吏以爲本。故國以民爲安危,君以民爲威侮,吏以民爲貴賤。此之謂民無不爲本也。"③當民心背離,國家必亡:"故自古至於今,與民爲仇者,有遲有速,而民必勝之。"④此足見賈誼以爲民心背向與國家治亂關係密切。

第二,賈誼以爲君主施行仁政,可使天下大治。《新書》諸篇先後舉述商湯捕獸之事、楚昭王之復國等爲例,⑤闡述行仁政之重要性。賈誼反覆申説秦亡在於"不施仁義",⑥道出不施仁政之弊。行仁政可使

---

① 閻振益、鍾夏:《新書校注》,北京:中華書局,2000年,卷九,頁341。
② 孟子主張民貴君輕,《孟子·盡心下》云:"民爲貴,社稷次之,君爲輕。"(《孟子注疏》,卷十四上,頁456。)又《孟子·離婁上》云:"天下之本在國,國之本在家,家之本在身。"(同上,卷七上,頁228。)
③ 《新書校注》,卷九,頁338。
④ 同上,卷九,頁339。
⑤ 賈誼論商湯捕獸之事,詳見《新書·諭誠》。此中論商湯捕獸之時,令手下去三面網,而僅餘一面;百姓知悉商湯捕獸之時不忘仁德,大爲稱許。(同上,卷七,頁279。)又楚昭王復國之事,亦見《新書·諭誠》。此中論楚昭王因當房之德而得以復國,故《新書》稱之。(同上,卷七,頁279。)
⑥ 語出賈誼《過秦論》。(同上,卷一,頁3。)此外,《新書》之中尚有不少篇章以亡秦爲喻,以諫主上。詳參本書後文"賈誼《新書》以秦事爲喻資料彙輯",其中可見《新書》尚有十二篇載以秦爲喻之事。又,筆者曾撰文討論漢人引秦亡事爲諫,詳見拙著《從陸賈〈新語〉到揚雄〈劇秦美新〉——前漢士人以秦亡舊事進諫的研究》,載《文學論衡》總第28期,2016年8月,頁50—67。

天下大治,賈誼引録帝嚳、帝堯之語爲證。①《新書》所言仁政愛民思
想,實與儒家所言者相合,《孟子》云:"三代之得天下也以仁,其失天下
也以不仁。"②又言"王發政施仁,使天下仕者皆欲立於王之朝"③,此可
見賈誼所論與儒家仁政論相合之處。

　　賈誼以爲君主應行德政,④《大政下》謂刑罰不能治民,繼而指出行
德政之果效:"故曰刑罰不可以慈民,簡泄不可以得士。故欲以刑罰慈
民,辟其猶以鞭狎狗也,雖久弗親矣。""夫民者,諸侯之本也。教者,政
之本也;道者,教之本也;有道,然後教也;有教,然後政治也;政治,然後
民勸之;民勸之,然後國豐富也。故國豐且富,然後君樂也。"⑤君子以
刑罰治民,猶如馴服畜牲般,殆非良策。以德政治民,國家秩序方告穩
定,人民才會富樂,此較以刑罰治民更爲有效。

　　第三,賈誼主張以禮治天下。據前人學者所論,賈誼師承荀卿,深
受荀學禮治思想之影響。⑥《新書》之中,《禮》篇專論禮治。賈誼認爲

---

　　① 《新書·脩政語上》引録帝嚳、帝堯所言,以見施行仁政之重要性。"帝嚳曰:'德莫
高於博愛人,而政莫高於博利人。故政莫大於信,治莫大於仁,吾慎此而已矣。'""帝堯曰:
'吾存心於先古,加志於窮民,痛萬姓之罹罪,憂衆生之不遂。故一民或饑,曰此我饑之也;
一民或寒,曰此我寒之也;一民有罪,曰此我陷之也。'仁行而義立,德博而化富。故不賞而民
勸,不罰而民治,先恕而後行,是故德音遠也。"(《新書校注》,卷九,頁360。)

　　② 《孟子注疏》,卷七上,頁226。

　　③ 同上,卷一下,頁28。

　　④ 關於實行德政,《論語》《孟子》等儒家典籍均有記載。如《論語·爲政》云:"道之
以政,齊之以刑,民免而無恥。道之以德,齊之以禮,有恥且格。"(《論語注疏》,卷二,頁
16。)又云:"爲政以德,譬如北辰,居其所而衆星共之。"(同上,卷二,頁15。)《孟子》比《論語》
所言更爲具體,如《孟子·公孫丑上》云:"以力服人者,非心服也,力不贍也。以德服人者,中
心悦而誠服也,如七十子之服孔子也。《詩》云:'自西自東,自南自北,無思不服。'此之謂
也。"(《孟子注疏》,卷三下,頁105。)

　　⑤ 《新書校注》,卷九,頁347。

　　⑥ 賈誼深受荀子禮治思想影響。《荀子·禮論》云:"人生而有欲,欲而不得,則不能無
求。"(王先謙:《荀子集解》,北京:中華書局,1988年,卷十三,頁346。)又言:"禮者,人道之極
也。"(同上,卷十三,頁356。)荀子重禮,以爲禮可息人私慾、維持等級秩序。又《富國》言及禮可
以確定階級:"禮者,貴賤有等,長幼有差,貧富輕重皆有稱者也。"(同上,卷十三,頁347。)禮亦
有節用之效,故"以禮節用",即可富國裕民,"上事天,下事地,尊先祖,而隆君師"。(同上,卷十
三,頁349。)此上乃荀子重視禮治之依據。詳參後文《賈誼與荀子學術淵源考證》。

禮是行爲規範、施政根本,其作用無所不包:

> 故道德仁義,非禮不成;教訓正俗,非禮不備;分爭辯訟,非禮
> 不決;君臣、上下、父子、兄弟,非禮不定;宦學事師,非禮不親;班朝
> 治軍,莅官行法,非禮威嚴不行;禱祠祭祀,供給鬼神,非禮不誠不
> 莊。是以君子恭敬、撙節、退讓以明禮。①

禮爲國家施政之根本,遵禮能使等級有序、施政暢順,並能達致"君惠
臣忠,父慈子孝,兄愛弟敬,夫和妻柔,姑慈婦聽"②之效。

第四,賈誼以爲君主當選拔賢能,並禮遇大臣。儒家對任賢極爲重
視,③選任賢能可使施政由上而下順利實施,官員好壞對施政優劣之影
響極大。《大政下》云:"故君明而吏賢矣,吏賢而民治矣。""君功見於
選吏,吏功見於治民。"④爲人君者必須慎選官吏,吏賢則民治,此可見
賈誼有關任賢之看法與儒家如出一轍。

至於選賢之法,未嘗仕者當以倫常爲選用標準。⑤ 至於已仕者,賈
誼認爲國君居處深宮,無法得知各地用人需要,由是建議民選官吏,使
各地均有合適人才選用。《大政下》云:

---

① 《新書校注》,卷六,頁214。
② 同上,卷六,頁215。
③ 孟子云:"不信仁賢,則國空虛。"《孟子注疏》,卷十四上,頁455。
④ 《新書校注》,卷九,頁347—348。
⑤ 《新書·大政下》云:"事君之道,不過於事父,故不肖者之事父也,不可以事君;事長
之道,不過於事兄,故不肖者之事兄也,不可以事長;使下之道,不過於使弟,故不肖者之使弟
也,不可以使下;交接之道,不過於爲身,故不肖者之爲身也,不可以接友;慈民之道,不過於愛
其子,故不肖者之愛其子,不可以慈民;居官之道,不過於居家,故不肖者之家也,不可以居
官。夫道者,行之於父,則行之於君也,行之於兄,則行之於長矣;行之於弟,則行之於下矣;行
之於身,則行之於友矣;行之於子,則行之於民矣;行之於家,則行之於官矣。故士則未仕而能
以試矣。"(同上,卷九,頁349—350。)賈誼從事父、事兄、使弟、待己之道、養子之道、持家之道
等日常生活各方面細緻考量,盼藉以選任合適人才擔當官吏。

明上選吏焉，必使民與焉。故士民譽之，則明上察之，見歸而
譽之；故士民苦之，則明上察之，見非而去之。故王者取吏不忘，必
使民唱，然後和之。故夫民者，吏之程也。①

秦漢以來有關選任賢能之論述眾矣，唯賈誼提出民選官吏之見，實在高
瞻遠矚，蔡廷吉、祁玉章等均深許之。②

　　選賢以後，賈誼以爲人君須禮待大臣，才能得其死效。且禮待大
臣，能培養大臣廉恥，使之自愛自重，裨益於士風，更可彰顯人君之尊
貴。孔子以爲"君使臣以禮，臣事君以忠"，③賈誼《新書‧階級》《大
政》《官人》等篇均加以論述，可知賈誼所倡合乎儒家禮待大臣之精神。
賈誼復謂官員犯罪時，因"刑不上大夫"，即便處死亦不能以刑罰侮辱。
《階級》嘗以"投鼠忌器"爲喻説理，④當中道理尤其深刻。

　　3. 教育理念
　　賈誼之教育觀亦與儒家學説相合。儒家人性論之共通點，乃在通

---

①　《新書校注》，卷九，頁349。
②　賈誼提出民選官吏之見，蔡廷吉、祁玉章等均嘗稱道。祁玉章《賈子探微》云："民之
治亂既在於吏，選吏自爲明君重要之政，然則如何於眾士之中加以選擇，賈子以爲吏之選拔，
應以民意爲依歸，凡人民之所譽者，則察而舉之，人民之所苦者，則察而去之，此種尊重民意之
主張，實乃我儒家民本思想之具體表現者也。"（祁玉章：《賈子探微》，臺北：三民書局，
1969年，頁60—61。）祁氏指出賈誼政論與儒家學説相合之處。相較而言，蔡廷吉所譽更爲完
備："此一聽取人民公意選任官吏之主張，就政治思想史之發展言，極具重要意義，已有由民
本思想進而至人民亦有參與政治機會之迹象。雖在當時以及兩千年之君主政體下，官吏之任
命一向由上而下，大臣食君之祿，只感君之恩，此一構想未能實現，受現實環境之限制，缺乏賈
誼高瞻遠矚之政治家繼起提倡，蔚成風潮。正因如此，乃益令人珍視賈誼思想之不受時代局
限及其創意之進步性。"（蔡廷吉：《賈誼研究》，臺北：文史哲出版社，1984年，頁156—
157。）蔡氏之言，提及賈誼政論之時代意義及其局限，較祁氏更詳盡地評論賈誼民選官吏之
議，亦更能突出其政論之獨特性。
③　《論語注疏》，卷三，頁44。
④　詳參《新書校注》，卷二，頁80。案：賈誼"投鼠忌器"之喻，明大臣不可隨意凌辱，因
爲大臣常居於皇帝身旁，即使犯罪，亦只能賜死而不能侮辱。維護大臣尊嚴，亦即等於維護皇
帝之尊貴。所謂"投鼠忌器"，是指不能對皇帝身邊之大臣用刑，正如投鼠亦懼砸壞旁邊之器
皿。是以捆綁、鞭打、剃髮、砍脚、刺面、割鼻之刑，皆不得行於大臣身上，因其"離主上不遠
也"。細考賈生所以宣揚投鼠忌器，旨在維護人主之君威，使"其尊不可及也"。

過環境與教育之改造，藉以導民向善。孔、孟、荀俱信教育予人之影響。《論語》云："性相近也，習相遠也。"①又言"唯上智與下愚不移"，②只有資質聰敏（上智）和生性愚笨（下愚）者不受教育所影響。唯世人多爲中才，故可通過改善環境、或施行教育，使其爲善。賈誼主張"性習"，即人之優劣受其所處之環境與教育影響，③並舉學習楚語及秦二世胡亥爲例，④説明環境與教育對習性的影響。

　　賈誼以爲教育能化惡爲善，人之善性得以發揚。就社會層面而言，推行四維之教，即"禮、義、廉、恥"，可改善社會風俗。⑤賈誼又特別關注太子的教育情況。賈誼於《傅職》、《保傅》、《俗激》等篇專論應如何教育太子，確保社會發展順利。

（二）賈誼與道家

　　秦以刻深治國速亡以後，漢初社會百廢待興。漢初士人欲使漢室長治久安，多以黃老思想爲合適之治國方法。余明光（1935—）云：

---

　　①　《論語注疏》，卷十七，頁 265。
　　②　同上。
　　③　賈誼《新書》指出資質居上與居下者，其智不易。中材之人則可通過教育、改善環境等趨之爲善。賈誼以古帝王爲例，以明性習之重要性。《新書·連語》云："抑臣又竊聞之曰：有上主者，有中主者，有下主者。上主者，可引而上，不可引而下；下主者，可以引而下，不可引而上；中主者，可引而上，可引而下。故上主者，堯舜是也。夏禹、契、后稷與之爲善則行，鯀、驩兜欲引而爲惡則誅。故可與爲善，而不可與爲惡。下主者，桀紂是也。雖傲、惡來進與爲惡則行，比干、龍逢欲引而爲善則誅。故可與爲惡，而不可與爲善。所謂中主者，齊桓公是也。得管仲、隰朋，則九合諸侯，任豎貂、易牙則餓死胡宮，蟲流而不得葬。"（《新書校注》，卷五，頁 198—199。）
　　④　案：《新書·保傅》云："習與正人居之，不能無正也，猶生長於楚，不能不楚言也。故擇其所嗜，必先受業，乃得嘗之；擇其所樂，必先有習，乃得爲之。"（同上，卷五，頁 184。）至於秦二世之事，詳見頁 185。
　　⑤　賈誼嘗於《俗激》篇言及四維之教的重要性。《俗激》言："夫邪俗日長，民相然席於無廉醜，行義非循也。豈且爲人子背其父，爲人臣因忠於主哉？豈爲人弟欺其兄，爲人下因信其上哉？陛下雖有權柄事業，將所寄之。管子曰：'四維，一曰禮，二曰義，三曰廉，四曰恥。''四維不張，國乃滅亡。'云使管子愚無識人也，則可；使管子而少知治體，則是豈不可爲寒心？"（同上，卷三，頁 91。）

　　單靠儒家的德治思想是無能爲力的,道家老學崇尚自然的消極無爲思想也行不通;法家的思想只能把形勢搞得更亂,而只有文武兼備、刑德並用的無爲而治的"黄老"思想才正適合。①

黄老思想回應時代訴求,合乎天下臣民欲休養生息之心。漢初以蕭何、曹參爲相,"填以無爲,從民之欲,而不擾亂"。② 進言之,西漢初年乃是以黄老術治國之社會,通過與民休息,達到清静無爲效果。賈誼正是身處其中。陳麗桂(1949—)《秦漢時期的黄老思想》在"漢初重要人物的道法傾向"一節中,以爲賈誼"嫻熟刑名法術",在其思想言論中,"有着濃厚的道法成分,而散發着《管子·心術》乃至《韓非子》一系的黄老氣質"。③ 賈誼《新書》所倡政論,部分明顯帶有黄老色彩,正與當世黄老治術盛行相關。賈誼亦有採用莊周思想入文。今舉例析説如下:

　　1. 效法自然

　　賈誼《新書》載有其效法自然之主張,與老莊思想契合。《新書·容經》云:"故仰則觀天文,俯則察地理,前視則覩鸞和之聲,側聽則觀四時之運,此與教之道也。"④仰觀天文,俯察地理,與《老子》"人法地,地法天,天法道,道法自然"之理相同。⑤《制不定》引屠牛坦宰牛之事爲例:"屠牛坦一朝解十二牛,而芒刃不頓者,所排擊,所剥割,皆象理也。"⑥賈誼借宰牛之理,説明效法自然之必要,此例與莊子道家《莊

---

①　余明光:《黄帝四經與黄老思想》,哈爾濱:黑龍江人民出版社,1989年,頁58。
②　《漢書》,卷二十三,頁1097。
③　陳麗桂:《秦漢時期的黄老思想》,臺北:文津出版社,1997年,頁172—173。
④　《新書校注》,卷六,頁230。
⑤　朱謙之:《老子校釋》,北京:中華書局,1984年,第二十五章,頁103。
⑥　《新書校注》,卷二,頁71。

子・養生主》言庖丁解牛之事異曲同工。①

2. 無爲而治

漢初經歷長年戰亂之後，適合施行與民休息、無爲而治之國策，賈誼《新書》提及無爲而治的主張，實與西漢初年黃老爲主之國策相合。君主無爲而治，可致《道德經》"我無爲，人自化；我好靜，人自正；我無事，人自富，我無欲，人自樸"②之治國效果。《新書・道術》云：

> 鏡義而居，無執不臧，美惡畢至，各得其當；衡虛無私，平靜而處，輕重畢懸，各得其所。明主者南面而正，清虛而靜，令名自命，令物自定，如鑒之應，如衡之稱。有豐和之，有端隨之，物鞠其極，而以當施之，此虛之接物也。③

此文言及"平靜而處"、"清虛而靜"等，與老莊無爲而治之政治思想如出一轍。上段引文，本爲賈誼旨在講述"虛"落實於現實與人相處之道，據此引文又可見其無爲而治，足見賈誼思想深受黃老之學影響。

3. 莊周精神

除了黃老道家之治道以外，賈誼思想亦有老莊道家之元素。賈誼《鵩鳥賦》採用頗多道家經典，清人何焯（1661—1722）以爲"此賦皆原本道家之言，多用老莊緒論"，④所言極是。李善（630—689）《文選注》於注解此賦時，亦屢屢指出賈誼採用莊周之處。今考《鵩鳥賦》之中，

---

① 案：《莊子・養生主》以四則寓言故事，闡述"可以保身，可以全生，可以養親，可以盡年"之理，而庖丁解牛乃闡述"可以保身"之理而編撰之故事。廚子宰牛之時，可沿着牛之紋理宰割，使刀即使已開封多年，仍如新發於硎一樣。（參郭慶藩：《莊子集釋》，北京：中華書局，2004年，卷二上，頁115—124。）作者藉以帶出人只要沿着天道而生活，定能保身之理。此寓言與《制不定》所載異曲同工，所言相近。
② 《老子校釋》，第五十七章，頁232。
③ 《新書校注》，卷八，頁302。
④ 于光華：《重訂文選集評》，乾隆三十七年本，卷三，頁22b。

有直接採用《老子》文例，如"禍兮福之所倚，福兮禍之所伏"句，蓋本
《老子》五十八章。又如《鵩鳥賦》"萬物變化兮，固無休息。斡流而遷
兮，或推而還。形氣轉續兮，變化而嬗。沕穆無窮兮，胡可勝言"諸句，
實本莊周之還化思想。《莊子》諸篇皆有言還化思想，如《莊子·天道》
"萬物化作，萌區有狀；盛衰之殺，變化之流也"、①《至樂》"雜乎芒芴之
間，變而有氣，氣變而有形，形變而有生，今又變而之死"、②《寓言》"萬
物皆種也，以不同形相禪，始卒若環，莫得其倫，是謂天均"③等，蓋爲賈
誼所本。此外，《鵩鳥賦》又與道家文獻《鶡冠子》多有互見，可見賈誼
辭賦與道家之關係。

（三）賈誼與法家

司馬遷（約前145—前86）指出"賈生、晁錯明申、商"，④可見賈誼
思想中當有法家成份。前人學者多以師承關係論之，誠如上文所言賈
誼與荀子具師承關係，而荀子弟子韓非、李斯均爲法家學者，故賈誼政
論難免與法家思想扯上關係。又據本傳所載，賈誼由吳公舉薦，而吳公
嘗學事於李斯，其人自是極具法家色彩。王興國云："吳公嘗學於李
斯，可說是荀子的再傳弟子；賈誼從學於吳公，可說是李斯的再傳弟子，
荀子的三傳弟子。"⑤王氏之言，足以道出賈誼之學術師承當有法家之

---

① 《莊子集釋》，卷五中，頁469。
② 同上，卷六下，頁615。
③ 同上，卷九上，頁950。
④ 司馬遷：《史記》，卷一三〇，頁3319。案：除司馬遷以外，清人王夫之亦謂賈誼學說當滲有法家成分。據王夫之《讀通鑑論》以爲賈誼當爲法家學者，王夫之云："任智任法，思以制匈奴、削諸侯。"（王夫之：《讀通鑑論》，北京：中華書局，1975年，卷二，頁33。）王氏言賈誼"任法"平內攘外，顯爲法家學者所爲。又云："誼之言曰：'衆建諸侯而少其力。'以爲是殆三代之遺制也與？三代之衆建而僻於百里，非先王故僻之也，故有之國不可奪，有涯之宇不可擴也。""此陽予陰奪之術，於骨肉若仇讎之相逼，而相糜以術，誼之志亦奚以異於嬴政、李斯？"（《讀通鑑論》，卷二，頁40—41。）王氏以爲賈誼推行衆建諸侯之策，乃與嬴政、李斯等法家思想相近。此乃王夫之以賈誼爲法家學者之理據。
⑤ 《賈誼評傳》，頁2。

成分。賈誼之法家思想與韓非、李斯固然不盡相同,唯更接近荀子儒學,金春峰(1935—)《漢代思想史》云:"賈誼所表現的是荀子融合儒法爲一的新儒家思想的特點。"①金氏雖以儒家着眼,但亦可見賈誼思想有著法之成份。祁玉章以爲時代背景亦使賈誼深受法家思想影響,"賈子生於專制鼎盛之際,其尊君思想受法家影響殆不可免。"②其實,據《史記·屈原賈生列傳》所載,文帝之時"諸律令所更定,及列侯悉就國,其說皆自賈生發之",③可知賈誼精於政令,不尚空談,有着法家思想之特質。以下從三個角度考量賈誼《新書》與法家學說相合之處。

1. 君權至上

賈誼以君權至上作爲治國指導方針。尊君之說,儒家荀子始倡之,法家商鞅、韓非等亦先後提出尊君之論,將君權推向極致。④ 賈誼《新書·階級》言及階級關係之差異:"天子如堂,群臣如陛,衆庶如地。"⑤又指出天子在殿上,"高者難攀,卑者易陵,理勢然也。"⑥可見天子通過建立等級秩序,確立一己地位,並突顯帝位之尊貴:"古者聖王制爲列等,內有公卿大夫士,外有公侯伯子男,然後有官師小吏,施及庶人,等級分明,而天子加焉,故其尊不可及也。"⑦等級分明,則天子之位方得以確立,君權才得以鞏固。《服疑》云:"卑尊已著,上下已分,則人倫法矣。"⑧賈誼十分重視綱紀秩序,而君主之地位尤其關切。

2. 治國方針

君權至上,唯君主仍應有適切措施,治國方能暢順。賈誼汲取先秦

---

① 金春峰:《漢代思想史》,北京:中國社會科學出版社,1997年,頁97。
② 《賈子探微》,頁61。
③ 《史記》,卷八四,頁2492。
④ 《賈子探微》,頁61。
⑤ 《新書校注》,卷二,頁79。
⑥ 同上,卷二,頁80。
⑦ 同上。
⑧ 同上,卷一,頁54。

法家"法、術、勢"並重之學説,指出爲君者應以權勢法制治國。《制不定》云:"仁義恩厚者,此人主之芒刃也;權勢法制,此人主之斤斧也。勢已定,權已足矣,乃以仁義恩厚因而澤之,故德布而天下有慕志。"①權勢已定,權柄在握,方爲治國之基礎。既然"仁義恩厚"不能控制局勢,則以"權勢法制"治國。賈誼之言,明顯針對當時諸侯蠢蠢欲動之時局背景而言之。②

3. 平定内亂

至於面對國内諸侯作亂問題,③賈誼提出之政策亦頗具法家特色。《藩彊》提出"衆建諸侯而少其力",④並於《五美》中以削弱齊、趙、楚等三個同姓諸侯爲例,説明弱藩政策之效果。⑤賈誼以爲"地制一定,卧赤子天下之上而安,植遺腹,朝委裘,而天下不亂,社稷長安,宗廟久尊,傳之後世,不知其所窮"。⑥諸侯王權力過大,賈誼已察之,並論其解決方法。此後,景帝行削藩之策,雖有吴楚七國之亂,唯同姓諸侯王之問題終在武帝時得以解決,漢室由此而長治久安,故賈誼此策頗受後

---

① 《新書校注》,卷二,頁71。

② 《制不定》云:"仁義厚恩者,此人主之芒刃也;權勢法制,此人主之斤斧也。勢已定,權已足矣,乃以仁義恩厚因而澤之,故德布而天下有慕志。今諸侯王皆衆髖髀也,釋斤斧之制,而欲嬰以芒刃,臣以爲刃不折則缺耳。胡不用之淮南、濟北? 勢不可也。"(同上,卷二,頁71。)賈誼以爲當"仁義恩厚"不能控制局勢,則以"權勢法制"治國。據上文,指出漢室已不能再寬厚對待淮南王、濟北王二人。根據情況,必須以强權鎮壓。由是可見,賈誼所論乃針對當時實際情況而來。

③ 西漢初年,先後分封多名異姓諸侯王,後削除之,並廣封同姓諸侯王,以捍衛王室。唯同姓諸侯王勢力過大,逐漸威脅到漢室之統治。賈誼意識到諸侯勢力日益坐大,故《大都》云:"天下之勢方病大瘇,一脛之大幾如要,一指之大幾如股,臣聞'尾大不掉,末大必折',惡病也。平居不可屈信,一二指搐,身固無聊也。失今弗治,必爲錮疾,後雖有扁鵲,弗能爲已。"(同上,卷二,頁71。)可見賈誼對當世時局深感到不安,以爲當及早解決諸侯坐大之問題。

④ 《藩彊》云:"欲天下之治安,天子之無憂,莫如衆建諸侯而少其力。力小則易使以義,國小則無邪心。"(同上,卷一,頁39—40。)景帝時,晁錯上疏削藩;武帝時,主父偃提出"推恩令"整治藩國,皆是賈誼"衆建諸侯而少其力"之繼承。

⑤ 同上,卷二,頁67。

⑥ 同上,卷二,頁68。

世稱道。① 今人孫會文嘗就賈誼眾建政策之學術背景進行考證,並指出賈生弱藩政策以法家學說爲基礎,②足證此政策頗有法家色彩。

(四) 賈誼與墨家

賈誼論"天"頗具墨家影子,此與其論道多以道家爲宗相異。道家言天,並無意志;墨家言天,則以爲天有意志。墨子《法儀》云:"既以天爲法,動作有爲必度於天,天之所欲則爲之,天之所不欲則止。"③天有意志,則能賞善罰惡。《新書·大政上》云:"知善而弗行,謂之不明;知惡而弗改,必受天殃。天有常福,必與有德;天有常菑,必與奪民時。"④此與《法儀》謂天能賞善罰惡相類,賈誼《新書·耳痺》亦可見其與墨家相類之主張⑤,可見賈誼糅合墨家學說於其天道觀

---

① 漢代諸侯王問題至武帝時因主父偃行"推恩令"而得以解決。《中國通史綱要》指出"推恩令""實際上貫徹了當年賈誼的建議"。(白壽彝主編:《中國通史綱要》,上海:上海人民出版社,1987 年,頁 126。) 又王興國云:"賈誼'割地定制'的主張外表雖然打的是儒家'仁政'的旗號,但骨子裏實行的卻包含着不少法家的思想。"(《賈誼評傳》,頁 160。)

② 孫會文:《賈誼"眾建"政策之思想背景》,載《新時代》第 9 卷第 7 期,1969 年,頁 25。

③ 孫詒讓:《墨子閒詁》,北京:中華書局,2001 年,頁 22。案:道家言天無意志,據《老子》、《莊子》等可知。《老子》五章言:"天地不仁,以萬物爲芻狗;聖人不仁,以百姓爲芻狗。"(《老子校釋》,第五章,頁 22。)又二十五章云:"人法地,地法天,天法道,道法自然。"(同上,二十五章,頁 103。)《莊子·至樂》云:"天無爲以之清,地無爲以之寧,故兩無爲相合,萬物皆化。芒乎芴乎,而無從出乎! 芴乎芒乎,而無有象乎! 萬物職職,皆從無爲殖。故曰天地無爲也而無不爲也。人也孰能得無爲哉?"(《莊子集釋》,卷六下,頁 612。)準此,道家以爲天無意志。墨家之天道觀恰與道家相反,墨家言天有意志,上文載《法儀》所論可證。又《天志上》云:"夫天不可爲林谷幽門無人,明必見之。然而天下之士君子之於天也,忽然不知以相儆戒,此我所以知天下士君子知小而不知大也。"(《墨子閒詁》,卷七,頁 192—193。)又《天志中》云:"殺不辜者,天予不祥。不辜者誰也? 曰:人也。予之不祥者誰也? 曰:天也。"(同上,卷七,頁 204。)墨家主張天志,以爲天可賞善罰惡,此舉可制衡天子或百姓之行。賈誼以天志觀施於君主施政當中,冀藉以勸導君主施政要以士民之心志爲本。

④ 《新書校注》,卷九,頁 339。

⑤ 同上,卷七,第 269,270 頁。案:《耳痺》云:"竊聞之曰,目見正而口言枉則害,陽言吉錯之民而凶則敗;倍道則死,障光敗暗,無神而逆人則天必亡其事。"(頁 269。)"故天之誅伐,不可爲廣虛幽間,攸遠無人;雖重襲石中而居,其必知之乎。若順誅伐順理而當辜,殺三害而無咎;誅殺不當辜,殺一匹夫,其罪聞皇天。故曰:天之處高,其聽卑;其牧芒,其視察,故凡自行,不可不謹慎也。"(頁 270。)據此,賈誼主張天有意志,賞善罰惡,與墨家天道觀所持相同。

當中。

此外,蔡廷吉嘗謂"賈誼之天志説實寄於民心、民欲之中",[1]誠然,此與儒家民本思想有相合之處。進言之,先秦思想學派多以民爲根本,於治一也,皆以民之福祉爲依歸。[2] 賈誼糅雜天志説以爲一己之論,雖非純然墨家學説所倡,唯天志説乃墨家學説中重要一環,極具墨家色彩,可視爲賈誼思想具有墨家影子之一證。

(五) 賈誼與陰陽家

據《漢書·藝文志》所載,陰陽家學者擅於仰觀天象,以爲上天主宰人間萬物。[3] 諸陰陽家學者中,以鄒衍爲代表。[4] 祝瑞開(1927—)云:"賈誼也受鄒衍、《呂氏春秋》的陰陽神學的影響。"[5]賈誼之學術思想雜以儒、法、道諸家,唯陰陽家學説亦對賈誼政論有所影響,祝氏所言有理。鄒衍之"五德終始説",正爲賈誼所汲取。"五德終始説"者,即是以術數附和世間一切事物,諸如朝代更替、社會興衰等。

賈誼據"五德終始説"指出漢承秦而起,秦爲水德,而土克水,漢當爲土德,並據土德之要求,更易漢制。《史記·屈原賈生列傳》指出:

　　賈生以爲漢興至孝文二十餘年,天下和洽,而固當改正朔,易

---

[1]　蔡廷吉:《賈誼研究》,頁138。

[2]　蔡廷吉云:"賈誼之'天志'觀,乃以民意爲施政之根本。其認爲一國之災與福,非純在天,必以士民心志之向背。國君行善,粹以爲福,行惡,粹以爲惡,故一國之君施政,必以士民之心志爲藍本。"(同上,頁137。)蔡氏指出賈誼將天志觀落實於民本思想之中。以民爲本者,天必則之;與民爲敵者,天必惡之。簡言之,以民本思想行仁政,乃是天道之表現。

[3]　參《漢書》,卷三十,頁1734—1735。

[4]　鄒衍頗受時人所重,據《史記·孟子荀卿列傳》所載,"騶子重於齊。適梁,惠王郊迎,執賓主之禮。適趙,平原君側行撇席。如燕,昭王擁彗先驅,請列弟子之座而受業,築碣石宮,身親往師之。作《主運》。其游諸侯見尊禮如此,豈與仲尼菜色陳蔡,孟軻困於齊梁同乎哉!"(《史記》,卷七四,頁2345。)可見鄒衍於齊、梁、趙、燕等國皆極受君主權貴重視,故其學説得以大行於世。

[5]　祝瑞開:《兩漢思想史》,上海:上海古籍出版社,1989年,頁61。

服色，法制度，定官名，興禮樂，乃悉草具其事儀法，色尚黃，數用五，爲官名，悉更秦之法。[①]

當中"色尚黃"、"數用五"等主張，頗具土德色彩。其實，賈誼以漢爲土德，便間接代表其承認秦爲水德。此因漢初張蒼便因秦之暴虐速亡，國祚短暫，以爲秦不繼周，故周之火德，乃由漢之土德繼之，而無視秦之存在。賈誼主張五德終始之說，又見《新書‧保傅》引《學禮》云：

> 帝入東學，上親而貴仁，則親疏有序而恩相及矣。帝入南學，上齒而貴信，則長幼有差而民不誣矣。帝入西學，上賢而貴德，則賢智在位而功不遺矣。帝入北學，上貴而尊爵，則貴賤有等而下不踰矣。帝入太學，承師問道，退習而考於太傅，太傅罰其不則而匡其不及，則德智長而理道得矣。此五學既成於上，則百姓黎民化輯於下矣。[②]

《學禮》者，王聘珍以爲乃"《禮古經》五十六篇中之篇名也"。[③] 此見賈誼以五之數（東學、南學、西學、北學、太學）討論皇帝所要學習之學問。此可見陰陽家五德終始說對賈誼論說之影響。

五德終始說可補儒、法治道未備之處，故賈誼襲用之。[④] 戰國末年，秦已利用五德終始說爲政權之合法性提供確據。至賈誼之世，五德

---

① 《史記》，卷八四，頁 2492。
② 《新書校注》，卷五，頁 184。
③ 王聘珍：《大戴禮記解詁》，北京：中華書局，1983 年，卷三，頁 52。
④ 五德終始說可補儒家與法家未備之處，故廣爲君主所採。王保頂云："鄒衍以自然比附社會歷史，論證歷代統治的天經地義性，備受後世統治者的青睞，並製作了自黃帝軒轅氏開始的五德終始體系。"（王保頂：《論董仲舒五德終始說的影響及終結》，載《史學月刊》第二期，1996 年，頁 12。）五德終始說可利用"自然比附社會歷史"，此儒法二家均不能及。君主可按五德終始說，制定朝儀法制，例如西漢以土德自居，代秦之水德。又政權亦可據五德終始說，確立統治依據。

終始之説不僅爲漢之代秦提供合法性,亦爲賈誼之禮治思想張本。孫廣德(1929—)謂"到了文帝時候,賈誼、公孫臣等,便提出漢爲土德的主張"。[1] 孫氏指出"色黄數五"都是土德的代表,賈誼主張土德,故其草擬之儀法悉數"尚黄用五"。[2] 又黄宛峰(1953—)云,五德之説對西漢有兩大功用,一爲提供政權之合法性,二爲提供禮治之依據。[3] 顧頡剛(1893—1980)以爲賈誼論禮"是確遵了五德終始説而議禮的"。[4] 依顧氏所言,可見賈誼思想與陰陽家"五德終始説"之關係。

(六) 賈誼政論與各家學説糅雜

以上論述賈誼思想與儒、道、墨、法各家學説之關係。唯賈誼所倡政論,部分或糅雜數家思想而成。以下從政治、經濟、哲學思想三方面,分析賈誼如何揉合不同家派所論,以爲己説。

1. 政治主張

賈誼任用賢人之主張最可見其糅合各家理念。《新書·官人》謂官分六等:"一曰師,二曰友,三曰大臣,四曰左右,五曰侍御,六曰廝役。"[5]指出君主應任用賢能,並列舉任用不同類型官員將獲得不同效

[1]　孫廣德:《陰陽五行説的政治思想》,臺北:臺灣商務印書館,1993 年,頁 127。

[2]　同上,頁 128。

[3]　黄宛峰云:"秦始皇推行五德終始之傳,自以爲得水德,因此衣尚黑,數用六,以十月爲歲首,並將五德終始之運附會於政治,以爲'剛毅戾深,事皆決於法,刻削毋仁恩和義,然後合五德之數',從而爲其實行法治,找到了理論根據。""賈誼則提出,漢應當'改正朔,易服色,法制度,定官名,興禮樂。乃悉草其事儀法,色尚黄,數用五,爲官名,悉更秦之法。'賈誼認爲秦既爲水德,按照五行相剋之理,土剋水,那麼漢代秦,就應該是土德。""總之,一切都應按土德要求。"(黄宛峰:《略論賈誼的禮治思想》,載《河南師大學報(社會科學版)》第四期,1983 年,頁 52。)據此,西漢言五德終始説,首要指出秦之水德已爲漢之土德所代,爲政權提供合法性。又西漢以土德治國,故一切律令更改,悉據土德之理論而修訂,爲賈誼之禮治思想提供依據。

[4]　顧頡剛:《五德終始説下的歷史和政治》,載《古史辨》,北平:樸社,1935 年,第五册下編,頁 431。

[5]　《新書校注》,卷八,頁 292。

果。① 又《道術》云:"舉賢則民化善,使能則官職治。"②《胎教》云:"無常安之國,無宜治之民,得賢者顯昌,失賢者危亡。自古及今,未有不然者也。"③此上數語足見賈誼重視任賢。至於選賢準則,賈誼以爲未嘗仕者以倫常爲選用標準,嘗仕者則由民衆選任,前文"賈誼與儒家"一節已述。雖云賈誼用賢之準則頗具儒家色彩,唯先秦諸子其實皆重視任用賢能。彭衛(1959—)《試論賈誼思想的歷史淵源》云:"在先秦諸子中,除老子、莊子、慎到和韓非反對任用賢能以外,其他學派都不同程度地提出了重賢主張。"④孔子提出"舉賢"、⑤墨家提出"衆賢",⑥皆可證彭氏所言非虛,亦足見任用賢人並非儒家一家獨享。是以賈誼主張重用賢人,實結合儒、墨兩家之説。

2. 經濟方針

賈誼勸農之説兼具儒、法兩家色彩。我國自古以農立國,人民足食則安。唯《漢書·食貨志》云:"漢興,接秦之弊,諸侯並起,民失作業而大飢饉,人相食,死者過半。"⑦面對當時之社會狀況,賈誼遂上《論積貯疏》,言以食足民之事。賈誼《新書·瑰瑋》强調執行重農抑商政策之重要性:

　　　今毆民而歸之農,皆著於本,則天下各食於力。末技、游食之

---

① 《新書校注》,卷八,頁 292—293。
② 同上,卷八,頁 302。
③ 同上,卷十,頁 393。
④ 彭衛:《試論賈誼思想的歷史淵源》,載《西北大學學報》第 3 期,1981 年,頁 93。
⑤ 儒家提出"舉賢",例如《論語》載公叔文子舉賢之事,並予以讚賞(《論語注疏》,卷十四,頁 219);又《孟子》云:"不信仁賢,則國空虛。"(《孟子注疏》,卷十四上,頁 455。)可見儒家對舉賢之重視。
⑥ 墨家提出"衆賢",例如《墨子·尚賢上》云:"是故國有賢良之士衆,則國家之治厚,賢良之士寡,則國家之治薄。故大人之務,將在於衆賢而已。"(《墨子閒詁》,卷二,頁 44。)據此言足見墨家亦提倡"尚賢",並以爲君主應由賢者襄助政事。
⑦ 《漢書》,卷二四上,頁 1127。

民轉而緣南畝,則民安性勸業而無縣愆之心,無苟得之志,行恭儉蓄積而人樂其所矣,故曰"苦民而民益樂"也。①

農業爲"本",商業爲"末",本末不能倒置。勸農能保障人民生活之基本需要。將從商者趨往耕作,可使勞動與收入相稱。儒家主張足食愛民,爲民制産,《大政上》言"以富樂民爲功,以貧苦民爲罪",②正是此理。《論積貯疏》引管子言:"倉廩實而知禮節,衣食足而後知榮辱。"③人民具備基本生活需要,才可有條件繼續實行道德教化,此與孟子論及"七十者衣帛食肉,黎民不飢不寒",然後"王天下"之理相同。④ 可見勸農歸本與儒家思想關係密切。法家則從"功用"角度考量,韓非云:"夫言行者,以功用爲之的彀者。""不以功用爲之的彀,言雖至察,行雖至堅,則妄發之説也。"⑤法家從"功用"角度量度商人,故謂其不勞而獲,不事生産,對國家之積儲無利。商鞅推行變法,當中有述及耕戰,其立足點正是以增加積儲而言之。總之,欲理解賈誼之勸農觀,不可單從儒家或法家思想囿之。

再從賈誼消費觀分析,其所言節儉寡欲,與老子、墨家學説均有相近之處。墨子言"節儉則昌,淫佚則亡",⑥反對奢侈浪費。又老子謂"不貴難得之貨,使民不爲盜;不見可欲,使民心不亂",⑦奢侈品焚絶,則民眾無慾,社會安穩,與老子崇尚自然之主張吻合。《新書·瑰瑋》言及節儉之倡:

① 《新書校注》,卷三,頁103。
② 同上,卷九,頁340。
③ 《漢書》,卷二四上,頁1128。
④ 《孟子注疏》,卷一上,頁11—13。
⑤ 王先慎:《韓非子集解》,北京:中華書局,1998年,卷十七,頁394—395。
⑥ 《墨子閒詁》,卷一,頁38。
⑦ 《老子校釋》,第三章,頁14。

今去淫侈之俗,行節儉之術,使車輿有度,衣服器械各有制數。
制數已定,故君臣絕尤,而上下分明矣。擅遏則讓,上僭者誅,故淫
侈不得生,知巧詐謀無爲起,奸邪盜賊自爲止,則民離罪遠矣。①

只要去除奢侈品,節儉寡慾,則天下大治,賈誼所論與老子、墨家之理
同,故不能以一家之說囿之。

3. 哲學思想

至於賈誼之哲學思想,可據《新書·道術》《六術》《道德説》等論
之。有謂此三篇乃是"對儒、道兩家思想加以結合,甚至是將儒、道、法
三家思想加以結合,以形成由形上到形下的哲學系統"。② 此言足以點
出賈誼欲糅合各家學説,以建立一己哲學思想之意圖,故其哲學思想亦
不能以單一學術思想囿之。賈誼言"道德",明顯以老莊學説爲其框
架:"道者、德之本也。""變及諸生之理,皆道之化也,各有條理以載於
德。"③道乃一切之本,及後衍化而成德,此與老莊相同,④其異者則在賈
誼"力圖把道家的精神性的'道—德'改造成爲物質的'道—德'",⑤賈
誼改造並嘗試提升"道德"之層次。此賈誼改造不同學説以符合一己
之主張,故不可以一家思想囿之。

---

① 《新書校注》,卷三,頁104。
② 崔波、張研:《試論賈誼的哲學思想》,載《河南科技大學學報(社會科學版)》第
26卷第6期,2008年,頁27。
③ 《新書校注》,卷八,頁325—326。
④ 老莊言道,指出"道"乃一切根本,衍生爲"德"。《老子》云:"道生一,一生二,二生
三,三生萬物。"(《老子校釋》,四十二章,第174頁)又謂:"有物混成,先天地生,寂漠!獨立
不改,周行不殆,可以爲天下母。吾不知其名,字之曰道。"(同上,二十五章,頁100—101。)又
《莊子·大宗師》云:"夫道,有情有信,無爲無形,可傳而不可受,可得而不可見,自本自根,未
有天地,自古以固存。神鬼神帝,生天生地,在太極之先而不爲高,在六極之下而不爲深,先天
地而不爲久,長於上古而不爲老。"(《莊子集釋》,卷三上,頁246—247。)以上所據《老》、《莊》
書證,可證"道"爲萬物之根本。
⑤ 《試論賈誼的哲學思想》,頁27。

三、論漢初學者與各家學術思想之關係
——兼論賈誼學術思想之時代意義

　　賈誼博採諸家學說,兼具時代意義,下文將以陸賈(約前 216—約前 172)、晁錯(前 200—前 154)之學術思想歸屬爲證,藉以表明賈誼思想之所以糅合各家之説,實與當時時代背景不無關係。陸賈、賈誼、晁錯同爲漢代政治家,三人活躍時間相近,同爲朝廷出謀獻計,創獲甚多。陸賈爲賈誼之前輩,曾於文帝一朝擔任朝中大夫;晁錯雖與賈誼同年出生,但其參政歷程則稍晚於賈誼。基於三人政治背景、活躍於政壇之年代相若,以陸、晁與賈誼比較,藉以論證賈誼思想具時代意義亦較爲恰當。今陸賈政論多見其《新語》,《晁錯》三十一篇雖已失傳,然其學説尚散見於不同典籍。下文先以陸、晁政論文爲本,分析其學術思想,繼而藉二人之學術思想歸屬,論述賈誼思想之時代意義。

　　1. 陸賈之學術思想歸屬

　　陸賈,主要活動於漢高祖至漢文帝在位年間,對漢初政治貢獻甚大,曾兩次代表漢室安撫南越。陸賈"迺粗述存亡之徵,凡著十二篇",①此正是今本《新語》所收十二篇政論文。② 陸賈"每奏一篇,高帝未嘗不稱善,左右呼萬歲,號其書曰'新語'",③由此足見《新語》在當日備受劉邦以及朝臣肯定。有關陸賈思想之歸屬,前人學者有以爲當屬儒家或道家者,亦有謂其爲法家或雜家學者。

---

　　① 《史記》,卷九十七,頁 2699。
　　② 《漢書·藝文志》載"《陸賈》二十三篇",唯今本《新語》僅十二篇,與本傳所載"凡著十二篇"一語相合。顧實以爲二十三篇者"蓋兼他所著者計之"。顧實:《漢書藝文志講疏》,上海:上海古籍出版社,2009 年,頁 104。
　　③ 《史記》,卷九十七,頁 2699。

班固(32—92)《漢書・藝文志》將"陸賈二十三篇"歸入儒家類,①又言陸賈"究先聖之壺奥",②即其繼承三代賢主之道,固爲儒家傳人。班固以後,王充(27—97)、黄震(1213—1281)、四庫館臣,以至近人余嘉錫(1884—1955)均以爲陸賈當爲儒家學者。③ 細考之下,陸賈政論確與儒家所倡多有相合。舉例而言,陸賈强調行仁義,指出濫刑只會招致反效果,《新語・本行》、《道基》等篇專論仁政。如《本行》云:"治以道德爲上,行以仁義爲本。"④即爲明證。陸賈亦重視教化對人民之影響,《無爲》云:

> 夫法令者所以誅惡,非所以勸善,故曾、閔之孝,夷齊之廉,豈異死而爲之哉? 教化之所致也。故日堯舜之民可比屋而封,桀紂之民可比屋而誅者,教化使然也。⑤

陸賈以堯舜、桀紂正反論證,説明行教化可導民向善(堯舜之時),而刑罰則不然(桀紂之時)。此可見陸賈之所重。

不少學者以爲陸賈非儒家學者,因其學説兼取多家之言,更有學者

① 《漢書》,卷三十,頁 1726。
② 同上,卷一百上,頁 4231。
③ 以陸賈爲儒家者,今摘引如下: (1) 王充《論衡・案書篇》以爲陸賈《新語》"雖古聖之言,不能過增。"(黃暉:《論衡校釋》,北京:中華書局,1990 年,卷二十九,頁 1169。)以爲陸賈《新語》所言可比上古聖賢。(2) 黃震《黃氏日抄》以爲"漢初儒生,未有賈比。"(黃震:《黃氏日抄》,上海:上海古籍出版社據文淵閣《四庫全書》本影印,1987 年,卷四十六,頁 53b。)以爲漢初之儒生無一可與陸賈相比。(3)《四庫全書總目》陸賈《新語》多"以孔氏爲宗",且"漢儒自董仲舒外,未有如是之醇正也。"(永瑢等:《四庫全書總目》,北京:中華書局,1965 年,卷九十一,頁 770—771。)(4) 余嘉錫《四庫提要辨證》云:"賈在漢初,粹然儒者,於詩書煨燼之餘,獨能誦法孔氏,開有漢數百年文學之先。"(余嘉錫:《四庫提要辨證》,香港:中華書局,1974 年,卷十,頁 529。)可見不少學者以爲陸賈當屬儒家。
④ 王利器:《新語校注》,北京:中華書局,1986 年,卷下,頁 142。
⑤ 同上,卷上,頁 65。

謂其當屬雜家。宋人石介(1005—1045)以爲陸賈並非純儒、[①]孫次舟認爲陸賈多道家語、[②]近人胡適(1891—1962)以爲《新語》兼具儒家、法家、道家思想。[③] 論者雖意見分歧,唯皆論之有據。《新語·無爲》專論陸賈對無爲而治的提倡,即明顯具道家影子。《無爲》云:"道莫大於無爲,行莫大於謹敬。"[④]陸賈引用虞舜、周公爲例,説明無爲而治足使國家大治。前文提及賈誼亦提倡無爲而治,並指出"無爲而治"乃據《道德經》"我無爲,人自化;我好静,人自正;我無事,人自富;我無欲,人自樸"[⑤]而來。其實,陸賈所以提倡無爲而治,實承秦之速亡而來。《無爲》云:"秦非不欲爲治,然失之者,乃舉措暴衆而用刑太極也。"[⑥]陸賈

---

① 石介以爲陸賈並非純儒,據《漢論上》所載,石介對三代制度相當推許,唯漢繼秦而起,並不能繼承三王之制。石介以爲曹參、陸賈等人均須承擔責任:"或曰:'漢改三王之道,作之者其誰歟?'曰:'曹參、陸賈、叔孫通之罪也。'"(石介:《徂徠石先生文集》,北京:中華書局,1984年,卷十,頁112。)石介指出漢高祖有能力繼承三王之道,唯問題出於臣子身上:"漢高祖轄達大度,聰明神聖,温恭濬哲,英權威睿武,其資材固不下乎禹湯、與文、武,道之使爲帝,則帝矣;使爲主,則王矣。方平定禍亂,思爲漢室改正朔,定禮樂,立制度,明文章,施道德,張教化,一風俗,興太平,以垂於千萬世。賈(案:賈即陸賈)若能遠舉帝皇之道致於人君,施於國家,有於天下,通(案:通即叔孫通)若能純用三王之禮施於朝廷,通於政教,裕於後世,以高祖之材而不能行之乎?乃齪齪進夫當時之近務、五霸之猥略,貴乎易行,孜孜舉夫近古之野禮,亡秦之雜儀,求夫疾效,使高祖上視湯、武有愧德,漢家比蹤三王爲不侔,可惜也哉。"(同上,卷十,頁113。)石介指出陸賈有"五霸之猥略",據此可知甚以爲陸賈思想並非純儒。
② 孫次舟就陸賈《新語》兼有儒家、道家之義理提出質疑,其云:"然今本《新語》,有《無爲》一篇。'無爲'者,道家之説也。""今本《新語》既有《無爲篇》,而篇中所論,亦盡道家變化於無爲之意。""夫《新語》儒書也,而有道家之言,詎不令人眩惑乎?"(羅根澤編著:《古史辨(第六册)》,上海:開明書店,1938年,頁120。)以上可見孫氏對陸賈學術思想屬性之質疑。
③ 胡適指出陸賈思想包含儒、法、道三家,更直接指出其爲雜家學者。《陸賈新語考》言陸賈思想包括儒、法、道三家:"《新語》一書,很有見地,其思想近於荀卿、韓非,其《道基篇》敘文化的演變尤其獨到的見解。陸賈親經始皇、李斯的急進政策失敗之後,故在政治上頗主張無爲,正與他身邊遭諸吕之亂,晚年自隱於醇酒夫人,同一用意。"(羅根澤編著:《古史辨(第四册)》,北平:樸社,1933年,頁198。)胡適《述陸賈的思想》直指陸賈乃雜家學者:"此書仍是一種'雜家'之言,雖時時稱引儒書,而仍不免帶點左傾的色彩,故最應放在《吕氏春秋》和《淮南子》之間。"(蔡元培、胡適、王雲五編:《張菊生先生七十生日紀念論文集》,上海:上海書店,1990年,頁85。)可見胡適對陸賈學術思想屬性的看法。
④ 《新語校注》,卷上,頁59。
⑤ 《老子校釋》,第五十七章,頁232。
⑥ 《新語校注》,卷上,頁62。

以爲秦之速亡乃因暴政治民。漢初社會經濟殘破,休養生息實乃百姓所願。準此,則陸賈、賈誼主張無爲而治亦可理解。

值得注意的是,以上雖言及陸賈兼具儒家、道家之思想,但與儒道兩家之初所提倡稍有不同。例如陸賈提倡仁義,唯不反對適量刑罰,此又稍與法家學説貼近。又陸賈重視任賢,然任賢並非儒家所獨倡,前文亦已具論。陸賈之任賢精神,實較接近儒、墨;又陸賈對"賢"之理解,其實亦兼具法家、道家論人準則。即就"無爲而治"分析,亦與老子之無爲稍有不同。陸賈所論多與儒家、道家學説相合,但其政論是否純粹沿襲儒、道學説,亦頗值得商榷;這種特色與賈誼對各家學説皆有所沿襲,復據所需而略作修改如出一轍。

2. 晁錯之學術思想歸屬

晁錯,嘗向張恢學習法家學説,並隨伏生學習《尚書》,活躍於文、景之時,與賈誼時代相同而成名稍後。晁錯於文帝時爲太常掌故、太子家令。至景帝登位,任御史大夫,提削藩之策,致吳楚七國之亂,景帝終以處死晁錯,平定亂事。班固《漢書·藝文志》將"晁錯三十一篇"歸入"法家類",[①]今已失傳,其著作今散見於《漢書》當中。後人亦有將晁錯政論文輯佚成書,如《晁錯及其著作》、《晁錯集注釋》等。[②] 今人多謂晁錯爲法家學者,除了因爲《漢書·藝文志》將晁錯歸類爲法家學者以外,晁錯"知術數"亦是歸類爲法家學者之因由。[③] 晁錯政論主要與

---

① 《漢書》,卷三十,頁 1735。

② 據《漢書·藝文志》"法家類"所載,晁錯政論文曾被輯成《晁錯三十一篇》(《漢書》,卷三十,頁 1735)·至隋唐時此書當有新本,故《隋書·經籍志》有所謂《晁氏新書》者(《隋書》,卷三十四,頁 1003)。晁錯之著作今主要散見於《漢書·爰盎晁錯傳》《食貨志》《荆燕吳傳》當中。清人馬國翰曾爲晁氏之文輯佚,而中華書局、上海人民出版社等亦曾爲晁錯政論文進行輯佚、整理。

③ 晁錯"知術數"予人法家學者之印象,據《言太子知術數疏》一文載:"人主所以尊顯功名揚於萬世之後者,以知術數也。"(《漢書》,卷四九,頁 2277。)張晏注"術數"爲"刑名之書也"(同上,第 2278 頁),可知此處"術數"與法家所言"術"相同。《韓非·定法》云:"術者,因任而授官,循名而責實,操殺生之柄,課群臣之能者也,此人主之所執也。"(《韓非子集解》,卷十七,頁 397。)由於晁錯言"知術數"與韓非所言之"術"大抵相同,故晁錯遂予人法家學者之感。

法家學說相關,唯亦糅雜儒家、道家學說於其中。晁錯政論有與賈誼相類者,可見二人就某些議題相當關心。以下選晁錯政論四項爲例,以見其政論被評爲糅雜諸家之因,並言晁錯、賈誼學說相關之處。

首先是刑罰觀。晁錯主張行使刑罰要得當,反對亂法。法家主張以刑罰治民,而商鞅主張"重輕罪",致使秦朝因嚴刑峻法治民而速亡。晁錯《舉賢良對策》指出秦朝行嚴刑峻法導致滅亡爲教訓,説明刑罰必須得當。儒家主張以教育感化民衆,法家則以刑法治民,晁錯並不反對刑罰,似較近於法家之主張。唯孔子云:"刑罰不中則民無所措手足。"①又《禮記·大傳》云:"愛百姓故刑罰中,刑罰中故庶民安。"②孔子與《禮記》所言相近,而晁錯所提出之刑罰觀與此亦較爲相近,可見晁錯之刑法觀兼具儒法兩家色彩。

其次是任賢。前文提及陸賈、賈誼重視任賢,晁錯亦然。《舉賢良對策》云"古之賢主莫不求賢以爲輔翼",③可見晁錯看重任賢。又晁錯言"黃帝得力牧而爲五帝先,大禹得咎繇而爲三王祖,齊桓得筦子而爲五伯長"。④晁錯引用黃帝、大禹、齊桓公爲例,説明任賢(力牧、皋陶、管仲)之重要性。晁錯又從"自行"、"事君"兩方面對臣下提出要求,以爲臣下如能至此,則是"方正之士"和"直言極諫之士"矣。⑤"方正"一詞語出《管子》、《韓非子》,⑥明顯具法家色彩。唯晁錯提拔人才之準則,頗具儒家色彩。陸賈、賈誼、晁錯三人俱重任賢,可見任賢在當時政治環境之重要性。

第三,晁錯亦提出民本思想。《舉賢良對策》總結秦亡經驗,指出

---

① 《論語注疏》,卷十三,頁193。
② 《禮記正義》,卷三十四,頁1178。
③ 《漢書》,卷四十九,頁2292。
④ 同上。
⑤ 同上,頁2294、2295。
⑥ 案:《管子·形勢解》、《明法解》皆有論及"方正";《韓非子·奸劫弑臣》亦然。

秦代"法令煩憯,刑罰暴酷,輕絶人命,身自射殺,天下寒心,莫安其處",①晁錯復以禹、湯、文王等聖王爲例,討論以民爲本之重要性。民本思想並非法家學説所提倡,可見晁錯並非純粹法家學者。賈誼、晁錯二人同樣提出民本思想,而賈誼亦借秦之速亡説明以民爲本之重要性。今考賈誼《新書》,《過秦論》專以秦亡爲鑒,其他篇章論及秦失民心而亡國者亦不在少數,②由是可見民心背向之重要。

第四,削藩政策。諸侯國勢力過大一直困擾漢室,賈誼嘗提出"衆建諸侯而少其力"爲解決方法,晁錯之削藩政策則在賈誼之基礎上進一步提出削藩方法,並付諸行動,以期化解藩國過大之問題。王興國云:"晁錯的削藩主張是對賈誼'衆建諸侯而少其力'思想的繼承。"③王説是也。晁錯於文帝年間上書言及吳國弊端,景帝年間又上書言吳過。賈、晁二人同樣注意到漢室藩國之困,相較而言,賈誼之認識相對淺薄,而晁錯則深明吳國才是問題之根源。

3. 賈誼《新書》的時代意義

上文考查陸賈、晁錯之學術思想歸屬,發現二人政論雖有偏重某家學説,唯亦難以將他們純然歸納爲某一學説之學者,其政論屢見揉雜各家思想。晁錯雖偏重法家,但亦揉雜儒、道學説於其中;陸賈思想則遊弋於儒、道之間。細考陸賈、賈誼、晁錯三人,可見其政論都揉雜各家思想,正是漢初思想家之時代特色。

此外,陸賈、賈誼、晁錯所倡政論有相通者,例如三人同樣重視君主選賢任能,並具備民本思想,亦皆以秦亡爲鑒。三人先後活躍於漢初政壇,持見相近,就某些政治議題同表關心,由此亦可推斷某些政治議題在當時備受關注。秦之速亡,對漢初政局影響極大,士人多籌謀獻策,

① 《漢書》,卷四十九,頁2296。
② 詳參本書後文附録一"賈誼《新書》以秦事爲喻資料彙輯"。
③ 《賈誼評傳》,頁474。

以秦爲鑒,欲使漢室能長治久安。陸、賈、晁皆以秦亡爲鑒,唯在君主治國政策上持見亦有相異之處:陸賈主無爲而不廢有爲、賈誼主有爲而不廢無爲、晁錯則極度重視有爲,三者於政治取態上由消極變成積極,這與時局發展不無關係。王興國言及政論與時代政局的關係,其説頗爲中肯,可堪採用:

> 任何一種思想,只有當它符合統治階級需要時,才得以流傳。而統治階級的需要,並不是統治階級的某些個人的興趣或愛好,而是受當時時代的政治的和經濟的條件所稍約。①

陸賈因應國家剛從戰亂中建立,故提倡與黃老同樣的無爲而治,與民休息;賈誼與晁錯由無爲轉爲有爲,實按照社會逐漸發展,黃老治術之問題隨之浮現。由陸賈至晁錯,思想傾向由道家走向法家,正可印證漢代政壇從黃老清净無爲,以至武帝時期儒表法裏之發展過程。政治思想、以至學術思想之出皆不能脱離統治,三人政論由無爲而至有爲足證王氏之説。

政論提出以後,未必立即付諸實行,或未能即時取得成功。賈誼提出"衆建諸侯而少其力",爲漢室長治久安奠下基石,唯此政策於賈誼死後才得以實現;晁錯繼後提出削藩,雖引發吳楚七國之亂,唯亦啓導主父偃在武帝一朝上推恩之策,並終極解決漢代諸侯王藩國過大之問題。王興國評價賈誼、晁錯云:

> 作爲一個思想家,應該是一個先覺者,當風乍起於青萍之末時就能辨其風向,察其來勢。賈誼正是這樣一個先覺者,晁錯步其後,也不失爲一個先覺者。他們的共同特點,就是能够站在時代的

---

① 《賈誼評傳》,頁 379。

最前列,總攬全局,及時察覺和揭露那些潛藏着的或剛剛露頭的社
會矛盾,指出其發展趨勢及危害性,從而喚起當政者及廣大人民群
衆的警覺。①

賈誼、晁錯之削藩政策雖在他們在生時未見成效,然諸侯藩國之問題能
在漢武帝時得以解決,爲前漢帶來長治久安,賈、晁所倡實功不可抹。
賈誼、晁錯都留意藩國政策對西漢之影響,並嘗試提出建議,正是一個
"思想家"、"先覺者"所具備之條件。

四、結　語

本文先從賈誼著述入手,研究賈誼學術思想與諸家之關係,證成
其思想兼具各家色彩;繼而比較陸賈、晁錯思想與賈誼之關係,論證
賈誼學術思想所以揉雜諸家實具時代意義。據上文所論,本文可總
之如下:

1. 前人學者討論賈誼學術思想時,或以儒、法、道、墨、陰陽諸家論
之。《史記》本傳以爲賈誼"頗通諸子百家之書",②故其思想自是不限
一家。據本文引録,學者多以賈誼爲儒家,唯其思想亦多摻以他家之
説。王鐵《漢代學術史》云:"當時學者大多博覽群書,並不拘於一家之
學,賈誼就是如此。但賈誼思想的主幹,則是儒學和名法之學。"③祝瑞
開《兩漢思想史》云:"賈誼的思想融合儒、道、法各家,更偏向於儒家。
把他説成法家,是錯誤的。"④王、祝二氏所言,方是的論。

---

① 《賈誼評傳》,頁383—384。
② 《史記》,卷八十四,頁2491。
③ 王鐵:《漢代學術史》,上海:華東師範大學出版社,1995年,頁249。
④ 祝瑞開:《兩漢思想史》,頁59。

　　2. 賈誼學術思想揉雜諸家,不可以一家囿之。漢代論及諸子起源者衆,如司馬談《論六家要指》、《淮南子·要略》以及《漢書·藝文志》皆其例。其中《淮南子·要略》以爲諸子之興乃因救時之弊,應運而生,以此喻之前漢時局亦然。賈誼之學務在匡救時弊,故其學術思想不定於一尊,而是博採諸家,不拘一説。

　　3. 本文亦選析陸賈與晁錯之思想,較之賈誼,以論漢初士人之學術思想皆不囿於一家。前人學者就陸賈與晁錯之思想歸屬,亦莫衷一是,衆説紛紜。要皆以陸氏爲儒家,晁氏爲法家。唯據二人著述考之,可見二人亦是博覽群書,思想龐雜,不可限於一家。

　　4. 朱熹(1130—1200)以爲"賈誼之學雜",[①]此雜並非雜亂無章之意,而是指出賈誼學術思想龐雜之事實。事實上,賈誼獨特之學術思想頗具時代意義。[②] 百家爭鳴局面始於春秋戰國時代,及秦之一統,學術未有定於一尊,各家思想尚無歸一之趨向。此足見秦雖以法治國,不辨親疏,唯只不許"偶語《詩》《書》",[③]以及焚毀民間私人藏書,始終未有在思想上箝制人民。百家爭鳴之情況至漢武帝"罷黜百家,獨尊儒術"方告終結,而漢初至武帝年間,則可視爲建立新秩序之過渡期。[④] 賈誼身處文帝之時,其思想正體現出此種過渡期色彩,[⑤]而活躍於賈誼前後

---

　　①　黎靖德編:《朱子語類》,北京:中華書局,1994年,卷一百三十七,頁3257。

　　②　彭衛云:"短暫的秦王朝並未成功提出適應封建集權統治的思想理論。因此,擺在西漢初期思想家面前的首要任務是盡快找出一套適合統治的思想理論。……賈誼注意博采先秦諸子思想中對現實有用的內容。也是由於漢初穩定統治的社會現實,迫使賈誼不得不把主要精力放在當時最重要的社會政治問題中,無力探究深奧的哲學問題。即令用一定篇幅論述道,也從屬服務於他的政治思想。"(《試論賈誼思想的歷史淵源》,頁97—98。)彭氏指出賈誼所重在於社會政治問題之上,故其學說不主一端,務以救時爲任。彭説是也。

　　③　《史記》,卷六,頁255。

　　④　馮友蘭《中國哲學史》分成上、下兩篇,上篇名爲"子學時代",下篇名爲"經學時代",馮氏云:"自孔子至淮南王爲子學時代;自董仲舒至康有爲爲經學時代。"(馮友蘭:《中國哲學史》下冊,香港:三聯書店,1992年,頁8。)賈誼置身於"子學時代"之末,思想未有定於一尊,所言皆志在救時之弊,自不能以一家一説囿之。

　　⑤　説參《賈誼評傳》,頁330—331。

之陸賈、晁錯,其學術思想亦兼具各家影子,可證賈誼思想糅合各家實具有時代意義。

(此文於 2014 年發表於《諸子學刊》第十輯,頁 231—252。)

賈誼與荀子學術淵源考證

司馬遷《史記·屈原賈生列傳》謂賈誼"頗通諸子百家之書",[1]劉向(約前77—前6)則以爲賈生"言三代與秦治亂之意,其論甚美,通達國體,雖古之伊、管未能遠過也"。[2] 賈生既通諸子百家之書,而又多言歷代治亂之意,是其學術取向可得而知。賈誼年輕時由吳公舉薦,吳公嘗學事於李斯,斯則荀卿弟子,且荀學在先秦諸子中影響漢初學者甚廣,故賈生學說有着荀學元素亦不難得知。又漢初學者論政多以秦之速亡爲說,其中秦之不以禮治國,而徒以法爲之,亦爲時君引以爲鑑。是以荀卿禮論,對賈生爲文立說影響頗深。下文即援引賈誼《新書》與《荀子》兩書文本比對分析,以見二人於學說、思想之傳承關係。

一、《新書》、《荀子》互見詞語輯證

歷代論賈誼學術淵源者衆矣,惟多從《新書》、《荀子》兩書思想推論,論說往往流於空泛,鮮有實據。其實比對兩家思想之淵源,可從兩

---

① 《史記》,卷八十四,頁2491。
② 《漢書》,卷四十八,頁2265。

家文本比較推論得之。細意比勘,賈生遣詞用字,每本荀卿,可見賈生確有遠承荀卿之處。如徐復觀(1904—1982)謂"賈誼所突出的禮的思想,又是受荀子的禮的思想,而繼續向前發展的",[1]王興國(1937—)謂賈誼乃"荀子的再傳弟子"。[2] 金春峰(1935—)言"賈誼異於孔、孟,荀子的'禮論'思想成爲賈誼建設社會秩序的指導思想"。[3] 唐雄山(1964—)以爲"賈誼從戰國後期的荀子那裡吸收、繼承得最多"。[4] Charles Theodore Sanft 亦指出,"There are certainly some similarities between the thought and imagery between Xunzi and Jia Yi."[5]以爲荀子與賈誼之思想多有相合之處。上引諸家所論皆是,今試檢出兩家用詞契合者,證成前人所論並皆信而有徵。

甲、因襲《荀子》文句

例一:賈誼《新書》有因襲《荀子》文句者,如《新書‧輔佐》即然,其文如下:

《荀子‧王制》	修憲命,審詩商,
《荀子‧樂論》	修憲命,審誅賞,
《新書‧輔佐》　審詩商	命,禁邪言,

《荀子‧王制》　禁淫聲,(卷五,頁 167—168)

---

① 《兩漢思想史卷二》,頁 140。
② 王興國:《賈誼評傳》,頁 99。
③ 金春峰:《漢代思想史》,頁 95。
④ 唐雄山:《賈誼禮治思想研究》,廣州:中山大學出版社,2005 年,頁 42。案:唐氏又詳言賈生與荀卿之師承關係,其曰:"歷史明證,賈誼與荀子有師承關係。這種關係有兩條綫:一條綫是荀子——李斯——吳公——賈誼。……另一條綫是荀子——張蒼——賈誼。"(頁 42)
⑤ Charles Theodore Sanft, "A Study of Jia Yi's Xin Shu.", PhD. Diss., University of Münster, 2005, p.32.

　　　　《荀子·樂論》　禁淫聲,①(卷十四,頁381)
　　　　《新書·輔佐》　息淫聲,②(卷五,頁206)

案: 此例爲《荀子·王制》、《樂論》與賈誼《新書·輔佐》之互文,其中三者文字稍有差異。《王制》此文楊倞注曰:

> 　　　"詩商",當爲"誅賞",字體及聲之誤。故《樂論篇》曰"其在序官也,修憲命,審誅賞",謂誅賞其所屬之功過者。或曰: 詩,謂四方之歌謠;商,謂商聲哀思之音,如宵戚之悲歌也。③

可知楊倞以爲《王制》文誤,當依《樂論》改作"審誅賞"。惟後世學者於此不表認同。王引之(1766—1834)曰:

> 　　　"商",讀爲"章"。"章"與"商"古字通。太師掌教六詩,故曰"審詩章"。《賈子·輔佐篇》曰:"觀民風俗,審詩商,命禁邪音,息淫聲。"語意略與此同。則"詩商"非"誅賞"之誤明矣。且"誅賞"非太師之職,而"商"、"賞"聲相近,《樂論篇》之"誅"字,恐轉是後人所改。楊謂"誅賞其所屬之功過"者,則曲爲之説耳。④

王氏以爲楊倞注誤,《王制》、《樂論》二文俱當作"詩商",而非"誅賞"。又引賈誼《新書·輔佐》之互見部分爲説,以證《荀子》果真應作"詩

---

　　①　本文所引《荀子》悉據王先謙:《荀子集解》。北京: 中華書局,1988年。
　　②　案:《新書校注》此文作"審詩商,修憲命,禁邪言,息淫聲",校注云:"'修憲'原脱,兹據《荀子》及盧本補。"(《新書校注》,卷五,頁211。)"盧本"即盧文弨校定本,惟今考諸賈誼《新書》之《兩京遺編》本(卷五,頁12b)、盧校本(卷五,頁11a)、《四部叢刊》本(卷五,頁13a)等,均無"修憲"二字,未知《新書校注》所本,今因仍只於上文列"審詩商命"云云。
　　③　《荀子集解》,卷五,頁167。
　　④　《讀書雜志》,志八之三,頁11a,總頁676。

商"。日人冢田虎(1745—1832)亦云："'誅賞'不與乎大師之職,必是
字之誤。"①說與王引之相同。今人王天海(1948—)云："'修憲命'以
下皆言太師職掌,即詩樂教化之類,故'審詩商'於義爲長。商與章通,
王說可從。"②王天海亦謂王引之所論較爲合理,其說可從。《新書·輔
佐》襲用《荀子》之迹,俞樾校勘《新書》時亦見之。俞樾(1821—
1906)《諸子平議》"審詩商,命禁邪言,息淫聲"條下云:

> "命"字上奪"修憲"二字。"審詩商,修憲命,禁邪言,息淫
> 聲",皆三字爲句。《荀子·王制篇》作"修憲命,審詩商,禁淫聲",
> 是其證也。③

俞樾用《荀子》校勘《新書》,誠爲卓識,可見賈誼文字確出《荀子》。
　　例二:《荀子·大略》與賈誼《新書·大政下》:

　　《荀子》　　上好羞,則民闇飾矣;(卷二七,頁503)
　　《新書》　　　聖明　則士闇飾矣,④(卷九,頁348)

案:此例爲《荀子·大略》與賈誼《新書·大政下》之互文。楊倞注云:
"好羞貧而事奢侈,則民闇自脩飾也。"⑤王念孫(1744—1832)《讀書雜

①　冢田虎:《荀子斷》,臺北:成文出版社《無求備齋荀子集成》據日本寬政七年
(1795)京師水玉堂刊本影印,1977年,卷三,頁28a。
②　王天海:《荀子校釋》,上海:上海古籍出版社,2005年,卷五,頁392。
③　《諸子平議》,卷二十七,頁327。
④　案:賈誼《新書·大政下》此文諸本(《兩京遺編》本,卷九,頁7b;《四部叢刊》本,卷
九,頁8a;抱經堂校定本,卷九,頁6b)俱作"聖明則士闇飾矣","聖明"之上無"上"字。陶鴻
慶《讀諸子劄記十》云:"'聖明'上當有'上'字。《孫卿·大略篇》云:'上好義,則民闇飾
矣。'即賈所本。《鹽鐵論·錯幣篇》云:'上好禮,民闇飾矣。'亦其證也。"(《讀諸子劄記》,
卷十,頁314。)《新書校注》乃據其說而加"上"字。本文一仍前人諸本,仍作"聖明則士闇
飾矣"。
⑤　《荀子集解》,卷十九,頁503。

志》"上好羞則民闇飾矣,上好富則民死利矣。二者,亂之衢也"條下云:

　　　楊説迂曲而不可通。"羞"當爲"義","羞"字上半與"義"同,又涉上文兩"羞"字而誤也。上好義則民闇飾者,言上好義則民雖處隱闇之中,亦自修飾,不敢放於利而行也。(《呂氏春秋‧具備篇》載宓子賤治亶父,使民闇行若有嚴刑於旁,即所謂民闇飾矣。《賈子‧大政篇》曰"聖明則士闇飾矣"。)[1]

王念孫以爲《荀子‧大略》"羞"當爲"義",並引賈誼《新書‧大政下》之互文爲據,其説有理。王念孫引用《新書》校勘今本《荀子》,以見《荀子》、《新書》之承傳關係,誠屬卓見。

乙、因襲《荀子》詞彙

　　荀卿對西漢士人影響甚鉅,汪中(1745—1794)《荀卿子通論》即極言荀子於西漢經師之影響。[2] 李澤厚(1930—)論荀子云:"荀子可説上承孔孟,下接《易》、《庸》,旁收諸子,開啟漢儒,是中國思想史從先秦到漢代的一個關鍵。"[3]同樣指出荀卿於漢世士人之影響。馬積高(1925—2001)云:"賈誼不僅是漢初比較接近于荀子的思想家,也是整個西漢繼承荀學較多的思想家。"[4]故賈生爲文遣詞,亦多襲用荀子,今

　　① 《讀書雜志》,志八之八,頁23a,總頁741上。
　　② 汪中云:"荀卿之學,出於孔氏,而尤有功於諸經。""《毛詩》,荀卿子之傳也。""《魯詩》,荀卿子之傳也。""《韓詩》,荀卿子之別子也。""《左氏春秋》,荀卿子之傳也。""《穀梁春秋》,荀卿子之傳也。""《曲臺》之禮,荀卿之支與餘裔也。""六藝之傳賴以不絕者,荀卿也。周公作之,孔子述之,荀卿子傳之,其揆一也。"(《荀卿子通論》,載《新編汪中集》,文集第四輯,頁412。)
　　③ 李澤厚:《荀易庸記要》,《文史哲》第1期,1985年,頁12。
　　④ 馬積高:《荀學源流》,上海:上海古籍出版社,2000年,頁207。

試舉數例如下。

例一："恬然"

《荀子·彊國》云："**恬然**如無治者,古之朝也。"①

《新書·權重》云："然天下當今**恬然**者。"②

案:《荀子·彊國》"恬然如無治者",楊倞注:"恬然,安閒貌。"《漢書·宣元六王傳》云："大王奈何恬然不求入朝見,輔助主上乎?"③師古曰:"恬然,安靜貌也。"④可見恬然乃安然不在意之貌。賈誼《新書》用例亦同,賈生取義當本荀卿。《淮南子·原道》云："恬然無思,澹然無慮。"⑤亦"恬然"即安靜貌之明證。

例二："突盜"

《荀子·榮辱》云："陶誕、**突盜**。"⑥

《新書·時變》云："貴人善**突盜**者爲忻。"⑦

案:突盜,侵凌盜竊也。《荀子》書中三用"突盜"一詞,此蓋荀卿之慣用語。《荀子·榮辱》云："陶誕突盜,慅悍憍暴,以偷生反側於亂世之間。"楊倞注:"突,淩突不順也。"王先謙(1842—1918)《集解》云："突盜,謂好侵突掇盜也。"《荀子·王霸》云："汙漫、突盜以先之。"楊倞注:

---

① 《荀子集解》,卷十一,頁303。

② 《新書校注》,卷二,頁64。

③ 《漢書》,卷八十,頁3312

④ 《漢書》,卷八十,頁3313。

⑤ 《淮南子》,臺北:藝文印書館影印北宋本,1974年,卷一,頁4b,總頁10。

⑥ 《荀子集解》,卷二,頁60。

⑦ 《新書校注》,卷三,頁96。

"突,陵觸。盜,竊也。"①《荀子・彊國》:"汙漫突盜以争地。"荀子三用"突盜",賈誼《新書・時變》云:"功擊奮者爲賢,貴人善突盜者爲忻,諸侯設詭相輓,飾詐而相紹者爲知,天下亂至矣!"賈生所謂"突盜",意指偷竊,詞意亦與荀子同。

　　例三:"兼覆"

　　　　《荀子・王制》云:"五疾,上收而養之,材而事之,官施而衣食之,**兼覆**無遺。"②
　　　　《新書・壹通》云:"害**兼覆**之義。"③

案:兼覆,意指廣爲覆蓋,無所不包也。《荀子・王制》謂"兼覆無遺",《管子・版法解》謂"合德而兼覆之",④《淮南子・覽冥訓》謂"天不兼覆",⑤其意皆同。賈誼謂"害兼覆之義",取意亦與《荀子》相同。

　　例四:"耀蟬"

　　　　《荀子・致士》云:"夫**耀蟬**者,務在明其火,振其樹而已。"⑥
　　　　《新書・匈奴》云:"將爲陛下以**耀蟬**之術振之。"⑦

案:耀蟬,捕蟬之法,晚上以火照蟬,蟬即投火。王先謙《集解》云:"郝懿行曰:'耀',俗'燿'字。燿者,照也。燿蟬者,火必明而後蟬投焉,蟬以陽明爲趨也。照蟹者,火必闇而後蟹赴焉,蟹以陰闇爲居也。二者,

①　《荀子集解》,卷七,頁 225。
②　同上,卷五,頁 149。
③　《新書校注》,卷三,頁 113—114。
④　顏昌嶢:《管子校釋》,長沙:岳麓書社,1996 年,卷二十一,頁 516。
⑤　《淮南子》,卷六,頁 6b,總頁 168。
⑥　《荀子集解》,卷九,頁 261—262。
⑦　《新書校注》,卷四,頁 134。

君子小人之分途也,故明主求賢如耀蟬,闇主搜慝如照蟹。"可見荀子
以"耀蟬"喻明主求賢,天下歸附。賈誼《新書·匈奴》云:"陛下何不使
能者一試理此,將爲陛下以耀蟬之術振之。"①與荀卿所言意同。考"耀
蟬"二字,先秦典籍只有《荀子》此例,賈誼《新書》所言,蓋本《荀子》
爲説。

　　例五:"振槁"

　　　《荀子·王霸》云:"若**振槁**然。"②
　　　《新書·匈奴》云:"則下匈奴猶**振槁**也。"③

案:《荀子·王霸》云:"及以燕、趙起而攻之,若振槁然。"楊倞注:"閔
王四十年,燕、秦、楚、三晉敗我於濟西。振,擊也。槁,枯葉也。言當權
謀彊盛之時,雖破敵滅國,及樂毅以諸國攻之,若擊枯葉之易也。"誠如
楊注所言,"振槁"猶如擊枯葉之易。又《荀子·議兵》:"若振槁然。"
楊倞注:"振,擊也。槁,枯葉也。""振槁"意即擊落枯葉也。兩用"振
槁"一詞,可知乃荀卿慣用語。賈誼《新書·匈奴》云:"以此與單于争
其民,則下匈奴猶振槁也。"賈生亦言"振槁",大抵引申荀卿之意。此
處言振槁,比喻戰勝匈奴有如擊落枯葉,其事易與。

　　例六:"備味"

　　　《荀子·解蔽》云:"口食**備味**,形居備官。"④
　　　《新書·禮》云:"然後天子**備味**而食,日舉以樂。"⑤

---

① 《新書校注》,卷四,頁134。
② 《荀子集解》,卷七,頁206。
③ 《新書校注》,卷四,頁135。
④ 《荀子集解》,卷十五,頁389。
⑤ 《新書校注》,卷六,頁216。

案：備味，謂諸味具備。賈誼所謂"備味"與荀卿取意相同，蓋本《荀子》。《漢書·王莽傳》云："今誠未皇于輕靡而備味。"①取意亦同。

　　例七："愀然"

　　　《荀子·修身》云："見不善，**愀然**必以自省也。"②
　　　《新書·諭誠》云："**愀然**有寒色。"③

案：《荀子·修身》云："見不善愀然，必以自省也。"楊倞注："愀然，憂懼貌。"可見愀然指憂懼之貌也。又《荀子·富國》云："故墨術誠行，則天下尚儉而彌貧，非鬥而日爭，勞苦頓萃，而愈無功，愀然憂戚非樂，而日不和。"④賈誼《新書·諭誠》云："愀然有寒色。"意同《荀子》。

　　例八："礱厲"

　　　《荀子·性惡》云："鈍金必將待**礱、厲**然後利。"⑤
　　　《新書·官人》云："知足以爲**礱礪**。"⑥

案：《廣雅·釋器》云："礱，礪也。"⑦"礱"、"礪"二字既可互訓，則義同，皆有磨之意。《荀子·性惡》云："鈍金必將待礱、厲然後利。"楊倞注："礱、厲，皆磨也。厲與礪同。"賈誼《新書·官人》此例意謂智慧可使人銳利而有才幹，引申"礱"、"礪"之意，實取法於《荀子》。

---

　　① 《漢書》，卷九十九上，頁 4050。
　　② 《荀子集解》，卷一，頁 21。
　　③ 《新書校注》，卷七，頁 279。
　　④ 《荀子集解》，卷六，頁 188。案：楊倞此注引鄭玄注《禮記》云："愀然，變動貌也。"日人安積信《荀子略説》云："愀然，愁貌。不必引《禮》注。"王天海云："愀然，憂懼貌。"（《荀子校釋》，卷六，頁 447。）準此，《富國》之"愀然"仍當作憂懼、憂愁之意。
　　⑤ 《荀子集解》，卷十七，頁 435。
　　⑥ 《新書校注》，卷八，頁 292。
　　⑦ 王念孫：《廣雅疏證》，南京：江蘇古籍出版社，2000 年，卷八上，頁 21，總頁 254。

丙、因襲《荀子》句義

例一：

《荀子‧勸學》　　干、越、夷、貉之子，生而同聲，長而異俗，
　　　　　　　　　教使之然也。①

《新書‧保傅》　　夫胡越之人，生而同聲，嗜慾不異，及其長
　　　　　　　　　而成俗也，累數譯而不能相通；行有雖死
　　　　　　　　　而不相爲者，則教習然也。②

案：《荀子》言干越蠻夷所生之人，生下來而哭聲同，長大後卻有不同之
習俗，乃因教化之使然。賈誼《新書》之意，大抵亦襲用荀卿。其謂胡
越所生之人，生下來而哭聲同，嗜好欲望亦無別，待其成長並養成習慣，
則累經翻譯仍不能溝通，行有寧死而猶不肯相爲之事情，亦教化之使然
也。由是觀之，二書所言意思大致相同，文句取義亦有相似，當是賈誼
襲用荀卿之證。

例二：

《荀子‧勸學》　　青，取之於藍而青於藍。③

《新書‧連語》　　染之藍則青。④

案：《荀子》謂青色乃取之於藍而又青於藍，後世遂有"青出於藍"之比

---

① 《荀子集解》，卷一，頁 2。
② 《新書校注》，卷五，頁 186。案：《漢書‧賈誼傳》所載賈誼《陳政事疏》亦有此文。
惟據上文考察，《漢書‧賈誼傳》當約取賈誼書五十八篇以入文，《保傅傳》亦嘗單篇流傳，故
此處舉《新書‧保傅》比對《荀子‧勸學》，而不以《漢書‧賈誼傳》爲之。
③ 《荀子集解》，卷一，頁 1。
④ 《新書校注》，卷五，頁 199。

喻。《新書·連語》云:"又似練絲,染之藍則青,染之緇則黑,得善佐則存,無善佐則亡,此其不可不憂者耳。"同樣以染色爲喻,以見絲綢染之藍則青,意亦本於《荀子》。《墨子·所染》云:"子墨子言見染絲者而歎,曰:'染於蒼則蒼,染於黃則黃,所入者變,其色亦變,五入必,而已則爲五色矣!故染不可不慎也!'"①亦以染色爲喻,然謂"染於蒼則蒼,染於黃則黃",其論與賈生有異,當非其之所本。

　　由上舉各例觀之,賈生所用詞彙、文句確有與荀卿相合者,謂賈生行文有取諸《荀子》者,亦信而有徵矣。

二、前人評論有關荀子與賈誼之關係

　　賈誼與荀卿之學術淵源,學者多有論之,大抵皆謂賈生所學遠承荀子,而又有所開創。學者所論,蓋本諸賈誼本傳。《史記·屈原賈生列傳》云:

　　　　賈生名誼,雒陽人也。年十八以能誦《詩》屬《書》聞於郡中。吳廷尉爲河南守,聞其秀才,召置門下,甚幸愛。孝文皇帝初立,聞河南守吳公治平爲天下第一,故與李斯同邑而常學事焉,乃征爲廷尉。廷尉乃言賈生年少,頗通諸子百家之書。文帝召以爲博士。②

本傳中謂賈生受河南守吳廷尉之賞識,因而推薦予漢文帝。吳廷尉故與李斯同邑,又嘗學事之,則吳廷尉自爲李斯學生無疑。李斯爲荀卿學生,《史記·李斯列傳》謂斯"從荀卿學帝王之術",③可見李斯嘗從荀卿受學。是以學者於賈生與荀卿之關係,多作以下推論:

---

① 孫詒讓:《墨子閒詁》,卷一,頁10—11。
② 《史記》,卷八十四,頁2491。案:《漢書·賈誼傳》相關部分所載大抵相同。
③ 《史記》,卷八十七,頁2539。

荀卿→李斯→吳廷尉→賈誼①

學者但謂賈誼遠承荀卿學說，卻未細究所由，所論亦往往流於空泛。如王更生《救世愛國的少年賈誼》云：

> 在那個講究師承的時代，他（筆者按：此處指賈誼）似乎也不可能有自學成功的機會。那麼既然如此，賈誼的老師到底是誰？本人以爲是擔任河南太守的吳公。吳公爲上蔡人，曾經師事李斯，史載李斯與韓非是荀卿子的及門高足，吳公又授業於李斯，這實在是學術淵源，其來有自。吳公必是一位法家而兼與我儒有密切關係的學者，他對賈誼不僅在政治上給予有效的獎掖，同時在學術上也給他直接的指導，所以這樣說來，賈誼便成了荀卿子的四傳弟子。這個道統關係，雖然不見於正史的記述，但我們就憑著他們之間的經久相處，以及在陸氏《釋文》不盡可信的情況下，②這種推

---

① 丁毅華《荀子、賈誼禮治思想的傳承》即以此種直線之傳承關係，表示賈生與荀卿之學術淵源。（丁毅華：《荀子、賈誼禮治思想的傳承》，《天津師大學報》第 6 期，1991 年，頁 33。）用"直線關係"以言漢代經學之傳承歷史，未必可信。徐復觀云："後人常以五經博士出現以後的師承家法的情形，加在以前的經學傳承上去，每經都安放一條直線單傳的系統，一若每代只有一人傳習，這都是出於傅會而非常不合理的。"又云："研究漢代經學史，應首先打破五經博士出現以後所僞造的傳授歷史。"（《兩漢思想史卷二》，頁 121、122。）是以丁氏所列賈生師承關係，未可盡信。其說法大抵參諸王更生《救世愛國的少年賈誼》，詳見下文。

② 王更生所謂"陸氏《釋文》不盡可信"，意指陸德明《經典釋文‧序錄》有關《左傳》之傳授過程。《經典釋文‧序錄》云："左丘明作傳，以授曾申，申傳衞人吳起，起傳其子期，期傳楚人鐸椒，椒傳趙人虞卿，卿傳同郡荀卿名況，況傳武威張蒼，蒼傳洛陽賈誼，誼傳至其孫嘉。"（陸德明：《經典釋文》，序錄，頁 26b，總頁 13。）而陸氏所云，大抵本諸《漢書‧儒林傳》。《漢書‧儒林傳》云："漢興，北平侯張蒼及梁太傅賈誼、京兆尹張敞、太中大夫劉公子皆修《春秋左氏傳》。誼爲《左氏傳》訓故，授趙人貫公，河間獻王博士，子長卿爲蕩陰令，授清河張禹長子。"（《漢書》，卷八十八，頁 3620。）劉師培《賈子新書斠補》"今夫子之達，佚乎老耽"條下云："案：此文夫子疑卽張蒼。誼傳《左氏》於張蒼，此蓋受業之時所作。蒼曾典書柱下，故以老耽爲況。"（《賈子新書斠補》，載《劉申叔遺書》，卷下，頁 8a，總頁 1000。）大抵師培所言亦僅屬推測之言，未有明證。賈誼有否受學於張蒼，學者多有論之，如徐復觀《兩漢思想史》、（轉下頁）

測,應該説是大膽而合理的。①

今考賈誼與荀卿於部分觀念、主張,間有相同,且如上文所證,賈誼《新書》更有因襲《荀子》文本之跡。惟若不經考察,輒謂"賈誼便成了荀卿子四傳弟子",實在難以入信;而賈生、吴公"經久相處",又無文獻可證,作者如斯推論,亦未足饜人意。下文試圖通過文本比較,提出實質理據,以見賈誼與荀卿於思想上相合之處。

三、從荀子至賈誼

荀子,名況,戰國末趙人。齊襄王時,荀卿嘗講學稷下,三爲祭酒。適秦,説楚相春申君及秦相范雎;《荀子・議兵篇》又載其與臨武君議兵於趙孝成王前,②惟二國俱不能用荀卿。游楚,春申君以爲蘭陵令。前 238 年,春申君死而荀卿廢,因家蘭陵,發憤著書數萬言而卒。荀卿"能傳《易》、《詩》、《禮》、《樂》、《春秋》",③李斯、韓非、浮丘伯皆嘗受業爲弟子。

儒家自孔子卒後,分爲數派,據《韓非子・顯學》所載,儒家分爲八派,有子張之儒、子思之儒、顔氏之儒、孟氏之儒、漆雕氏之儒、仲良氏之

（接上頁）蔡廷吉《賈誼研究》等,其中未有定論,疑議甚多。賈誼《新書》多載春秋史事,然而用《左傳》義者未多,關於賈誼與《左傳》之關係,詳見下文"賈誼《新書》與《左傳》關係考辨"。而王更生謂《經典釋文》之言不甚可信,大抵可從。

　①　王更生:《救世愛國的少年賈誼》,《中華文化復興月刊》第 13 卷第 8 期,1980 年 8 月,頁 66。

　②　此事詳見《荀子集解》,卷十,頁 265—279。

　③　皮錫瑞:《經學通論》,香港:中華書局,1961 年,頁 55。

儒、孫氏之儒、樂正氏之儒。① 孟子受業於子思之門人，②而上述八派之
中，孟氏之儒蓋指孟子學派，荀子雖不在八派之列，惟其學與仲弓之儒
有莫大關係。③ 時至戰國，禮崩樂壞，周天子失其鹿，政在諸侯，儒家所
倡之仁政，遂顯得"迂遠而闊於事情"。④ 孟子言王道，倡四端，游事齊
宣王、梁惠王、鄒穆公、滕文公、魯平公等，俱不能用。晚退而與公孫丑、
萬章之徒"序《詩》《書》，述仲尼之意，作《孟子》七篇"。⑤ 荀子深知其
時世衰道微，取法堯舜，未免不切實際。是以荀學於繼承孔子論禮之
餘，亦發展出所謂禮治思想。禮法並用，而以禮爲根本。汪中《荀卿子
通論》嘗稱"荀卿所學，本長於禮"，⑥其言是也。及至李斯、韓非從荀卿
受學，二人入秦，爲秦王所用，李斯後爲秦相，倡言以法治秦，遂成就始
皇一統天下之宏業。韓非爲李斯所誣，身死獄中，惟韓非自是法家集大
成者，秦所以統一六國，亦與韓非所倡不無關係。錢穆（1895—
1990）《國學概論》曰："故凡秦一代之政，皆源於荀、韓，而百家之學遂
定於一尊。"⑦秦代之政源於荀、韓，錢氏所以特重荀卿，蓋因韓非受學
於荀子之故，錢説近是。

---

① 《韓非子新校注》，卷十九，頁 1124。
② 關於孟子師承問題，學者多有論之。《孟子·離婁下》云："予未得爲孔子徒也，予私
淑諸人也。"（《孟子注疏》，載《十三經注疏（整理本）》，卷八上，頁 268。）若孟子得受業於子
思，焉有如此説法？ 故崔述云："若孟子親受業於子思，則當明言其人，以見其傳之有所自，何
得而云'人'而已乎！ 由是言之，孟子必無受業於子思之事。"（《孟子事實録》，載崔述撰著、
顧頡剛編訂：《崔東壁遺書》，上海：上海古籍出版社，1983 年，頁 411 上。）《史記》本傳謂孟
子"受業子思之門人"（《史記》，卷七十四，頁 2343。）而司馬貞《索隱》云："王劭以'人'爲衍
字，則以軻親受業孔伋之門也。"（《史記》，卷七十四，頁 2344。）若從孟子與子思之生卒年相
比勘，可見孟子當不及見子思，而《孟子》書中亦隻字不提子思爲其師，由是觀之，太史公原文
應不誤，作"受業子思之門人"者是也。
③ 關於荀子與仲弓之關係，學者亦多有論述，如馬積高《荀學源流》第八章第一節，此
處不再贅述。
④ 《史記》，卷七十四，頁 2343。
⑤ 《史記》，卷七十四，頁 2343。
⑥ 《荀卿子通論》，載《新編汪中集》，文集第四輯，頁 412。
⑦ 錢穆：《國學概論》，北京：商務印書館，1997 年新 1 版，頁 65。

秦得天下,仁義不施,始皇不懂攻守異勢,好大喜功,勞民傷財,是以秦立國僅十五年而亡。秦之速亡,學者多有論之。錢穆《秦漢史》曰:

> 秦自始皇二十六年并天下,至二世三年而亡,前後僅十五年。然開後世一統之局,定郡縣之制。其設官定律,均爲漢所因襲。其在政治上之設施,關係可謂極大。焚書坑儒,立以古非今之禁。尊王學,斥家言。定一尊於朝廷,綜百家於博士。力反戰國遊士講學之囂風,求反之於古者政教不分官師合一之舊。其同書文字,刬滅古文。對於文教上之影響,亦復匪淺。國民處新王督責之下,不遑甯處。北築長城,南戍百粵。内開馳道。建咸陽宮殿。物質上之種種建設,亦至偉大。然民力已竭,而秦法益峻。秦人之視東土,仍以戰勝奴虜視之。指揮鞭撻,不稍體恤。始皇既卒,趙高用事。天下解體,怨望日甚。封建之殘念,戰國之餘影,尚留存於人民之腦際。於是戍卒一呼,山東回應,爲古代封建政體作反動,而秦遂以亡。①

秦始皇一統天下後,仍征百粵、開馳道、建宮殿,不能與民休息。及至陳勝反於大澤鄉,士無不起,争殺秦廷。項羽、劉邦繼陳勝而起,最後劉成項敗,高祖劉邦建立漢室,天下再歸於一統。

然而秦亡之因,不僅是“征百粵、開馳道、建宮殿”,不能明白守國之道,方爲秦代速亡之主因。西漢初年如陸賈、賈誼、賈山,以至司馬遷俱對秦亡有所論述。陸賈,楚人也。從高祖定天下,有口辯,居左右。嘗奉命出使南越,説服南越王尉佗歸漢稱臣,拜爲太中大夫。陸賈《新語·輔政》云:

---

① 錢穆:《秦漢史》,臺北:東大圖書公司,1992 年第 6 版,頁 30。

　　　秦以刑罰爲巢,故有覆巢破卵之患;以李斯、趙高爲杖,故有頓
僕跌傷之禍,何者?所任者非也。故杖聖者帝,杖賢者王,杖仁者
霸,杖義者强,杖讒者滅,杖賊者亡。①

以爲秦以刑罰爲本,治國刻深,加以所任非人,是以速亡。又《新語·
無爲》云:

　　　秦始皇設刑罰,爲車裂之誅,以斂奸邪,築長城於戎境,以備胡、
越,征大吞小,威震天下,將帥橫行,以服外國,蒙恬討亂於外,李斯
治法於內,事逾煩天下逾亂,法逾滋而天下逾熾,兵馬益設而敵人逾
多。秦非不欲治也,然失之者,乃舉措太衆、刑罰太極故也。②

比合上文,皆言秦之刑罰過當,致使"事逾煩天下逾亂,法逾滋而天下逾
熾",又任用李斯、趙高等人,以法爲尚,不能體恤民苦。故秦之速亡,主因
乃是不懂攻守之異。漢初奉行黃老思想,與民休息,正是針對秦代速亡而
立之國策。漢初學者鑒於秦之速亡,故皆欲以秦爲鑒,不願重蹈覆轍,故
有陸賈之言。與賈誼時代相若之賈山亦有論秦之速亡。其《至言》曰:

　　　秦以熊羆之力,虎狼之心,蠶食諸侯,并吞海內,而不篤禮義,
故天殃已加矣。③

是賈山以爲秦亡乃因"不篤禮義"之故,當中禮治思想亦可窺見。
　　至於賈誼,其名篇《過秦論》可視爲漢初學者反思秦亡因由之總
結。篇中首言秦統一天下之功,然而始皇殁後,陳涉首事,六國繼起,九

---

① 王利器:《新語校注》,北京:中華書局,1986 年,卷上,頁 51。
② 《新語校注》,卷上,頁 62。
③ 《漢書》,卷五十一,頁 2328。

國之師共攻一國,秦之亡也速矣。故賈生曰:

> 然秦以區區之地,致萬乘之勢,序八州而朝同列,百有餘年矣。
> 然後以六合爲家,殽函爲宮。一夫作難而七廟墮,身死人手,爲天
> 下笑者,何也? 仁義不施,攻守之勢異也。①

賈誼深明秦之速亡,在於仁義不施,是以苛法只可治劇,不可用以治國
也。② 是以賈生倡禮樂,用儒家禮治思想以治飽經戰火後逐漸康復之
西漢社會。賈誼《新書》屢言漢帝當以秦爲鑒,不當重蹈覆轍,以免速
亡之禍。③ 漢初社會面對種種問題,而賈生之禮治思想,乃爲針對當時
情況而倡議者。禮治思想可視爲對韓非、李斯等所倡法家思想之反動,
賈誼所倡以治漢室者,卻又近於荀卿。陳澧(1810—1882)《東塾讀書
記》云:“賈誼之學,蓋長於禮。”④汪中《賈誼新書序》又云:“生固荀氏
再傳弟子也。故其學長於禮。”⑤參諸汪中、陳澧兩家論斷,可見荀、賈
相通之處,在於皆長於禮也。⑥

---

① 《新書校注》,卷一,頁3。
② 司馬談《論六家要旨》云:“法家不別親疏,不殊貴賤,一斷於法,則親親尊尊之恩絶
矣。可以行一時之計,而不可長用也,故曰‘嚴而少恩’。”(《史記》,卷一百三十,頁3291。)司
馬談謂法家只可用於一時,即治劇之意,而不可以長用。司馬談所言,大抵亦承接賈生“攻守
之勢”相異之説。
③ 今賈誼《新書》載有《過秦論》,專以秦亡爲論。捨此以外,《新書》各篇亦多有以秦之
速亡爲論者,如《宗首》、《數寧》、《權重》、《階級》、《俗激》、《時變》、《壹通》、《屬遠》、《淮
難》、《保傅》、《春秋》、《胎教》等皆其例。至若其中詳細內容,可參本書附錄一“賈誼《新書》
以秦事爲喻資料彙輯”。
④ 陳澧:《東塾讀書記》,臺北:世界書局,1964年,卷十三,頁3a。
⑤ 《賈誼新書序》,載《新編汪中集》,文集第四輯,頁423。
⑥ 章太炎謂“賈生長於禮”。(章太炎:《春秋左傳讀敘録》,臺北:文史哲出版社,
1984年,頁841。)徐復觀云:“賈誼所突出的禮的思想,又是受荀子的禮的思想,而繼續向前發
展的。”(《兩漢思想史》卷二,頁140。)徐氏謂賈誼之禮有受荀子影響,可見二人皆言,且有相
通處,恰與汪中、陳澧所言相合。又唐雄山云:“賈誼的理想政治是禮治。”(《賈誼禮治思想研
究》,引言,頁5。)亦指出賈生治國以禮爲尚。

　　由是觀之,由荀子以至李斯、韓非,至西漢吳公,再至賈誼之學術淵源,可視爲由儒至法,再由法返儒之治國方針。然而此處所謂之儒,固非孔孟所倡,而是以禮爲本之禮治思想。

四、賈誼之禮治思想

　　賈誼之禮治思想,學者多有論及,然而少有與荀卿作通盤比較。下文旨在以禮治思想爲主,以見賈誼與荀卿之學術淵源。

(一) 教育思想

　　賈誼之教育思想,主要以太子之教育爲主。漢初,高祖以爲秦之失國在於缺乏諸侯作爲屏障,藉以勤王,是以廣封異姓諸侯王,[1]及後諸侯王叛,劉邦又逐一殲滅,而異姓諸侯中只剩下國少力弱,無力反抗之長沙王倖存矣。[2] 劉邦爲鞏固劉姓天下,於是又大封同姓諸侯王,[3]欲以此捍衛漢室。及至文帝時,同姓諸侯王大多驕奢,賈生謂"諸侯王雖名爲人臣,實皆布衣昆弟之心,慮無不帝制而天子自爲者"。[4] 而且,諸侯王自成一國,於封國內有極大之自主權,是以位雖人臣,卻能富甲一方。如《史記·吳王濞列傳》云:"吳有豫章郡銅山,濞則招致天下亡命

　　① 漢高祖劉邦所立之異姓諸侯王,主要包括下列各人:韓王信王韓,張耳王趙,臧荼、盧綰先後王燕,韓信先後王齊、楚及淮南,彭越王梁,英布王淮南,吳芮王長沙。説參李開元:《漢帝國的建立與劉邦集團》,北京:三聯書店,2000年,頁88。
　　② 西漢初年,異姓諸侯王共有七人,即楚王韓信、梁王彭越、淮南王英布、趙王張耳、燕王臧荼、長沙王吳芮、韓王信。
　　③ 漢高祖劉邦所封之同姓諸侯王,主要包括下列各人:劉賈王荆,劉交王楚,劉濞王吳,劉長王淮南,劉肥王齊,劉如意初王代,後徙趙,劉喜、劉恒亦先後王代,劉建王燕,劉友王淮陽,劉恢王梁。説參《漢帝國的建立與劉邦集團》,頁89。
　　④ 《新書校注》,卷三,頁120。

者盜鑄錢,煮海水爲鹽,以故無賦,國用富饒。"①吳王劉濞私自鑄錢,又以海鹽爲利,逃卻賦稅,其富可以見矣。錢穆《國史大綱》云:"當時諸王、列侯家庭俱已有腐敗墮落的景象,農民純樸之本色已失,貴族生活之薰染日深,非有教育,不足維持長久。"②諸侯王之無道,至文帝時極矣。賈生兩爲諸侯王太傅,③故其論及教育之時,每以太子作爲對象,大抵太子將來可能成爲天子之故也。此外,文帝太子劉啟擊殺吳王子之事,或亦賈生提倡此論之誘因。《史記·吳王濞列傳》云:"孝文時,吳太子入見,得侍皇太子飲博。吳太子師傅皆楚人,輕悍,又素驕,博,爭道,不恭,皇太子引博局提吳太子,殺之。"④皇太子劉啟,即後來之漢景帝。此爲其用棋盤砸死吳王劉濞世子之事,可知太子劉啟爲人殘暴不堪,而教育太子之迫切可以考見。教育太子(或皇子),可視爲賈生教育思想重要之一環。

　　漢初學者大多以秦亡爲鑒,倡言治國之道,賈誼亦不例外。秦之速亡,除始皇之暴虐外,二世之昏庸亦是主因。賈誼《新書·保傅》云:

　　　　殷爲天子三十餘世而周受之,周爲天子三十餘世而秦受之,秦
　　爲天子二世而亡。人性非甚相遠也,何殷周之君有道而長也,而秦
　　無道之暴也? 其故可知也。⑤

---

① 《史記》,卷一百〇六,頁2822。
② 《國史大綱》,頁143。
③ 賈生於文帝三年(前177)被貶爲長沙王太傅,長沙乃當時僅存之異姓諸侯王,國少力弱,只有二萬五千户而已。及至文帝七年(前173),賈誼遷爲梁懷王太傅,懷王爲文帝少子,有愛多寵。
④ 《史記》,卷一百〇六,頁2823。
⑤ 《新書校注》,卷五,頁183。《漢書·昭帝紀》:"詔曰:'朕以眇身獲保宗廟,戰戰慄栗,夙興夜寐,修古帝王之事,通《保傅傳》、《孝經》、《論語》、《尚書》,未云有明。其令三輔、太常舉賢良各二人,郡國文學高第各一人。賜中二千石以下至吏民爵各有差。'"文穎曰:"賈誼作《保傅傳》,在《禮·大戴記》。言能通讀之也。"(《漢書》,卷七,頁223。)"文穎字叔良,南陽人,後漢末荆州從事,魏建安中爲甘陵府丞。"(《漢書》,漢書敍例,頁4。)可見(轉下頁)

秦之無道,始皇之暴行在在可見,及後始皇崩,李斯、趙高等擁立胡亥爲帝,是爲秦二世。二世信任趙高,親小遠賢,致使秦亡而不可挽救。賈生以爲二世若有庸主之才,適足以安天下,惟二世不施仁義,一仍始皇之舊,是以賈生《過秦論》云:

> 二世不行此術,而重以無道:壞宗廟與民,更始作阿房之宫;繁刑嚴誅,吏治刻深;賞罰不當,賦斂無度。天下多事,吏不能紀;百姓困窮,而主不收卹。[①]

二世不顧百姓之苦,續行苛政,賈生以爲胡亥所以不施仁義,徒因秦代未能教育太子之故。賈誼《新書·保傅》云:

> 其俗固非貴辭讓也,所上者告訐也;固非貴禮讓也,所上者刑罰也。使趙高傅胡亥而教之獄,所習者非斬劓人,則夷人之三族也。故今日即位,明日射人,忠諫者謂之誹謗,深爲之計者謂之妖言,其視殺人若艾草菅然。豈胡亥之性惡哉?其所以集道之者非理故也。[②]

賈誼以爲秦始皇使趙高傅胡亥,趙高並不倡言禮治,胡亥遂不識辭讓之

(接上頁)文穎爲東漢末年人,其説近古,《保傅》當爲賈誼所作,而非《大戴禮記》混入賈誼書中。孔廣森《大戴禮記補注·序録》亦謂《大戴禮記·保傅》乃"取《賈子書·保傅》《傅職》《容經》《胎教》四篇。"(盧辯注、孔廣森補注:《大戴禮記補注》,上海:商務印書館,1939年,頁3。)當然亦有學者持相反意見,以爲賈誼《新書》因襲《大戴禮記》,以成《保傅》一篇。如王聘珍《大戴禮記解詁·目録》謂《保傅》"本《古文禮記》,蓋楚漢間人所爲,其人亦七十子後學之流。漢初並在古文二百四篇之中,出自孔壁,故當時即以列於《孝經》、《論語》、《尚書》之類,而進之於君。而賈誼所從而采摭潤色以成一家之言者,則在外流傳之本,亦如《古文尚書》出自孔壁,而先有今文行於世,特其篇數多寡不同耳。"(王聘珍:《大戴禮記解詁》,北京:中華書局,1983年,目録,頁3。)關於《新書》與《大戴禮記》之問題,自當另文討論,此處不贅。

① 《新書校注》,卷一,頁15。
② 同上,卷五,頁185。

道,專任刑罰,所習若非"斬劓人",則是"夷人之三族"矣。賈生謂胡亥所以如此,並非其本性所致,"豈胡亥之性惡哉? 其所以集道之者非理故也",可見賈生以爲胡亥之性情乃由後天習染所致。賈生所謂性由習染之論,其實源於荀子。《荀子·性惡》云:

> 人之性惡,其善者僞也。今人之性,生而有好利焉,順是,故爭奪生而辭讓亡焉;生而有疾惡焉,順是,故殘賊生而忠信亡焉;生而有耳目之欲,有好聲色焉,順是,故淫亂生而禮義文理亡焉。然則從人之性,順人之情,必出於爭奪,合於犯文亂理而歸於暴。故必將有師法之化、禮義之道,然後出於辭讓,合於文理,而歸於治。用此觀之,然則人之性惡明矣,其善者僞也。①

荀卿《性惡篇》反駁孟子性善説,其實孟子之性善論與荀子之性惡論,其立足點實有不同。孟子以爲人性本善,《孟子·公孫丑上》云:

> 人皆有不忍人之心。……所以謂人皆有不忍人之心者,今人乍見孺子將入於井,皆有怵惕惻隱之心,非所以内交於孺子之父母也,非所以要譽於鄉黨朋友也,非惡其聲而然也。②

孟子肯定"人皆有不忍人之心",即人人皆有爲善之先在條件,人又皆有仁、義、禮、智四端,若能擴而充之者則爲聖人,不能者則謂之不善,而非其性本與善人殊也。至若荀子,其所謂性惡之説,其實並非就人之本性而言,乃是就人之所習染論之。且將上引《荀子·性惡》作一表解如下:

---

① 《荀子集解》,卷十七,頁434—435。
② 《孟子注疏》,載《十三經注疏(整理本)》,卷三下,頁112。

今人之性	生而有好利焉	順是	故爭奪生而辭讓亡焉
	生而有疾惡焉		故殘賊生而忠信亡焉
	生而有耳目之欲,有好聲色焉		故淫亂生而禮義文理亡焉

從上表可見,"順是"可謂一個發展之過程,荀卿之意大抵是指人若朝着此等方向發展下去,惡行必會出現。由是觀之,荀卿所言之人性本質未有所謂善惡之別,一切皆由後來習染。

賈生言胡亥本性非惡,乃因後世習染,說與荀子相近。《新書·保傅》云:"天下之命,縣於太子;太子之善,在於蚤諭教與選左右。"①賈生以爲要及早教育太子,以及慎選太子左右輔佐之人。賈生謂"周成王幼在襁褓之中,召公爲太保,周公爲太傅,太公爲太師",②周成王有召公奭、周公旦、姜太公等三人爲傅,三人皆賢德之人,使成王及後終成賢主,更使周之天下長有道也。是以選擇左右輔佐之人,實是教育太子之先導。賈生又云:

> 習與正人居之,不能無正也,猶生長於楚,不能不楚言也。故擇其所嗜,必先受業,乃得嘗之;擇其所樂,必先有習,乃得爲之。③

賈生運用比喻,說明生活習性之重要。太子若終日與正人相處,自當爲善,是以選用賢人輔佐太子,是太子教育之成功。荀卿亦屢言"習與正

---

① 《新書校注》,卷五,頁186。
② 同上,卷五,頁183。
③ 同上,卷五,頁184。案:《漢書·賈誼傳》引此文云:"夫習與正人居之,不能毋正,猶生長於齊不能不齊言也;習與不正人居之,不能不毋正,猶生長於楚之地不能不楚言也。故擇其所者,必先受業,乃得嘗之;擇其所樂,必先有習,乃得爲之。"(《漢書》,卷四八,頁2248。)其中"猶生長於齊不能不齊言也;習與不正人居之,不能不毋正"等三句爲賈誼《新書·保傅》所無。盧文弨云:"潭本脫'不能無正也'以下共二十四字,建本亦同。"(《新書》(抱經堂校定本),卷五,頁4b。)此知賈誼《新書》諸本於此或有殘脫。

人居"之理,《荀子·勸學》謂"學莫便乎近其人",楊倞注:"謂賢師也。"①可見賢師身教,亦能薰陶太子,故爲君者必以賢師教導太子,天下適足長久且安也。此外,荀卿又以陶工爲喻,以見後天染習之重要性。《荀子·性惡》云:

> 問者曰:"人之性惡,則禮義惡生?"
> 應之曰:凡禮義者,是生於聖人之僞,非故生於人之性也。故陶人埏埴而爲器,然則器生於工人之僞,非故生於人之性也。故工人斲木而成器,然則器生於工人之僞,非故生於人之性也。②

荀卿以爲禮義乃後天所生,並非出自先天,如陶工之本性並非制陶,木工之本性亦非製作木器,一切皆受後天環境之影響。荀卿此喻,與賈生謂齊人習齊言、楚人習楚言並無二致,可見賈生所言亦與荀卿相合。荀卿雖未有標明教育太子之義,然而賈生所言之基本教育思想顯然亦受其影響。

後天習染乃是人性善惡相異之原因,賈生論及後天環境於人性之影響時,其説亦當承自荀卿。賈誼《新書·保傅》云:

> 夫胡越之人,生而同聲,嗜慾不異,及其長而成俗也,累數譯而不能相通;行有雖死而不相爲者,則教習然也。③

賈誼以爲胡、越之人,生時哭聲無異,嗜好欲望亦無異,然而及長並養成習慣後,雖經過數重翻譯還不能溝通,所做之事情即使到死亦不與對方

---

①　《荀子集解》,卷一,頁 14。
②　同上,卷十七,頁 437。
③　同上,卷五,頁 186。

互換，此實乃後天教育造成之結果。細考賈生此論，實本諸《荀子·勸學》：

> 干、越、夷、貉之子，生而同聲，長而異俗，教使之然也。①

幹、越，楊倞謂"干、越，猶言吳、越"。② 干、越、夷、貉皆蠻族國名，其中"生而同聲，長而異俗"之意，當爲賈生《保傅》所本。同樣，荀卿強調後天教育之重要性，所謂"教使之然也"，賈生亦然。沈欽韓（1775—1832）《漢書疏證》於"胡越之下"亦引《荀子·勸學》此文，證賈生所言實有本於荀卿。③ 王先謙《漢書補注》引用沈説，謂荀卿之説與賈生所

---

① 《荀子集解》，卷一，頁 2。

② 同上，卷一，頁 2。又王念孫《讀書雜志·讀荀子雜志》云："'干、越、夷、貉之子。'楊注曰：'干、越，猶言吳、越。《呂氏春秋》"荆有次非得寶劍於干、越"，高誘曰："吳邑也。"'盧改'干、越'爲'於越'，又改注文之'吳越'爲'於越'云。'于越'宋本作'干越'，今從元刻與《大戴禮》同。注'於越'舊作'吳越'訛。寶應劉氏端臨《荀子補注》曰：'案《淮南·原道訓》"干越生葛絺。"高注"干，吳也。"楊氏此注以"干越"爲"吳越"，蓋用高義，觀下文引《呂氏春秋》注可見。盧改非也。今《原道訓》作"於越"，亦妄庸人所改。'念孫案：劉説是也。干、越、夷、貉四者皆國名，不得改'干、越'爲'于越'，古書言'干、越'者多矣，凡改'干、越'爲'于越'者，皆所謂知其一説不知又有一説者也。《大戴記》之'于越'，亦後人所改，辯見《漢書·貨殖傳》。"（《讀書雜志》，志八之一，頁 1b，總頁 630。）王念孫以爲作"干越"即吳越，不可改爲"于越"，其説是也。

又王念孫《讀書雜志·淮南內篇》"天越"條下云："'匈奴出穢裘，干越生葛絺。'高注曰：'干，吳也。'劉本改干爲於，云：'于越一作於越，夷言發聲也。'茅本又改于爲於。念孫案作干者是也。《春秋》言於越者，即是越，而以於爲發聲。此言干越者，謂吳越也。若是于字，則高注不當訓爲吳矣。《莊子·刻意篇》：'夫有干越之劍者。'《釋文》司馬云：'干，吳也，吳越出善劍也。'《荀子·勸學篇》：'干越夷貉之子。'楊倞曰：'干越，猶言吳越。'《漢書·貨殖傳》：'辟猶戎翟之與于越，不相入矣。'于亦干之誤。干越皆國名，故言戎翟之與干越，猶《荀子》之言干越夷貉也。顏師古以爲春秋之於越，失之。司馬彪訓干爲吳，正與高注同。莊從劉本作於，則與高注相背矣。"（《讀書雜志》，志九之一，頁 14a，總頁 767。）王念孫所言至爲詳盡，又嘗引用《荀子》以證《淮南》之誤，誠堪卓識。

③ 沈欽韓：《漢書疏證》，上海：上海古籍出版社據清光緒二十六年浙江官書局刻本影印，2006 年，卷二十八，頁 12b。

論同意。① 由是觀之,賈生以爲後天環境影響人性之説,大抵本諸荀卿。

荀子以爲只有良師之薰陶,學生才會有優良之道德表現。此論正與上文所言後天環境影響人性論一致。《荀子·性惡》云:

> 夫人雖有性質美而心辯知,必將求賢師而事之,擇賢友而友之。得賢師而事之,則所聞者堯、舜、禹、湯之道也;得良友而友之,則所見者忠信敬讓之行也。身日進于仁義而不自知也者,靡使然也。今與不善人處,則所聞者欺誣詐偽也,所見者汙漫淫邪貪利之行也,身且加于刑戮而不自知者,靡使然也。②

荀卿此謂師事賢人,則能身進仁義之境;若與不善人處,則身必至刑罰而猶不自知。上引賈生謂"習與正人居,不能毋正也",意亦本諸《荀子》。此外,"習與正人居"亦有擇良師之意。賈生謂成王幼而周公旦、召公奭、姜太公輔之,三人皆賢德之人,是以西周大治;而秦則不然,秦始皇使趙高傅胡亥,趙高本是刻深之人,遂使二世"今日即位,而明日射人,忠諫者謂之誹謗,深爲之計者謂之妖言,其視殺人若艾草菅然"。③ 賈生深以此爲戒,以爲漢室當以秦亡爲鑒,早日爲太子選擇良師,避免重蹈覆轍。

由是觀之,賈誼教育太子之論,可謂承自荀卿之教學思想。賈誼先爲長沙王太傅,後爲梁懷王太傅,懷王乃文帝幼子,愛之。文帝令賈生傅之,或有意以梁王爲嗣,繼承帝業,故賈生力倡及早教育太子,以及選

---

① 《漢書補注》,卷四八,頁 26a,總頁 1063。案:《漢書·賈誼傳》載賈生《陳政事疏》"夫胡粵之人,生而同聲,耆欲不異"句,王先謙《補注》先引沈欽韓説,後云:"與此文意同。"(《漢書補注》,卷四十八,頁 26a,總頁 1063。)是王氏亦以爲賈生説本荀卿。

② 《荀子集解》,卷十七,頁 449。

③ 《新書校注》,卷五,頁 185。

擇左右。① 後梁王墮馬死，"賈生自傷爲傅無狀，哭泣歲餘，亦死"。② 可見賈生深感爲傅不稱職，以致梁王早夭，恰見其重視教育太子之職矣。

（二）禮遇大臣

國家依賴群臣戮力齊心，方始稱治。大臣可説是社稷之棟樑。賈生以爲大臣若有過錯，可以斥退，可以罷免，可以賜死，卻不可隨意侮辱，又或用刑。其禮遇大臣之論，源起於絳侯周勃之事。周勃爲漢初大臣，曾隨高祖征天下；漢興，又隨高祖殲滅異姓諸侯王；吕后崩後，又參與誅吕氏、迎立代王劉恒爲帝之事，位至丞相，於文帝朝可謂身分顯赫。惟免相就國後，"每河東守尉行縣至絳，絳侯勃自畏恐誅，常被甲，令家人持兵以見之"，③時人以此控告周勃謀反，周勃因而下廷尉。《史記·絳侯周勃世家》云：

> 廷尉下其事長安，逮捕勃治之。勃恐，不知置辭。吏稍侵辱之。勃以千金與獄吏，獄吏乃書牘背示之，曰"以公主爲證"。公主者，孝文帝女也，勃太子勝之尚之，故獄吏教引爲證。勃之益封受賜，盡以予薄昭。及繫急，薄昭爲言薄太后，太后亦以爲無反事。文帝朝，太后以冒絮提文帝，曰："絳侯綰皇帝璽，將兵於北軍，不以此時反，今居一小縣，顧欲反邪！"文帝既見絳侯獄辭，乃謝曰："吏方驗而出之。"於是使使持節赦絳侯，復爵邑。絳侯既出，曰："吾嘗將百萬軍，然安知獄吏之貴乎！"④

---

① 今賈誼《新書》亦有載賈生爲梁懷王太傅之文章。《新書·先醒》云："懷王問於賈君曰：'人之謂知道者爲先生，何也？'賈君對曰：'此博號也，……'"（《新書校注》，卷七，頁261。）王興國《賈誼評傳》亦以爲此文爲賈生任梁懷王太傅時所撰。（《賈誼評傳》，頁72。）

② 《史記》，卷八十四，頁2503。

③ 同上，卷五十七，頁2072。

④ 同上。

太史公細録此事,固有深意,①而周勃無辜受獄,更爲獄吏所辱,最後弄得以千金賄賂獄吏,並藉以外戚勢力,方得脱事。賈誼生於文帝一朝,又曾與周勃共事,②是以周勃無辜下獄一事,賈誼定必有所反省,因而提出禮遇大臣之説。

其實,早在賈誼之前,荀卿已提出禮遇大臣之意見。荀子生於戰國亂世,各國皆欲延攬人才,是以禮遇臣下之論亦爲荀卿所倡。《荀子·富國》云:

> 禮者,貴賤有等,長幼有差,貧富輕重皆有稱者也。故天子袾裷衣冕,諸侯玄裷衣冕,大夫裨冕,士皮弁服。德必稱位,位必稱禄,禄必稱用。由士以上則必以禮樂節之,衆庶百姓則必以法數制之。③

其中"由士以上則必以禮樂節之,衆庶百姓則必以法數制之"二句更可謂乃賈生"禮不及庶人,刑不至君子"④之注腳。在上者以禮樂節之,在

---

① 太史公因李陵之禍,被判死罪。據漢法,犯死罪者可以五十萬錢贖罪,又或以腐刑免死。惟太史令僅秩六百石,故"家貧,財賂不足以自贖,交遊莫救,左右親近不爲壹言。"(《漢書》,卷六十二,頁 2730。)太史公亦因而慘遭宫刑之痛。可知史遷因無法自贖而深感慨歎。絳侯周勃"以千金與獄吏",後乃得脱獄,實令太史公感慨萬分。

② 據《史記》、《漢書》記載,賈誼年二十餘即爲博士,在當時朝廷上最爲年輕。"每詔令議下,諸老先生不能言,賈生盡爲之對,人人各如其意所欲出。"(《史記》,卷八四,頁 2492。)而此處所謂"諸老先生"者,蓋指絳侯周勃、灌侯灌嬰、東陽侯張相如、御史大夫馮敬之屬。是以賈生嘗與周勃共事一朝也。

③ 《荀子集解》,卷六,頁 178。

④ 《新書校注》,卷二,頁 81。案:"禮不及庶人,刑不至君子",《漢書·賈誼傳》"君子"作"大夫",其意相近。《禮記·曲禮》作"禮不下庶人,刑不上大夫"(《禮記正義》,載《十三經注疏(整理本)》,卷三,頁 91。)正是因襲賈生而來。關於《禮記》與《新書》之關係,當另文討論,此處先引徐復觀之意見。《新書·禮》"仁義道德,非禮不成"至"是以君子恭敬撙節退讓以明禮",今見於《禮記·曲禮上》,徐復觀以爲"由兩方此段上下相關的文字看,是《曲禮》取之於賈生的。"(《兩漢思想史》卷二,頁 142。)由是觀之,若《新書》其他篇章有與《禮記·曲禮》相同者,蓋《禮記》因襲《新書》,亦未可知也。孫希旦《禮記集解·曲禮》云:"蓋此篇所言,多雜見於他書,如'坐如屍,立如齊',見於《大戴禮·曾子事父母篇》;'不登高,不苟訾,不苟笑',見於《大戴禮·曾子本孝篇》;'天子曰崩'至'庶人曰死',見於《大戴禮·四(轉下頁)

下者則以法數制之,實亦荀卿維護君威之意。何以大臣需要禮遇而不能用刑呢? 此因"投鼠忌器"而已,賈誼《新書·階級》詳言之曰:

> 古者聖王制爲列等,内有公卿大夫士,外有公侯伯子男,然後有官師小吏,施及庶人,等級分明,而天子加焉,故其尊不可及也。鄙諺曰:"欲投鼠而忌器。"此善喻也。鼠近於器,尚憚而弗投,恐傷其器也,況乎貴大臣之近於主上乎! 廉恥禮節以治君子,故有賜死而無僇辱。是以係縛、榜、笞、髠、刖、黥、劓之罪,不及士大夫,以其離主上不遠也。①

此明大臣不可隨意凌辱,因爲大臣常居於皇帝身旁,即使犯罪,亦只能賜死而不能侮辱。維護大臣尊嚴,亦即等於維護皇帝之尊貴。所謂"投鼠忌器",是指不能對皇帝身邊之大臣用刑,正如投鼠亦懼砸壞旁邊之器皿。是以捆綁、鞭打、剃髮、砍脚、刺面、割鼻之刑,皆不得行於大臣身上,因其"離主上不遠也"。細考賈生所以宣揚投鼠忌器,目的旨在維護人主之君威,使"其尊不可及也"。賈誼引"夫望夷之事,二世見當以重法者,投鼠而不忌器之習也",②亦是以亡秦爲例,説明禮遇大臣之重要。考"望夷之事",今載《史記·秦始皇本紀》。秦二世胡亥與李斯、趙高等合謀賜死太子扶蘇,然後繼承皇位,專用趙高,誅殺宗室,更下右丞相馮去疾、左丞相李斯、將軍馮劫,最後,去疾、劫相繼自殺,李斯則

(接上頁)代篇";'道德仁義,非禮不成',至'撙節退讓以明禮',見賈誼《新書·禮篇》;'將上堂,聲必揚,將入户,視必下',《列女傳》及《韓詩外傳》雖其與諸書所出未知孰爲先後,然其言'君子抱孫不抱子',别引'《禮》曰',而'前有車騎'又爲戰國時語,事君三諫不從則去,'天子未除喪稱名','諸侯失地名'之類,又皆'春秋公羊'之説,知此非《曲禮》之完篇明矣。"(孫希旦:《禮記集解》,北京:中華書局,1989年,卷一,頁3。)可見《曲禮》多與先秦兩漢典籍所言相同。至若《禮記·曲禮》與賈誼《新書》之關係,自當另文討論。
① 《新書校注》,卷二,頁80。
② 同上。

被五刑於咸陽。及後劉邦將數萬人至武關,趙高恐二世得悉其虛報軍情之事,乃於望夷宮迫害二世,令其自殺。① 賈誼以爲秦二世之有"望夷之事",乃其嚴刑峻法,任意殺害大臣之結果。此舉既令君主自身孤立無援,失去威勢,又助長權臣恣意妄爲,指鹿爲馬,最後弒害君主。

賈生提倡禮遇大臣,欲以此培養大臣爲君主效忠之自覺。賈誼《新書》中三次提及豫讓事中行氏之事,分別見於《階級》、《淮難》、《諭誠》,重在點出君主若善待臣下,臣下定必以死報之。《新書·諭誠》云:

> 豫讓事中行之君,智伯滅中行氏,豫讓徙事智伯,及趙襄子破智伯,豫讓劗面而變容,吞炭而爲啞,乞其妻所而妻弗識,乃伏刺襄子,五起而弗中。襄子患之,食不甘味,一夕而三易卧,見不全身。人謂豫讓曰:"子不死中行而反事其讎,何無可耻之甚也! 今必碎身麋軀以爲智伯,何其與前異也?"豫讓曰:"我事中行之君,與帷而衣之,與關而枕之。夫衆人畜我,我故衆人事之。及智伯分吾以服衣,餡吾以鼎實,舉被而爲禮。是以國士遇我,我故國士報之。"故曰"士爲知己者死,女爲悦己者容",非冗言也,故在主而已。②

豫讓所以不爲中行氏而死,乃因中行氏待豫讓以衆人,故豫讓亦以衆人事之。及至智伯,以國士之禮待豫讓,豫讓因以國士之禮報之。此即説明倘若善待臣下,便能得其死力。

賈生謂"投鼠而不忌器之習",旨在説出二世之爲趙高所害,乃係平素擅意殺戮大臣之結果。賈生蓋逢周勃之事,因而上疏文帝,倡言君

---

① 説參《史記》,卷六,頁 264—274。
② 《新書校注》,卷七,頁 280。案:《史記·刺客列傳》及《戰國策·趙策·晉畢陽之孫豫襄》亦有載豫讓之事。其中《史記·刺客列傳》共載五刺客,豫讓即其一。究《刺客列傳》所載刺客之事,皆强調人貴相知,士爲知己者死之精神。

主當禮遇大臣，以免重蹈亡秦舊轍。《漢書・賈誼傳》云："是時丞相絳侯周勃免就國，人有告勃謀反，逮繫長安獄治，卒亡事，復爵邑，故賈誼以此譏上。上深納其言，養臣下有節。是後大臣有罪，皆自殺，不受刑。"①文帝深以賈生之言為善，及後大臣有罪，則皆自殺而不用刑。總而言之，賈生"禮不及庶人，刑不至君子"之論，當亦承自荀卿"由士以上則必以禮樂節之，眾庶百姓則必以法數制之"二句。賈生禮遇大臣之論，及後發展成有關禮治之階級論。

（三）階級觀念

戰國末年，禮崩樂壞，諸侯放恣，秦自穆公變革以後，日趨強盛，統一諸侯亦指日可待。六國仍舊爭鬥不息，舊有之禮制已變得蕩然無存，司馬遷《史記・六國年表・序》云：

> 是後陪臣執政，大夫世祿，六卿擅晉權，征伐會盟，威重於諸侯。及田常殺簡公而相齊國，諸侯晏然弗討，海內爭於戰功矣。三國終之卒分晉，田和亦滅齊而有之，六國之盛自此始。務在彊兵并敵，謀詐用而從衡短長之說起。矯稱蠭出，誓盟不信，雖置質剖符猶不能約束也。秦始小國僻遠，諸夏賓之，比於戎翟，至獻公之後常雄諸侯。論秦之德義不如魯衛之暴戾者，量秦之兵不如三晉之彊也，然卒并天下，非必險固便形埶利也，蓋若天所助焉。②

荀卿生時，天下適遭亂世，陪臣執國命，各國均欲追尋內部之平衡，而荀子所倡之禮治思想應運而生。所謂禮治者，要在建立君主之威勢，並且

---

① 《漢書》，卷四十八，頁 2260。《前漢紀・孝文皇帝紀上》云："上善其言，自是大臣有罪不及刑獄。"（荀悦：《前漢紀》，上海：商務印書館據無錫孫氏小淥天藏明嘉靖刊本景印《四部叢刊》本，1919 年，卷七，頁 15b。）荀悦所言與班固意同，亦謂賈誼上疏後，天子不予大臣刑獄。

② 《史記》，卷十五，頁 685。

維護社會秩序之穩定。荀卿强調以禮治國,《荀子·彊國》謂"人之命
在天,國之命在禮。人君者隆禮尊賢而王,重法愛民而霸,好利多詐而
危,權謀、傾覆、幽險而亡",①人君隆禮尊賢則可以王天下,國家之命亦
繫於禮治。故"國家無禮則不寧",②可見一切皆當以禮爲繩。至於禮
之階級論,《荀子·富國》云:"禮者,貴賤有等,長幼有差,貧富輕重皆
有稱者也。"③又《仲尼》云:"少事長,賤事貴,不肖事賢,是天下之通義
也。"④可見荀卿以爲禮是有所差等,長幼有序,彼此不得相踰越。荀卿
所言各有差等,其實與儒家所謂"君君、臣臣、父父、子子"⑤之禮並無分
別,及至賈生,更强調階級之重要性。

　　賈誼生於西漢文帝之時,天下大勢又與荀卿之時有所不同。楚漢
相争以後,漢統一天下,高祖本布衣之身,不知爲君者之顯貴。及至叔
孫通出,爲高祖制禮,方使高祖得悉人主之貴。《史記·劉敬叔孫通列
傳》云:

　　　漢七年,長樂宮成,諸侯群臣皆朝十月。儀:先平明,謁者治
　　禮,引以次入殿門,廷中陳車騎步卒衛官,設兵張旗志。傳言
　　"趨"。殿下郎中俠陛,陛數百人。功臣列侯諸將軍軍吏以次陳西
　　方,東鄉;文官丞相以下陳東方,西鄉。大行設九賓,臚傳。於是皇
　　帝輦出房,百官執職傳警,引諸侯王以下至吏六百石以次奉賀。自
　　諸侯王以下莫不振恐肅敬。至禮畢,復置法酒。諸侍坐殿上皆伏

①　《荀子集解》,卷十一,頁291。
②　同上,卷一,頁23。
③　同上,卷六,頁178。
④　同上,卷三,頁113。
⑤　《論語·顏淵》云:"齊景公問政於孔子。孔子對曰:'君君,臣臣,父父,子子。'公曰:
'善哉! 信如君不君,臣不臣,父不父,子不子,雖有粟,吾得而食諸?'"(《論語注疏》,載《十
三經注疏(整理本)》,卷十二,頁184。)此種强調各守本分之禮儀,乃儒家之所重,及後孟子、
荀子,以至賈生,一切有關禮之階級,其説當由此起。

抑首,以尊卑次起上壽。觴九行,謁者言"罷酒"。御史執法舉不
如儀者輒引去。竟朝置酒,無敢讙譁失禮者。於是高帝曰:"吾乃
今日知爲皇帝之貴也。"迺拜叔孫通爲太常,賜金五百斤。[1]

依禮以別君臣,甚或不同階層之人,乃儒家一貫思想。然而承秦亡戰亂
之勢,漢初並不適合施行儒術。取而代之者,乃清静無爲之黄老思想,
輔以刻深峻削之法家統治。[2] 及至文帝時,天下和洽,賈誼以爲理當更
改禮制,以收人主之威。承前禮遇大臣之論,賈誼以爲只有嚴格區分等
級,使不同等級之人遵守不同之禮儀,方可維護天子之權威。《新書‧
階級》云:

　　　人主之尊,辟無異堂。階陛九級者,堂高大幾六尺矣。若堂無
　　陛級者,堂高治不過尺矣。天子如堂,群臣如陛,衆庶如地,此其辟
　　也。故陛九級上,廉遠地則堂高;陛亡級,廉近地則堂卑。高者難
　　攀,卑者易陵,理勢然也。故古者聖王制爲列等,内有公卿大夫士,
　　外有公侯伯子男,然後有官師小吏,施及庶人,等級分明,而天子加
　　焉,故其尊不可及也。[3]

---

　①　《史記》,卷九十九,頁2723。
　②　漢初,天下方定,承秦之弊,漢室令天下萬民休養生息,行黄老之治。如《史記‧曹相
國世家》謂曹參"聞膠西有蓋公,善治黄老言,使人厚幣請之。既見蓋公,蓋公爲言治道貴清
静而民自定,推此類具言之。參於是避正堂,舍蓋公焉。其治要用黄老術,故相齊九年,齊國
安集,大稱賢相。"(《史記》,卷五十四,頁2029。)此外,文帝皇后竇氏亦好黄老之言,故終其
一生,漢室亦未能溢出黄老範疇。《史記‧太史公自序》云:"曹參薦蓋公言黄老,而賈生、晁
錯明申、商"(《史記》,卷一百三十,頁3319。),又《史記‧儒林列傳》云:"孝惠、吕后時,公卿
皆武力有功之臣。孝文時頗徵用,然孝文帝本好刑名之言。及至孝景,不任儒者,而竇太后又
好黄老之術,故諸博士具官待問,未有進者。"(《史記》,卷一百二十一,頁3117。)在黄老思想
外,漢文帝本好刑名之術,可見其時多以黄老、法家思想並行。胡詠超《"屈賈誼于長沙"與
"不問蒼生問鬼神"》一文詳言之。此文收於胡詠超:《文史論學集》,臺北:文史哲出版社,
1997年,頁173—190。
　③　《新書校注》,卷二,頁79—80。

賈生以"堂"、"陛"、"地"分別比喻天子、群臣、衆庶,旨在闡明下不踰上之禮,以示天子尊貴無人可及。細讀賈生此文,可見其欲將官員及貴族劃成不同等級,如此,則公、卿、大夫、士,以及公、侯、伯、子、男,形成從上到下之階級,而天子居中統攝一切事情。百姓則處於階級以外,而不在討論之列。這正呼應"禮不及庶人"之論,因百姓早已不在階級之中,是禮並不施及百姓身上。

　　西漢初年,禮制尚未完備,勢力强大之諸侯王每僭用天子之名號衣飾,致使"君臣同倫,異等同服",①是以諸侯王、天子無別。《新書·瑰瑋》云:"今唯刑餘鬻妾下賤,衣服得過諸侯、擬天子,是使天下公得冒主而夫人務侈也。"②就是刑餘之人、鬻妾、下賤,其衣服亦能超越諸侯王而比擬天子,當時僭越之事,可以想見。更有甚者,《新書·孽産子》所言之服飾僭越,已非擬天子,而是超過天子。《孽産子》云:"且主帝之身,自衣皁綈,而靡賈侈貴、墻得被繡;帝以衣其賤,后以緣其領,孽妾以緣其履。"③此處之帝蓋指漢文帝,賈誼謂文帝只穿皁綈,而商賈之牆上則掛着繡衣;皇后,即竇皇后,衣領邊緣之裝飾,僕妾已經用來裝飾鞋子。④ 面對社會上之種種僭越,爲確保天子之尊,賈生以爲天子於禮儀制度上亦應與百官庶民有別。賈生於《等齊》即提出當時諸侯王于禮儀制度上僭擬天子之事,以爲當時之禮儀制度有"沐瀆無界"之現象。倘若天子與諸侯王之禮儀相同,則君臣無別,尊卑不分,更大大削減天子之威勢。《新書·等齊》云:

①　《新書校注》,卷一,頁 47。
②　同上,卷三,頁 103。
③　同上,卷三,頁 107。
④　據史書記載,文帝爲人相當儉樸。《漢書·文帝紀》云:"孝文皇帝即位二十三年,宮室苑囿車騎服御無所增益。有不便,輒弛以利民。嘗欲作露臺,召匠計之,直百金。上曰:'百金,中人十家之産也。吾奉先帝宮室,常恐羞之,何以臺爲!'身衣弋綈,所幸慎夫人衣不曳地,帷帳無文繡,以示敦朴,爲天下先。治霸陵,皆瓦器,不得以金銀銅錫爲飾,因其山,不起墳。"(《漢書》,卷四,頁 134。)準上所見,文帝登位以後,生活未見奢華,亦不好大喜功,妄建露臺;興建皇陵則只用瓦器。甚乎其愛妃慎夫人,亦是衣着敦樸,以昭天下。

天子之相，號爲丞相，黄金之印；諸侯之相，號爲丞相，黄金之印，而尊無異等，秩加二千石之上。天子列卿秩二千石，諸侯列卿秩二千石，則臣已同矣。人主登臣而尊，今臣既同，則法惡得不齊？天子衛御，號爲大僕，銀印，秩二千石；諸侯之御，號曰大僕，銀印，秩二千石；則御已齊矣。御既已齊，則車飾惡得不齊？天子親，號云太后；諸侯親，號云太后；天子妃，號曰后；諸侯妃，號曰后。然則，諸侯何損而天子何加焉？妻既已同，則夫何以異？天子宫門曰司馬，闌入者爲城旦；諸侯宫門曰司馬，闌入者爲城旦。殿門俱爲殿門，闌入之罪亦俱棄市。宫墻門衛同名，其嚴一等，罪已鈞矣。天子之言曰令，令甲令乙是也；諸侯之言曰令，□儀之言是也。天子卑號稱陛下。諸侯卑號皆稱陛下，天子車曰乘輿，諸侯車曰乘輿，乘輿等也。①

賈生細意比較諸侯王各種僭越之事，如丞相、列卿、大僕、太后、司馬、城旦、殿門、棄市、宫墻、門衛、令、陛下、乘輿等，意在强調天子與諸侯王之别不在天生之形貌，而在“等級、勢力、衣服、號令”。② 是以在貴賤有别、尊卑分明之下，天子與諸侯王便能望而知也。賈生最後引孔子曰：“爲上可望而知也，爲下可類而志也，則君不疑於其臣，而臣不惑於其君。”③禮儀相異，上下方可望而知之，而君臣之間亦不必相互猜疑。《新書·服疑》所論之事亦與《等齊》相類，《服疑》緊承上篇定尊卑、别貴賤之意，專在服飾方面論述，令所有人從衣着就可以别其貴賤，見其

① 《新書校注》，卷一，頁 46—47。
② 同上，卷一，頁 47。
③ 同上，卷一，頁 47—48。《新書·等齊》云：“孔子曰：‘長民者，衣服不二，從容有常，以齊其民，則民德一。’《詩》云：‘彼都人士，狐裘黄裳，’‘行歸於周，萬民之望。’孔子曰：‘爲上可望而知也，爲下可類而志也，則君不疑於其臣，而臣不惑於其君。’”（《新書校注》，卷一，頁 47—48。）按：此段文字今亦見於《禮記·緇衣》中，又郭店楚墓竹簡亦有《緇衣》。有關《新書》此段與《禮記》以及出土竹簡之考證，詳見後文“賈誼用《詩》考”。

衣飾即可知其階級,使禮制若此,則臣下自不會僭越犯上矣。《新書·
服疑》云:

> 是以高下異,則名號異,則權力異,則事勢異,則旗章異,則符
> 瑞異,則禮寵異,則秩祿異,則冠履異,則衣帶異,則環珮異,則車馬
> 異,則妻妾異,則澤厚異,則宮室異,則床席異,則器皿異,則食飲
> 異,則祭祀異,則死喪異。①

賈誼於此極言等級身分之具體禮制,其中以名號、權力、事勢爲先,大抵
賈生以爲此乃其大較者也。後此三者,亦不可以等閒放過,故賈生續申
言之。可見賈生極重禮儀制度,蓋“人之情不異,面目狀貌同類,貴賤
之別非人天根着於形容也”,②若能善用禮儀制度,方可使尊卑有等,更
顯天子之尊。

　　總而言之,從荀卿“隆君權”發展至賈生階級論,賈誼之尊君思想
實受荀卿啟蒙。至於漢初諸侯王僭越之行,更使賈生倡言上下有別之
禮儀制度。如此,則君主、諸侯王、百姓各有所別,天下亦不生疑惑。

(四) 民本思想③

　　民本思想乃儒家仁政之基本內容,《孟子·盡心下》云:“民爲貴,
社稷次之,君爲輕。”④孟子重民,以爲國固不可一日無君,亦不可一日
無民,是以治國者當以民心依歸爲施政方針,遂成先秦儒學其中一個重

---

①　《新書校注》,卷一,頁53。
②　同上,卷一,頁47。
③　王興國《賈誼評傳》第四章“以民爲本的仁政思想”、唐雄山《賈誼禮治思想研究》第
三章“禮與賈誼的民本論”等基本上已論及賈生之民本思想,所言亦大致有理,本文旨在突出
荀子與賈生之關係,故只錄其相關之事,其它則闕而不錄。
④　《孟子注疏》,載《十三經注疏(整理本)》,卷十四上,頁456。

要之課題。荀子主張"隆君權",然隆君權者實爲臣民,因而亦肯定孟子①所倡之民本思想。《荀子·大略》云:

> 天之生民,非爲君也。天之立君,以爲民也。故古者列地建國,非以貴諸侯而已;列官職,差爵禄,非以尊大夫而已。②

荀子謂"天之立君,以爲民也",此處以爲君主乃上天爲人民而設,從君主之産生論證民比君重。《荀子·臣道》引《傳》曰"從道不從君",③説明荀子雖然主張"隆君權",然亦並不絕對尊奉君權。荀子亦嘗論及君主之産生過程,《荀子·富國》云:

> 人之生,不能無群,群而無分則爭,爭則亂,亂則窮矣。故無分者,人之大害也;有分者,天下之本利也;而人君者,所以管分之樞要也。④

---

① 荀子與孟子於思想上之分歧,主要見於《荀子·非十二子》中荀卿對孟子之批評。荀子云:"略法先王而不知其統,猶然而材劇志大,聞見雜博。案往舊造説,謂之五行,甚僻違而無類,幽隱而無説,閉約而無解。案飾其辭而祗敬之曰:此真先君子之言也。子思唱之,孟軻和之,世俗之溝猶瞀儒,嚾嚾然不知其所非也,遂受而傳之,以爲仲尼、子游爲兹厚於後世,是則子思、孟軻之罪也。"(《荀子集解》,卷三,頁94—95。)大抵孟荀兩家思想其中兩大分別在於孟子之法先王,而荀子則法後王,以及孟子、子思之思孟五行説。關於孟、荀之別,學者多有論之,不在此處復述。又近世地不愛寶,出土文獻甚夥,其中亦有關於思孟五行説之新説。先是1973年出土之馬王堆漢墓帛書,其中有《五行篇》一文;及至1993年,郭店楚墓出土竹簡《五行》,至此而思孟五行説之要義方告得知。前人學者於此論述頗豐,故不贅述。龐樸《帛書五行篇研究》(1980年)、《郭店楚簡研究》(2000年)、郭沂《郭店竹簡與先秦學術思想》(2001年)、廖名春《中國學術史新證》(2005年)等皆可參。
② 《荀子集解》,卷十九,頁504。
③ 《荀子集解》,卷九,頁251。案:《荀子·天道》云:"從道不從君,從義不從父,人之大行也。"(《荀子集解》,卷二十,頁529。)又復引"從道不從君"句,以爲此乃人之大行。及後《白虎通》於此加以發揮云:"臣之事君,以義合也。"(陳立:《白虎通疏證》,北京:中華書局,1994年,卷八,頁359。)與《荀子》"從道不從君"取意相同。
④ 《荀子集解》,卷六,頁179。

荀子謂君主乃人民推舉産生，故君主必須重民。《王霸》又云：

> 用國者，得百姓之力者富，得百姓之死者彊，得百姓之譽者榮。三得者具而天下歸之，三得者亡而天下去之；天下歸之之謂王，天下去之之謂亡。①

荀子此處言"得百姓之力者富"，意謂天下所歸取決於百姓；"得百姓之死者彊"，意謂戰争時百姓拼死作戰；"得百姓之譽者榮"，意謂於政治上得到百姓支持。得此三者，則能王天下；三者無一遂，則亡天下。可見荀卿亦深明人民對國家之重要性。《荀子·王制》引《傳》曰："君者，舟也；庶人者，水也。水則載舟，水則覆舟。"②荀卿將君民關係比喻爲舟與水之關係，水能載舟，亦能覆舟，説明民心背向於君主地位安危之重要性。其實，《荀子·哀公》記載孔子回答魯哀公發問時亦曾引用"水能載舟，亦能覆舟"這個比喻，荀子所言，亦本於此。《荀子·哀公》引孔子云：

> 君出魯之四門以望魯四郊，亡國之虛則必有數蓋焉，君以此思懼，則懼將焉不至矣！且丘聞之：君者、舟也，庶人者、水也。水則載舟，水則覆舟；君以此思危，則危將焉而不至矣！③

孔子以亡國之墟爲鑒，警告魯哀公。由是觀之，君民關係一如舟與水，水載之亦能覆之，乃儒家民本思想之重要内容。

賈誼之於儒家民本思想，既有所繼承又有所開拓，而"民本"具體概念之提出，可謂始自賈生。《新書》中"民本"之概念經常運用，其意

---

① 《荀子集解》，卷七，頁224。
② 同上，卷五，頁152—153。
③ 同上，卷二十，頁543—544。

思亦十分明顯。上文提及賈生強調禮之階級論,此處又言賈生宣導民本思想,似乎自相矛盾。于傳波《試論賈誼的思想體系》云:

> 賈誼這套等級制顯然是和他的愛民思想相矛盾的。因爲等級越往下越鄙賤,庶民以下的人,不僅是刑罰所加的物件,而且允許用破體殘肢的肉刑,在經濟上連乘好車、穿件好衣服的權利都没有,他的愛民思想被窒息了。安邦必須親民樂民,而禮治又要森然等級。等級制絶不允許提高下層人民的地位,而是強調階級差別。這是賈誼思想體系自身中的矛盾。[①]

于氏所言可商而未可盡信。細考儒家之民本思想,其意多與賈生相類。儒家思想一方面強調禮治,君主居於最高位,有絶對權威。另一方面,民本思想不過是借助人民之力量去建立社稷、維持社稷穩定。民本思想異於民主思想,[②]王興國《賈誼評傳》云:"正因爲民本思想是爲等級制服務的,因此它不可能以平等的態度待民,更不可能實行任何近代和現代意義的民主。"[③]因此于傳波所謂"矛盾",實際上並不限於賈生,而是整個儒家思想之内在矛盾。

賈誼之民本思想較諸荀卿又有所發揮,賈生深知民之重要性。秦之興起雖速,然僅十五年即覆亡,賈生以爲秦朝所以速亡,蓋因秦王每與百姓爲敵。如始皇"焚文書而酷刑法"、[④]"以暴虐爲天下始",[⑤]二世

---

①　于傳波:《試論賈誼的思想體系》,《中國哲學史研究》第 3 期,1987 年,頁 43。

②　民本與民主相異,金耀基云:"中國的民本思想畢竟與民主思想不同,民本思想雖有'民有、民享'的觀念,但總未走上民治(by the people)的一步。如實地説,中國人是不相信政治應由人民自己來管的,中國人一直認爲政治應由賢德的人來做,如有賢德的人在位,則必以民之好爲好,民之惡爲惡,如此政治便不啻由民自管自理。"(金耀基:《從傳統到現代》,北京: 中國人民大學出版社,1999 年,頁 21。)

③　《賈誼評傳》,頁 139。

④　《新書校注》,卷一,頁 14。

⑤　同上。

則"繁刑嚴誅,吏治刻深;賞罰不當,賦斂無度。天下多事,吏不能紀;百姓困窮,而主不收卹。然後奸偽并起,而上下相遁;蒙罪者衆,刑僇相望於道,而天下苦之"。① 是以賈誼總結秦朝與歷代王朝之覆亡原因,並云:"故自古至於今,與民爲仇者,有遲有速,而民必勝之。"②賈生此處所論,其實亦正與前引荀子所謂"水則載舟,水則覆舟"相合。與百姓爲敵,其亡必也。故又云:"夫民者,大族也,民不可不畏也。故夫民者,多力而不可適也。嗚呼,戒之哉! 戒之哉! 與民爲敵者,民必勝之。"③至於賈誼之民本思想,多見於《新書·大政上》。《新書·大政上》云:

　　　　聞之於政也,民無不爲本也。國以爲本,君以爲本,吏以爲本。故國以民爲安危,君以民爲威侮,吏以民爲貴賤。此之謂民無不爲本也。④

賈誼極言民之重要性,是爲國家之本、君之本、吏之本。賈誼更以爲"民者萬世之本",⑤在決定命運之好壞、政事之得失、戰爭之勝負諸方面皆有舉足輕重之作用。《新書·大政上》具載如下:

　　　　聞之於政也,民無不爲命也。國以爲命,君以爲命,吏以爲命。故國以民爲存亡,君以民爲盲明,吏以民爲賢不肖。此之謂民無不爲命也。聞之於政也,民無不爲功也。故國以爲功,君以爲功,吏以爲功。國以民爲興壞,君以民爲强弱,吏以民爲能不能。此之謂

①　《新書校注》,卷一,頁15。
②　同上,卷九,頁339。
③　同上,頁341。
④　同上,頁338。
⑤　同上,頁341。

民無不爲功也。聞之於政也，民無不爲力也。故國以爲力，君以爲力，吏以爲力。故夫戰之勝也，民欲勝也；攻之得也，民欲得也；守之存也，民欲存也；故率民而守，而民不欲存，則莫能以存矣；故率民而攻，民不欲得，則莫能以得矣；故率民而戰，民不欲勝，則莫能以勝矣。故其民之爲其上也，接敵而喜，進而不可止，敵人必駭，戰由此勝也。夫民之於其上也，接而懼，必走去，戰由此敗也。故夫畜與福也，非粹在天也，又在士民也。①

　　賈生此論，恰可呼應荀卿《王霸》所云："用國者，得百姓之力者富，得百姓之死者彊，得百姓之譽者榮。三得者具而天下歸之，三得者亡而天下去之；天下歸之之謂王，天下去之之謂亡。"②賈生言"民無不爲命也"，以爲並非由天決定國家之興亡，惟有人民方能決定國家命運。故及後云"故夫畜與福也，非粹在天也，又在士民也"。賈生言"民無不爲功也"，意謂於政治當中，沒有不依靠人民而能取得功績；此正與荀卿"得百姓之譽者榮"相合。賈生言"民無不爲力也"，意謂於戰爭當中，國家不能不依靠人民而能取得勝利；此正與荀卿"得百姓之死者強"相合。

　　若要以民爲本，賈誼主張君主應當愛民、惠民，以及慎刑。荀子亦有裕民富民之策，大抵亦爲賈誼論説所本。《荀子·王制》云："馬駭輿則君子不安輿，庶人駭政則君子不安位。馬駭輿則莫若静之，庶人駭政則莫若惠之。選賢良，舉篤敬，興孝弟，收孤寡，補貧窮，如是，則庶人安政矣。庶人安政，然後君子安位。《傳》曰：'君者，舟也；庶人者，水也；水則載舟，水則覆舟。'此之謂也。"③荀子以選賢良、舉篤敬、興孝悌、收孤寡、補貧窮作爲惠民之主要内容，以爲當政者爲政若此，則社會安寧，庶人安政，君子安位。此外，發展生產使民富裕亦爲惠民之策。《荀

① 《新書校注》，卷九，頁338。
② 《荀子集解》，卷七，頁224。
③ 同上，卷五，頁152—153。

子·富國》云：

> 足國之道，節用裕民而善臧其餘也。節用以禮，裕民以政。彼
> 裕民，故多餘。裕民則民富，民富則田肥以易，田肥以易則出實百
> 倍。上以法取焉，而下以禮節用之，餘若丘山，不時焚燒，無所臧
> 之，夫君子奚患乎無餘？故知節用裕民，則必有仁義聖良之名，而
> 且有富厚丘山之積矣。此無它故焉，生於節用裕民也。[1]

荀卿所謂"節用裕民"，實有兩層意思。節用是指國家節儉用度，不使
賦斂過重，使人民家有儲糧。在上者以禮節制，不使奢侈無度，以免增
加人民負擔。至於裕民以政，是指平素愛民，輕徭薄斂，使人民得以溫
飽，從而提高其生產力。荀子謂"民富則田肥以易，田肥以易則出實百
倍"。百姓富裕，耕作用心，農產自當百倍於前。荀子主張富民，然後
才能取民之利。故後文又云："不利而利之，不如利而後利之之利
也。"[2]不利民而取民之利，不如利民而後利，此即荀卿由節用裕民，所
欲達致之富國之道。

　　由秦亡以至漢初，天下紛亂，戰事頻繁。文帝時，與民休息，農業生
產因而得以恢復，惟人民漸漸背本趨末，棄農從商，因而危害國家之蓄
積。賈誼《新書·無蓄》即敘及此事，此文亦收入《漢書·食貨志》。
《新書·無蓄》云："夫積蓄者，天下之大命也。"[3]倘有蓄積，則可"以攻
則取，以守則固，以戰則勝，懷柔附遠，何招而不至"。[4] 可見增加糧食
之積貯，最終可使遠近親附。據《史記·平準書》所載，至武帝初年：

---

① 《荀子集解》，卷六，頁177。
② 同上，卷六，頁192。
③ 《新書校注》，卷四，頁163。
④ 同上，卷四，頁163。

　　漢興七十餘年之閒，國家無事，非遇水旱之災，民則人給家足，都鄙廩庾皆滿，而府庫餘貨財。京師之錢累巨萬，貫朽而不可校。太倉之粟陳陳相因，充溢露積於外，至腐敗不可食。①

此可見積貯糧食之治國方針使漢室倉廩充實，國勢日強，賈誼之政策實在功不可抹。此外，賈生亦一如荀卿，反對淫侈，力倡節儉。賈生引用春秋事例，提醒人君節儉之重要性，《新書·春秋》云：

　　楚王欲淫鄒君，乃遺之技樂美女四人。穆公朝觀，而夕畢以妻死事之孤，故婦人年弗稱者弗蓄，節於身而弗衆也。王輿不衣皮帛，御馬不食禾菽，無淫僻之事，無驕燕之行，食不衆味，衣不雜采，自刻以廣民，親賢以定國，親民如子。鄒國之治，路不拾遺，臣下順從，若手之投心。是故以鄒子之細，魯衞不敢輕，齊楚不能脅。②

賈生以鄒穆公之事勸諫人君，意在説明節儉可從多方面出發，如衣、食、住、行皆然。接着，賈生又引用另一故事，以見積貯之重要性，並由此推及其還富於民之思想，《新書·春秋》云：

　　鄒穆公有令，食鳧鴈者必以粃，毋敢以粟。於是，倉毋粃而求易於民，二石粟而得一石粃。吏以請曰："粃食鴈，爲無費也。今求粃於民，二石粟而易一石粃，以粃食鴈則費甚矣。請以粟食之。"公曰："去！非而所知也。夫百姓煦牛而耕，曝背而耘，苦勤而不敢墮者，豈爲鳥獸也哉？粟米，人之上食也，奈何其以養鳥也？且汝知小計而不知大會。周諺曰'囊漏貯中'，而獨弗聞與？夫君

---

① 《史記》，卷三十，頁1420。
② 《新書校注》，卷六，頁247—248。

者,民之父母也。取倉之粟,移之於民,此非吾粟乎? 鳥苟食鄰之
粃,不害鄰之粟而已。粟之在倉,與其在民,於吾何擇?"鄰民間
之,皆知其私積之與公家爲一體也。①

賈生借用鄰穆公取倉粟移之民爲喻,以見其倡議藏富於民之思想,亦與
荀子所謂富民裕民之意合。苟欲富民,必須發展農業生產。此亦與荀
子所云相合,只有發展農業方可富民。《新書・先醒》云:"昔楚莊王即
位,自静三年,以講得失,乃退辟邪而進忠正,能者任事而後在高位,内
領國政,辟草而施教,百姓富,民恒一,路不拾遺,國無獄訟。"②其中所
謂"辟草而施教",就是開墾荒地,教民耕種。由是觀之,賈生與荀卿同
以發展生產作爲惠民、富民之基本方法。

慎刑乃民本思想之另一重點。荀卿雖亦用法,然而並不主張繁刑
嚴誅。荀卿之禮刑並主,旨在禮以賞善,刑以罰惡,務求做到賞罰分明
而已。《荀子・王制》云:

> 聽政之大分:以善至者待之以禮,以不善至者待之以刑。兩
> 者分別則賢不肖不雜,是非不亂。賢不肖不雜則英傑至,是非不亂
> 則國家治。若是,名聲日聞,天下願,令行禁止,王者之事畢矣。③

荀子以爲善者待之以禮,不善者則待之以刑,如此則賢不肖自分,賢者
來而不賢者去,是非不亂而國家得以大治。持之以久,而使天下人知有
令必行、有禁必止,則可以王天下矣。賈生强調以禮治國,然亦非反對
一切刑罰,惟當謹慎用之而已。《新書・耳痹》云:

---

① 《新書校注》,卷六,頁247。
② 同上,卷七,頁261。
③ 《荀子集解》,卷五,頁149—150。

　　天之誅伐，不可爲廣虛幽間，攸遠無人；雖重襲石中而居，其必知之乎。若誅伐順理而當辜，殺三軍而無咎；誅殺不當辜，殺一匹夫，其罪聞皇天。故曰：天之處高，其聽卑；其牧芒，其視察。故凡自行，不可不謹慎也。①

賈生警告人主當慎用刑罰，謂其所作所爲，上天必知之；其誅殺是否合理，上天亦一目了然。可見賈生於此雖然訴諸天威，實亦出自愛民之心，不欲人主妄用嚴刑。謹慎處理刑罰之事其實亦是秦代速亡所予之教訓。是以賈生提倡約法省禁，毋令民衆活於惶恐之中。慎刑可使百姓少陷法網，以民爲本之思想因而得以鞏固。凡此種種，皆可謂繼承荀卿禮、刑並主之治國方針。王興國《賈誼評傳》之論，可視爲荀、賈兩家思想契合總結之詞：

　　　　荀子的學生李斯和韓非繼承了荀子的重法思想，否定了他的禮治思想，但由於一味強調嚴刑峻法，從而導致了秦王朝的失敗。賈誼總結了這個教訓，所以又重新回到了荀子禮法結合論之上。但這種回歸並不是簡單的重複，而是有所發展。②

五、結　語

　　歷來學者論及賈誼與荀卿之學術淵源關係，輒據《史記》賈生本傳明之，以爲賈誼既爲河南守吳廷尉所薦，廷尉嘗與李斯同邑，李斯又爲荀卿學生，如此，則賈生與荀卿學術淵源之關係可以考見。

---

①　《新書校注》，卷七，頁270。
②　《賈誼評傳》，頁104。

　　今考《荀子》、《新書》兩書文本，賈生所用詞彙、文句確有與荀卿相合之例，謂賈生行文有取諸《荀子》者，亦信而有徵矣。賈生之教育思想、禮遇大臣、階級觀念、民本思想等，皆於荀卿之基礎上有所承傳及發揮。王興國謂賈誼乃荀卿之再傳弟子，其說當是。賈生有否親受於荀卿門人，固不可得知；然而有感秦漢之間時代變革，自秦之速亡，漢初儒生自亦摒棄李斯、韓非之法家思想，重回儒家之禮學傳統。荀卿作爲戰國末年大儒，所倡之禮論思想於漢初儒生影響極大。馬積高云：“賈誼不僅是漢初比較接近於荀子的思想家，也是整個西漢繼承荀學較多的思想家。”①丁毅華云：“在中國古代寫下有影響的政論宏文的著名思想家中，和荀子最爲接近的，是賈誼。”②其言皆是。

（此文於 2007 年發表於劉小楓、陳少明主編
《經典與解釋》第十七期，頁 318—354。）

附錄一：賈誼《新書》以秦事爲喻資料彙輯

	篇章	原　　　　文
1	宗首	黄帝曰：“日中必熭，操刀必割。”今令此道順，而全安甚易；弗肯早爲，已乃墮骨肉之屬而抗剄之，豈有異秦之季世乎！
2	數寧	及秦始皇帝似是而卒非也，終於無狀。
3	權重	夫秦自逆，日夜深惟，苦心竭力，危在存亡，以除六國之憂。今陛下力制天下，頤指而如意，而故稱六國之禍，難以言知矣。

①　《荀學源流》，頁 207。
②　《荀子、賈誼禮治思想的傳承》，頁 39。

	篇章	原　　文
4	階級	夫望夷之事,二世見當以重法者,投鼠而不忌器之習也。
5	俗激	秦滅四維不張,故君臣乖而相攘,上下亂僭而無差,父子六親殃僇而失其宜,奸人并起,萬民離叛,凡十三歲而社稷爲墟。
6	時變	秦國失理,天下大敗。衆揜寡,知欺愚,勇劫懼,壯凌衰,功擊奮者爲賢,貴人善突盜者爲忻,諸侯設詐而相軵,飾詐而相紹者爲知,天下亂至矣!是以大賢起之,威振海内,德從天下。曩之爲秦者,今轉而爲漢矣。
7	時變	商君違禮義,棄倫理,并心於進取,行之二歲,秦俗日敗。秦人有子,家富子壯則出分,家貧子壯則出贅。
8	壹通	天下之制在陛下,今大諸侯多其力,因建關而備之,若秦時之備六國也。豈若定地勢使無可備之患,因行兼愛無私之道,罷關一通,示天下無以區區獨有關中者。所謂禁游宦諸侯及無得出馬關者,豈不曰諸侯得衆則權益重,其國衆車騎則力益多,故明爲之法,無資諸侯。
9	屬遠	及秦而不然,秦不能分尺寸之地,欲盡自有之耳。輸將起海上而來,一錢之賤耳,十錢之費,弗輕能致也。上之所得者甚少,而民毒苦之甚深,故陳勝一動而天下不振。今漢越兩諸侯之中分,而乃以廬江之爲奉地,雖秦之遠邊過此不遠矣。令此不輸將不奉主,非奉地義也,尚安用此而久縣其心哉!若令此如奉地之義,是復秦之迹也,竊以爲不便。
10	淮難	燕太子丹富故,然使荆軻殺秦王政。今陛下將尊不億之人,予之衆,積之財,此非有白公、子胥之報於廣都之中者,即疑有鱄諸、荆軻起兩柱之間,其策安便哉?此所謂假賊兵、爲虎翼者也。願陛下留意計之。
11	保傅	殷爲天子三十餘世而周受之,周爲天子三十餘世而秦受之,秦爲天子二世而亡。人性非甚相遠也,何殷周之君有道而長也,而秦無道之暴也?其故可知也。

	篇章	原　　文
12	保傅	及秦而不然，其俗固非貴辭讓也，所上者告訐也；固非貴禮讓也，所上者刑罰也。使趙高傅胡亥而教之獄，所習者非斬劓人，則夷人之三族也。故今日即位，明日射人，忠諫者謂之誹謗，深爲之計者謂之妖言，其視殺人若艾草菅然。豈胡亥之性惡哉？其所以集道之者非理故也。
13	春秋	二世胡亥之爲公子，昆弟數人，詔置酒饗群臣，召諸子賜食先罷。胡亥下陛，視群臣陳履狀善者，因行殘敗而去。諸侯聞之，莫不大息。及二世即位，皆知天下之棄之也。
14	胎教	穆公以秦顯名尊號，而二世以劫於望夷之宮。其所以君王同而功迹不等者，所任異也。

第二部分
賈誼《新書》及其互見文獻

論賈誼《新書》之命名
及其出現的年代

賈誼著述甚豐,包括辭賦、奏疏,以及《新書》五十八篇。惟《新書》之真偽最受人懷疑,其中賈誼《新書》之命名,以及其卷帙之多寡,歷代典籍所載俱有不同,本文即以此爲討論對象,並以此略論今本賈誼《新書》之命名及其成書年代,以至其書之真偽問題。

一、賈誼《新書》之雛型

首先,論"賈誼書"之書名。班固《漢書·賈誼傳》謂賈誼"凡所著述五十八篇",①《藝文志·諸子略》儒家類亦載"賈誼五十八篇"。② 準此,據班固所言可得有二,一爲其時未有"新書"之名,只題作"賈誼";二爲賈誼著述有五十八篇。《漢志》本諸劉向父子《七略》、《別録》而成,劉向整理漢代諸子之著作,多以著者姓名命名其書,如"《陸賈》二

---

① 《漢書》,卷四十八,頁 2265。
② 同上,卷三十,頁 1726。

十三篇”、“《劉敬》三篇”、“《賈山》八篇”、“《賈誼》五十八篇”等。① 由是觀之，賈誼著述當時尚未結集成書，更無“新書”之名。

考之早期有關賈誼《新書》之引録，多題作“賈誼書”，唐宋以前絶無引作“賈誼新書”者。如裴駰《史記集解》及《漢書》如淳注俱引作“賈誼書”，如淳三國魏人，可見早在三國時代，賈誼著述已有“賈誼書”之稱，若謂賈誼《新書》乃僞書者，實不可不察也。今舉證如下：

（1）《史記·衛康叔世家》“齊立戴公弟燬爲衛君”句，裴駰《集解》引《賈誼書》曰：“衛侯朝於周，周行人問其名，答曰衛侯辟疆，周行人還之，曰啓疆辟疆，天子之號，諸侯弗得用。衛侯更其名曰燬，然後受之。”②

（2）《漢書·禮樂志》“六親和睦”句，顔師古（581—645）引如淳注：“六親，《賈誼書》以爲父也，子也，從父昆弟也，從祖昆弟也，曾祖昆弟也，族昆弟也。”③

（3）《漢書·陳涉項籍傳》贊，顔師古引應劭注：“賈生書有《過秦》二篇，言秦之過。此第一篇也。司馬遷取以爲贊，班固因之。”④時代稍後的李善亦引應劭注《過秦論》云：“《賈誼書》第一篇名也，言秦之過。”⑤

其中尤以《漢書》如淳注一條最堪注意。如淳魏人，⑥去漢未遠，其

---

① 案：蔡尚志以爲劉向“於漢代諸子之著作，輒以人名名其書，如：‘《陸賈》二十三篇’、‘《劉敬》三篇’、‘《賈山》八篇’、‘《賈誼》五十八篇’。”（蔡尚志：《賈誼研究》，臺北：政治大學中文研究所碩士論文，1977 年，頁 21。）

② 《史記》，卷三十七，頁 1594。

③ 《漢書》，卷二十二，頁 1031。

④ 同上，卷三十一，頁 1821。案：蔡尚志云：“應劭生於東漢末季靈帝、獻帝之際，亦但稱‘賈生書’而不稱‘賈生《新書》’，可知漢時賈誼書無‘《新書》’之名。是今之稱《賈誼新書》、《賈子新書》、《賈太傅新書》、《賈子》及《新書》者，書名已不復《漢書·藝文志》之舊，更非劉向之舊。”（蔡尚志：《賈誼研究》，頁 21。）

⑤ 蕭統（編）、李善（注）：《文選》，上海：上海古籍出版社，1986 年，卷五十一，頁 2233。

⑥ 案：顔師古《漢書敘例》云：“如淳，馮翊人，魏陳郡丞。”（《漢書》，《敘例》，頁 5。）知如淳爲三國時魏人。

引賈誼文章已作"賈誼書"者,是賈誼文章在三國時已結集成書之證。且其所引"六親",今見於賈誼《新書·六術》,此篇文字並不見於《漢書》,蓋亦陳振孫(約 1183—約 1262)所謂"其非《漢書》所有者,輒淺駁不足觀,此決非誼本書"①之類也。惟如淳既已題作"賈誼書",並以之注解《漢書》,則賈誼文章非《漢書》所載者自有可觀之處,故陳氏所言未可盡信。

至於裴駰《集解》所引"衛侯朝於周"一段,亦堪細意考索。裴駰劉宋人,此段"賈誼書"亦不見於《漢書》,而見於今賈誼《新書·審微》,其文曰:

> 昔者,衛侯朝於周,周行人問其名,曰:"衛侯辟彊。"周行人還之,曰:"啟彊、辟彊,天子之號也,諸侯弗得用。"衛侯更其名曰燬,然後受之。故善守上下之陛者,雖空名弗使踰焉。②

《史記·衛康叔世家》謂齊桓公立衛戴公之弟燬爲衛文公。裴駰《集解》注釋衛文公之名時逕引《賈誼書》,而不用與其互見之《韓非子·外儲説右》,③是《賈誼書》已行於當世之明證。

再者,應劭謂"賈生書有《過秦》二篇",知賈誼所著已結集成書,書中有《過秦》之篇。今本賈誼《新書》亦以《過秦》二篇爲始,未知彼時《過秦》在《賈誼書》之位置與今本是否相同,此因顏師古與李善同引應劭此注,文字卻大相逕庭。若據顏師古所引,《過秦》屬《賈誼書》之二篇,班固引以爲贊者乃其第一篇;據李善所引,則《過秦》爲《賈誼書》之

---

① 陳振孫:《直齋書録解題》,卷九,頁 270。
② 閻振益、鍾夏:《新書校注》,卷二,頁 74。
③ 《韓非子·外儲説右下》云:"衛君入朝於周,周行人問其號。對曰:'諸侯辟彊。'周行人却之曰:'諸侯不得與天子同號。'衛君乃自更曰'諸侯燬'而後内之。仲尼聞之曰:'遠哉禁偪! 虛名不以借人,況實事乎?'"(陳奇猷:《韓非子新校注》,上海:上海古籍出版社,2000 年,卷十四,頁 829。)

第一篇名,與今本賈誼《新書》相同。①

　　其次,論"賈誼書"之篇數。據班固《漢書》所載,賈誼著述本有五十八篇。《漢書·賈誼傳》載云:"凡所著述五十八篇,掇其切於世事者著于傳云。"②《漢書·藝文志》亦載"《賈誼》五十八篇"。③準此,當時賈誼之書實有五十八篇。此"賈誼書"篇數在漢代之雛型也。

　　其三,論"賈誼書"各篇之篇名。據前代典籍所載,只有《過秦》、《保傅》之篇在唐代以前曾以篇名傳世,今賈誼《新書》其餘篇章之篇名,最早只見宋世。《過秦》已見上。《漢書·昭帝紀》載昭帝通《保傅傳》,顏師古引文穎注曰:"賈誼作《保傅傳》,在《禮大戴記》。言能通讀之也。"④考《保傅》亦見今本賈誼《新書》之中,是此篇與《過秦》俱屬賈誼著述而存於賈誼《新書》。今考唐前典籍所載,除上舉二篇外,俱不引用賈誼《新書》書中各篇篇名,如唐宋類書所及,只引書名而已。⑤宋代王應麟(1223—1296)《玉海》載有宋本《新書》目錄,備有各

────────────

①　案:盧文弨云:"大凡昔人援引古書,不盡皆如本文。故校正群籍,自當先從本書相傳舊本爲定。況未有彫板以前,一書而所傳各異者,殆不可以偏舉。今或但據注書家所引之文,便以爲是,疑未可也。"(盧文弨:《抱經堂文集》,北京:中華書局,1990 年,卷二十《與丁小雅進士論校正方言書》,頁 284。)朱一新云:"國朝人於校勘之學最精,而亦往往喜援他書以改本文。不知古人同述一事,同引一書,字句多有異同。非如今之校勘家,一字不敢竄易也。今人動以此律彼,專輒改訂,使古書皆失真面目。此其陋習,不可從。凡本義可通者,即有他書顯證,亦不得輕改。古書詞義簡奧,又不當以今人文法求之。"(朱一新:《無邪堂答問》,北京:中華書局,2000 年,卷三,頁 94—95。)張舜徽云:"宋以上舊注及類書,固足爲輯佚家所馮依,然古人引書,不必皆如後世考證家徵用原文一字不易也。"(張舜徽:《廣校讎略》,武漢:華中師範大學出版社,2004 年,卷四,頁 83。)三人同樣指出古人引書未必一字不易,此或李善引應劭注所以與顏師古所引有異之故。

②　《漢書》,卷四八,頁 2265。

③　同上,卷三十,頁 1726。

④　同上,卷七,頁 223。

⑤　案:唐代《群書治要》似有《賈子》各篇之名,然觀其所載體式,或屬後世傳鈔者所增,未必原本。日本金澤文庫本《群書治要》引及《賈子》十四則,每則之首俱載有篇名,包括《連語》、《春秋》、《先醒》、《退讓》、《官人》、《大政上》、《大政下》、《脩政語下》、《立後義》等。然除此本以外,他如駿河版、天明本等,俱未嘗載有《新書》各篇篇名;且觀卷子本《治要》之例,若有載一書之篇名者,當另開一行頂格書寫,卷子本所載《新書》篇名則只於每段文(轉下頁)

篇篇名，卻已是題爲“新書”之本，蓋非“賈誼書”之舊矣。①

二、“賈誼《新書》”出現之時代

　　承上文所論，知今所謂“賈誼《新書》”者，漢魏之世只題作“賈誼”或“賈誼書”，“新書”之名蓋出於後世所增，並非賈誼著述之原名。汪中（1745—1794）《賈誼新書序》云：

> 《藝文志》但云《賈誼》，稱《新書》者，劉向校錄所加。《荀卿子》稱《荀卿新書》，見於楊倞之《序》，是其證也。②

汪氏以爲賈誼著述題作“新書”者，例以《荀卿子》題作“荀卿新書”，乃經劉向校錄之所以然也。今據劉向《孫卿書錄》所載，但云嘗“校讎中《孫卿書》凡三百二十二篇”，③未言將此書題爲“荀卿新書”。及乎《漢書·藝文志》所載，亦只有“《荀卿子》”之名。楊倞《荀子序》雖云“改《孫卿新書》爲《荀卿子》”，④然所謂“《孫卿新書》”是否即劉向校本，亦未可知，故汪說成疑。孫詒讓（1848—1908）復就《新書》之得名作詳細考析，《札迻》云：

（接上頁）字之首行上題篇名，筆跡粗幼又與其下正文不同，是亦傳鈔者補上當時（卷子本《治要》乃鎌倉時代鈔寫，即在 1185—1333 年，相當於中國的南宋至元朝時期）所見賈誼《新書》所見篇名而已，或非唐時所見賈誼《新書》之舊。相較而言，駿河版《群書治要》於《韓子》之部即嘗另行題篇名，而於引錄《賈子》之時則不題篇名矣。此可證卷子本有篇名者蓋屬後人所加，非其舊也。

　　① 王應麟：《玉海》，上海：上海書店據光緒九年浙江書局本影印，1987 年，卷五五，頁 3a—b。
　　② 汪中：《新編汪中集》，文集第四輯《賈誼新書序》，頁 422。
　　③ 王先謙：《荀子集解》，卷二十，頁 557。
　　④ 同上，《荀子序》，頁 52。

　　馬總《意林》二引此書,題《賈誼新書》八卷,高似孫《子略》載庾仲容《子鈔目》同,則梁時已稱《新書》,不自《新唐志》始也。《新書》者,蓋劉向奏書時所題,凡未校者爲故書,已校定可繕寫者爲新書。楊倞注《荀子》末載舊本目録劉向《敘録》前題"《荀卿新書》十二卷三十二篇",殷敬順《列子釋文》亦載舊題云"《列子新書目録》",又引劉向上《管子》奏稱"《管子新書目録》",足證諸子古本舊題大氏如是。若然,此書隋、唐本當題"《賈子新書》",蓋"新書"本非賈書之專名,宋、元以後,諸子舊題删易殆盡,惟《賈子》尚存此二字,讀者不審,遂以"新書"專屬之《賈子》,校槧者又去"賈子",而但稱"新書",展轉訛省,忘其本始,殆不可爲典要。①

據孫氏所論,今本賈誼《新書》經劉向校録,故云"新書",持説與汪中相同。又孫氏以爲此書全名當作"賈子新書","新書"本非賈誼書之專名,惟後世校刊者去"賈子"二字,但稱"新書"而已。久之,"新書"遂成賈誼書之專名。汪、孫之説足發人心,然尚有可商之處。吳松庚云:"雖然劉向的主要貢獻在於校讎,但其是否校訂了《新書》卻無明證。"②吳氏所言有理。

今考"賈誼書"首題爲"賈誼新書"者,見劉勰(約465—約520)《文心雕龍》。③《文心雕龍·諸子》云:

　　　　若夫陸賈《典語》,賈誼《新書》,揚雄《法言》,劉向《説苑》,王符《潛夫》,崔寔《政論》,仲長《昌言》,杜夷《幽求》,咸敘經典,或明政術,雖標論名,歸乎諸子。④

---

①　孫詒讓:《札迻》,北京:中華書局,1989年,卷七,頁216。
②　吳松庚:《賈誼》,長沙:岳麓書社,2008年,頁175。
③　案:《文心雕龍》約在齊明帝建武三、四年(496—497)寫定。
④　范文瀾:《文心雕龍注》,北京:人民文學出版社,1958年,卷四,頁309—310。

劉勰於此文點出"賈誼《新書》"之名,乃屬首見。又《世説新語·德行》"昔孫叔敖殺兩頭蛇以爲後人,古之美談"句,劉孝標(462—521)注:①

　　賈誼《新書》曰:"孫叔敖爲兒時,出道上,見兩頭蛇,殺而埋之。"歸見其母,泣。問其故,對曰:"夫見兩頭蛇者,必死。今出見之,故爾。"母曰:"蛇今安在?"對曰:"恐後人見,殺而埋之矣。"母曰:"夫有陰德,必有陽報,爾無憂也。"後遂興於楚朝。及長,爲楚令尹。②

劉孝標所引亦作"賈誼《新書》",此事見今本《新書》卷六《春秋》。③ 據傳世文獻所見,唐以前引賈誼書而題作"賈誼《新書》"者,僅此二例。此因劉向西漢人,若彼時已有"賈誼《新書》"之本,則何以晚至南朝之時方首見其名。由是觀之,前人學者以爲"新書"之名乃因劉向刪定而來,證據未足。

　　"新書"之名始見何時,亦可於隋唐史志書目得其端緒。首先,由長孫無忌(594—659)監修之《隋書·經籍志》,録有不少題作"新書"之

----

　　① 案:余嘉錫根據《世説新語·文學》第四七則"康僧淵初過江",考定劉孝標《世説注》作於梁武帝天監六、七年(507—508),理由是孝標"言必稱臣";且稱沈約"尚書令",故知是孝標奉敕在西省整理文獻所撰;蕭艾《〈世説〉探幽》所考,則稍延後至天監七、八年爲安成王編纂《類苑》之時。魏513民《〈世説新語〉及〈注〉成書年代考》認爲寫作年代不超出天監元年至普通二年(502—521),范子燁《世説新語研究》主張成於天監九年至普通二年(510—521)。趙建成《劉孝標〈世説注〉撰著時間考》以爲《世説注》是天監十五年(516)孝標耗費大量時間和精力完成百二十卷《類苑》後,到他死前才完成的著作,將時間延得更晚。總之,《世説注》必成書於《文心雕龍》以後。
　　② 余嘉錫:《世説新語箋疏》,上海:上海古籍出版社,1993年,卷上之上,頁33。
　　③ 案:倘取今本賈誼《新書·春秋》與《世説新語注》排比對讀,知二篇所載事雖同,惟文字差異者頗多。蓋古人注書,取首事之書名,文字卻未必同據一書。孫叔敖殺兩頭蛇之事亦見《古列女傳·孫叔敖母》、《新序·雜事一》、《論衡·福虛》,若取撰者而爲下注依據,則當以賈誼爲先。

典籍。今具列如下：

(1)《周官禮》十二卷。干寶注。梁又有《周官寧朔新書》八卷，晉燕王師王懋約撰，亡。①

(2)《禮記寧朔新書》八卷。王懋約注。梁有二十卷。②

(3)《晉史草》三十卷。梁蕭子顯撰。梁有鄭忠《晉書》七卷，沈約《晉書》一百一十一卷，庾銑《東晉新書》七卷，亡。③

(4) 杜氏《體論》四卷。魏幽州刺史杜恕撰。梁有《新書》五卷，王基撰；《周子》九卷，吳中書郎周昭撰。亡。④

(5)《志林新書》三十卷。虞喜撰。梁有《廣林》二十四卷，又《後林》十卷，虞喜撰；《干子》十八卷，干寶撰；《閔論》二卷，晉江州從事蔡韶撰；《顧子》十卷，晉揚州主簿顧夷撰。亡。⑤

(6) 杜氏《幽求新書》二十卷。杜夷撰。⑥

(7)《韓子》二十卷、目一卷。韓非撰。梁有《朝氏新書》三卷，漢御史大夫鼂錯撰，亡。⑦

(8)《人物志》三卷。劉邵撰。梁有《士緯新書》十卷，姚信撰；又《姚氏新書》二卷，與士緯相似；《九州人士論》一卷，魏司空盧毓撰；《通古人論》一卷。亡。⑧

(9)《曆忌新書》十二卷。⑨

① 魏徵、令狐德棻：《隋書》，北京：中華書局，1973 年，卷三十二，頁 919。
② 同上，卷三十二，頁 922。
③ 同上，卷三十三，頁 955。
④ 同上，卷三十四，頁 998。
⑤ 同上，卷三十四，頁 999。
⑥ 同上，卷三十四，頁 1002。
⑦ 同上，卷三十四，頁 1003。
⑧ 同上，卷三十四，頁 1004。
⑨ 同上，卷三十四，頁 1035。

準上所見，書名有加"新書"二字者，代有所出，有不少屬於兩漢以後典籍，絕非劉向所能見，其書名所以有"新書"二字，自非劉向所加。例如虞喜(281—356)《志林新書》，並見《隋志》與《舊唐志》，虞喜乃東晉人，《晉書》本傳載其撰有"《志林》三十篇"，①東晉裴松之(372—451)《三國志注》、唐人司馬貞《史記索隱》、張守節《史記正義》引用虞喜書時，皆作"虞喜志林"或"志林"，無"志林新書"之名。準此，知《志林》乃係舊書之名，作"志林新書"乃是新本。又如"梁有《晁氏新書》三卷"云云，乃晁錯所撰；據《漢志》所載，晁錯之書在法家者流，題作"《鼌錯》三十一篇"，②《隋志》作"梁有《晁氏新書》"者，知"晁氏新書"爲《鼌錯》之梁本，而《隋志》載之。至於"賈誼書"，《隋志》題曰"《賈子》"，未見"賈誼新書"之名。

又劉昫(887—946)等撰之《舊唐書‧經籍志》，其書本諸毋煚《古今書錄》，亦錄有多部題作"新書"之典籍。毋煚爲唐代開元年間人，著有《古今書錄》。此書久佚，序文存於《舊唐書‧經籍志》，云："紕繆咸正，混雜必刊。改舊傳之失者，三百餘條；加新書之目者，六千餘卷。"③《古今書錄》歷記開元藏書之盛，此文指出當時典籍頗爲混亂，毋煚乃改舊傳版本之失，並在原有典籍加上"新書"之名目，以與"舊書"區別。《古今書錄》已佚，我們無從得見"加新書之目者，六千餘卷"之具體情況，但《舊唐書‧經籍志》就是以《古今書錄》爲底本而修撰的。《舊唐書‧經籍志》載錄了不少書名包括"新書"二字之典籍，具錄如下：

(1)《周官寧朔新書》八卷。司馬伷序，王懋約注。④

---

① 房玄齡：《晉書》，北京：中華書局，1974年，卷九十一，頁2349。
② 《漢書》，卷三十，頁1735。
③ 劉昫等：《舊唐書》，北京：中華書局，1975年，卷四十六，頁1965。
④ 同上，卷四十六，頁1972。

（2）《禮記寧朔新書》二十卷。司馬伷序，王懋約注。①

（3）《東殿新書》二百卷。高宗大帝撰。②

（4）《志林新書》二十卷。虞喜撰。③

（5）《後林新書》十卷。虞喜撰。④

（6）《晁氏新書》三卷。晁錯撰。⑤

（7）《許子新書軍勝》十卷。⑥

據上引毋煚所言，知"新書"之名不必只出劉向，亦爲齊、梁時代首見"新書"之名提出了合理的解釋。比合《隋志》、《舊唐志》所見，可作以下推論：大抵原有漢代之"賈誼書"，後世流傳漸有佚失，故有人另録新本，加"新書"之名，改"賈誼書"爲"賈誼新書"。復觀二志所載典籍，題作"新書"者全屬魏晉以後作品，則賈誼"新書"首出此時，亦無足疑。

歷代載録"賈誼書"之名多有不同，今摘引宋代或以前書志載録賈誼《新書》者如下：

	書志名稱	部類	著　録
1	《漢書·藝文志》	諸子略儒家者流	"《賈誼》五十八篇。"⑦
		諸子略陰陽家者流	"《五曹官制》五篇。"班固自注："漢制，似賈誼所條。"⑧

---

① 《舊唐書》，卷四十六，頁 1973。
② 同上，卷四十六，頁 1994。
③ 同上，卷四十七，頁 2025。
④ 同上，卷四十七，頁 2025。
⑤ 同上，卷四十七，頁 2031。
⑥ 同上，卷四十七，頁 2040。
⑦ 《漢書》，卷三十，頁 1726。
⑧ 同上，卷三十，頁 1734。

續　表

	書志名稱	部類	著　　錄
1	《漢書·藝文志》	詩賦略屈原賦	"《賈誼賦》七篇。"①
2	《隋書·經籍志》	子部儒家	"《賈子》十卷"注:"録一卷。漢梁太傅賈誼撰。"②
		集部別集	"漢《淮南王集》一卷梁二卷。"注:"又有《賈誼集》四卷,《晁錯集》三卷,漢弘農都尉《枚乘集》二卷,録各一卷,亡。"③
3	《舊唐書·經籍志》	丙部子録儒家類	"《賈子》九卷。"注:"賈誼撰。"④
		丁部集録楚詞類	"前漢《賈誼集》二卷"⑤
4	《新唐書·藝文志》	丙部子録儒家類	"賈誼《新書》十卷"⑥
		丁部集録別集類	"《賈誼集》二卷"⑦
5	《宋史·藝文志》	子類雜家類	"賈誼《新書》十卷"⑧

---

① 《漢書》,卷三十,頁 1747。
② 《隋書》,卷三十四,頁 997。
③ 同上,卷三十五,頁 1056。
④ 《舊唐書》,卷四十七,頁 2024。
⑤ 同上,卷四十七,頁 2053。
⑥ 歐陽修、宋祁:《新唐書》,北京:中華書局,1975 年,卷五十九,頁 1510。
⑦ 同上,卷六十,頁 1576。
⑧ 脱脱等:《宋史》,北京:中華書局,1977 年,卷二百〇五,頁 5207。

續　表

	書志名稱	部類	著　　錄
6	《崇文總目》	儒家類	"《賈子》九卷。"注:"漢賈誼撰。本七十二篇,劉向删定爲五十八篇。隋唐皆九卷,今别本或爲十卷。"①
7	《郡齋讀書志》	子類儒家類	"《新書》十卷。"注:"誼著《事勢》、《連語》、《雜事》,凡五十八篇,考之《漢書》,誼之著述未嘗散軼,然與班固所載時時不同。固既云'掇其切於世者',容有潤益刊削,無足怪也。獨其説經多異義而《詩》尤甚,以'翢虞'爲天子之囿官,以'靈臺'爲神靈之臺,與《毛氏》殊不同,學者不可不知也。"②
8	《直齋書録解題》	儒家類	"《賈子》十一卷。"注:"漢長沙王太傅洛陽賈誼撰。《漢志》五十八篇,今書首載《過秦論》,末爲《弔湘賦》,餘皆録《漢書》語,且略節誼本傳於第十一卷中。其非《漢書》所有者,輒淺駁不足觀,決非誼本書也。"③
9	《通志》	諸子類儒術	"《賈子》十卷。"注:"梁太傅賈誼撰。"④
10	《遂初堂書目》	儒家類	"賈誼新書"⑤

　　① 王堯臣等:《崇文總目》,上海:上海古籍出版社據文淵閣《四庫全書》本影印,1987年,卷五,頁2b。

　　② 晁公武撰、孫猛校證:《郡齋讀書志校證》,上海:上海古籍出版社,1990年,卷十,頁424。又馬端臨《文獻通考·經籍考》載"賈誼《新書》十卷"(馬端臨:《文獻通考》,上海:上海古籍出版社,1986年,卷二百〇八,頁1714),因《文獻通考》有載晁氏評語,故疑"新書"或仍作"賈誼新書",今本《郡齋讀書志》脱"賈誼"二字而已。

　　③ 《直齋書録解題》,卷九,頁270。

　　④ 鄭樵:《通志》,北京:中華書局據《萬有文庫》十通本影印,1987年,卷六十六《藝文四》,志785。

　　⑤ 尤袤:《遂初堂書目》,上海:商務印書館據《海山仙館叢書》本排印,1935年,頁16。

由書志載録所見，“賈誼書”在漢時未有命名，僅作“賈誼五十八篇”，至六朝始有“《賈子》”之名。“賈誼書”在《隋志》時始題曰“賈子”，張舜徽（1911—1992）云：“周、秦之際，作者百家，其親自撰述之文固不少，然未必收拾部次以成書；又或徒以口説，而未暇著之竹帛。迨其人已死，乃有聞風嚮慕之人，從而采其遺論，掇其行事，編以爲書，而推本其學之所自出，題之曰某子云耳。至於自命其書曰子，則魏以後始有之。”①賈誼著述題曰“賈子”，或本乎此。及至宋初，歐陽修（1007—1072）等撰《新唐書・藝文志》首見題作“賈誼《新書》”，此後書志所載，“賈子”與“賈誼新書”之名互見，而明清二代均以“賈誼新書”、“新書”之名較爲常見。祁玉章云：“賈誼著述，《漢志》只録賈誼五十八篇，賈誼賦七篇，《隋志》仍《漢志》之舊，而唐宋史志以後始有‘賈誼新書’之命名。”②《隋志》所載未必“仍《漢志》之舊”，觀《漢志》謂“賈誼五十八篇”，而《隋志》則云“《賈子》十卷”可知。據上文考證，劉勰《文心雕龍》、劉孝標《世説新語注》已引賈誼《新書》，知祁説可商而未可盡信。

宋前書志所記賈誼《新書》卷帙各異，九卷、十卷、十一卷本俱曾見之。今本賈誼《新書》十卷，是知與宋前諸本或有不同。《崇文總目》謂《賈子》“本七十二篇，劉向删定爲五十八篇”，③此説前代未見，未知《崇文總目》所據。然後人謂賈誼《新書》屬乃劉向編定之本，説本乎此。如章如愚《群書考索》、④王應麟《玉海》、⑤沈欽韓（1775—1831）

---

① 張舜徽：《廣校讎略》，卷二，頁28。

② 祁玉章：《賈子探微》，臺北：三民書局，1969年，頁34—35。

③ 案：劉向删書之説未知所據。姚振宗輯《七略別録佚文》云：“按此説必得於《別録》。”（姚振宗輯：《七略別録佚文》，上海：上海古籍出版社據復旦大學圖書館藏稿本影印，1995年，頁18a。）純粹推測之辭，以爲删書既出劉向，此説必見《別録》。

④ 章如愚《群書考索》云：“《新書》。漢賈誼撰。雜論治道國體及經學胎教，本七十二篇，劉向删定爲三十八篇。今皆存。本傳所載《治安策》今釐爲數篇，各立題目，雜見于《新書》。《隋志》以《賈子》名。”（章如愚：《群書考索前集》，正德十三年建陽劉氏慎獨書齋刊本，卷十一，頁1b。）

⑤ 《玉海》，卷五十五，頁3a—b。

《漢書疏證》、①王先謙(1842—1917)《漢書補注》等皆然。②

　　陳振孫《直齋書録解題》於"《賈子》十一卷"條下云:"漢長沙王太傅洛陽賈誼撰。《漢志》五十八篇,今書首載《過秦論》,末爲《弔湘賦》,餘皆録《漢書》語,且略節誼本傳於第十一卷中。其非《漢書》所有者,輒淺駁不足觀,決非誼本書也。"③據陳氏所言,其所見宋代《賈子》之編排有以下特色:

　　1. 書名題曰"賈子";

　　2. 卷一之首篇爲《過秦論》,卷十之末篇爲《弔湘賦》。《弔湘賦》即《弔屈原賦》。④ 準此,此本兼收詞賦之作,與今本賈誼《新書》絶異。且觀前代書志所載,《漢志》"《賈誼賦》七篇"、《隋志》"《賈誼集》四卷"、《舊唐志》丁部集録楚詞類"《賈誼集》二卷"、《新唐志》丁部集録別集類"《賈誼集》二卷",皆與"賈誼書"(或題作"賈誼《新書》"等)分別著録,是知彼時賈誼賦作不在"賈誼書"之中。至陳氏所見之本,卷十之末爲《弔湘賦》,顯與前代版本不同。

　　3. 卷十一爲賈誼本傳之節録,此亦屬十一卷本之一大特色。王應麟《玉海》載有宋本《新書》目録,此本共五十八篇,其中卷十之末有"傳"一篇,與陳氏所見有相近之處。

　　4. 陳氏以爲此本並非"賈誼書"之原本,其中内容不互見於《漢書》者,乃"淺駁不足觀"。

　　漢代原題作"賈誼"者五十八篇,此班固已言之矣。班固既云"凡

---

　　① 沈欽韓:《漢書疏證》,上海:上海古籍出版社據清光緒二十六年浙江官書局刻本影印,2006 年,卷二十五,頁 9a。

　　② 王先謙:《漢書補注》,上海:上海古籍出版社,2008 年,卷三十,頁 2962。

　　③ 《直齋書録解題》,卷九,頁 270。

　　④ 案:《史記》、《漢書》本傳首載賈誼此賦,本無題,《文選》始定名爲《弔屈原文》。又《史記》本傳謂賈誼"及渡湘水,爲賦以弔屈原"(《史記》,卷八十四,頁 2492),後人亦由此而題此文曰"弔湘賦"。

所著述五十八篇,掇其切於世事者著于傳云",①則《漢書·賈誼傳》所
載諸疏與今本賈誼《新書》互見者,乃是漢代"賈誼"五十八篇之遺文,
當無異議。然諸疏所載者,多集中在今本賈誼《新書》前半部分,卷七
至卷十除《胎教》一篇以外,餘悉不見《漢書》諸疏。盧文弨(1717—
1796)云:"《新書》,非賈生所自爲也,乃習於賈生者萃其言以成此書
耳,猶夫《管子》、《晏子》非管晏之所自爲。"②據盧氏所言,今所謂"新
書"者實乃賈生後學所輯。然則題作"新書"者,實以別於漢世"賈誼"
五十八篇。今本賈誼《新書》爲有意識之結集,班固所謂"掇於世事"
者,全見書中首數卷,明乃後人據班固所言而重新編定也。至於全書後
數卷之文,多互見於兩漢著述之中,如《新序》、《說苑》、《列女傳》、《韓
詩外傳》、《論衡》等,是以不見於《漢書》者,亦不必全屬"淺駁不足觀"
矣。又盧文弨嘗據兩宋本校勘賈誼《新書》,惟盧氏云:"余所校据兩宋
本,而誼所爲賦不在書中,則非即陳氏所見者。卷末傳非《漢書》本文,
今姑沿其舊。"③可視爲賈誼《新書》在宋代有多本之證。

又王應麟(1223—1296)《玉海》"漢賈誼新書　賈子　賈誼集"條下
錄有宋本《新書》目錄,今具錄王氏所載,以見其與陳振孫所見本之區別:

《新書》目錄:

一、《過秦上、下》見《史記·秦紀》、《宗首》、《數寧》、《藩
　　傷》、《藩彊》、《大都》、《等齊》、《服疑》、《益壤》事勢。

二、《權重》、《五美》、《制不定》、《審微》、《階級》事勢。

三、《俗激》、《時變》、《瑰瑋》、《孽産子》、《銅布》見《食貨志》、《壹
　　通》、《屬遠》、《親疏危亂》、《憂民》、《解縣》、《威不信》事勢。

---

① 《漢書》,卷四十八,頁 2265。

② 盧文弨:《抱經堂文集》,卷十《書校本〈賈誼新書〉後》,頁 141。

③ 盧文弨:《重刻〈賈誼新書〉序》,《新書》,臺北:藝文印書館據抱經堂校定本影印,
1958 年,頁 2a。以下簡稱此本爲"抱經堂校定本《新書》"。

四、《匈奴》、《勢卑》、《淮難》、《無蓄》、《鑄錢》事勢。

五、《傅職》、《保傅》見《大戴禮》、《昭紀》、《連語》、《輔佐》連
　　語《問孝》闕。

六、《禮》、《容經》見《大戴禮》、《春秋》連語。

七、《先醒》、《耳痺》、《諭誠》、《退遜》、《君道》連語。

八、《官人》、《勸學》、《道術》、《六術》、《道德説》雜事。

九、《大政上、下》、《脩政語上、下》雜事。

十、《禮容語上、下》上篇闕、《胎教》見《大戴禮》、《立後義》、
　　《傳》雜事。"傳"即"本傳"之語。五十八篇十卷。①

就王應麟所引,其所見本又與陳振孫所見者有別。第一,此本題曰"新
書",與作"賈子"者不同。第二,此乃十卷本,與陳振孫所謂十一卷本者
不同。第三,此本不載賈誼賦作,與陳振孫所見"賈子"有《弔湘賦》者不
同。第四,此本亦録賈誼本傳,在卷十之中;陳振孫所見本則在卷十一,
且佔一卷之多。考陳振孫、王應麟生活時代相差無幾,是二人所見之本
大抵並存當世。此賈誼《新書》在宋代有編排相異之版本之明證。②

　　又"録一卷"與附載賈誼本傳之情況亦堪注意。《隋志》載《賈子》
十卷,録一卷。其中"録一卷"者,當爲賈誼言行之載録。③ 此後有關賈
誼著述之載録,已無"録一卷"之文。又據上文所載陳振孫、王應麟之
言,知陳氏所謂十一卷本者,乃"略節誼本傳於第十一卷中";王氏所見
賈誼《新書》之本,則有"傳"一篇在卷十之中。由是觀之,後世乃將賈

---

① 《玉海》,卷五十五,頁 3a—4a
② 李書瑋云:"《新書》宋刻本共四種:即程漼使本、潭州本、建寧本以及陳振孫所見本。
以上四本皆已亡佚,盧氏校本保存了南宋時所刻的潭州本、建寧本的異文。"(李書瑋:《賈誼
〈新書〉版本流變述略》,載《圖書館工作與研究》第 2 期總第 138 期,2007 年,頁 90。)此文略
論宋本《新書》之概況,可參。
③ 案:谷行奎《漢字源流字典》(語文出版社 2008 年版)嘗載"録"字此義。《漢字源流
字典》云:"記載言行或事物的書刊、表册或文字、簿籍。"(頁 744。)

誼《新書》正文與本傳之文（即《隋志》之“録一卷”）合二爲一，遂成本傳載於書末之本。倘就數本流傳較廣之賈誼《新書》而言，亦可見將賈誼本傳載於卷十書末。如明正德長沙刊本（卷十《傳》）、明萬曆年間之《兩京遺編》本（卷十《傳》）、明程榮校《漢魏叢書》本（附録《賈誼傳》）、清盧文弨抱經堂校定本（卷十《傳》）①皆然。至於今人校點賈誼《新書》，多不視本傳爲原書之部分，往往將賈誼本傳移之在“附録”，與校點者所輯《新書》佚文、歷代著録、賈誼年譜等資料歸爲一類，②此舉實有失前人編書“知人論世”之意圖矣。

三、以唐宋類書及古注引文③所載論唐宋所見賈誼《新書》之異本

今傳賈誼《新書》諸本之中，以明正德八年（1513）李夢陽本爲最

①　案：盧文弨於卷十《傳》篇題下云：“建、潭本皆連在卷後，此傳本出《漢書》而訛舛，今但舉其甚者正之。”（盧文弨：《新書》，卷十，頁10b。）
②　今人校點賈誼《新書》之著述頗多，今摘録如下：
1. 王洲明、徐超《賈誼集校注》（人民文學出版社1996年版），此書分爲甲編、乙編、丙編、附録四部分，甲編爲《新書》，乙編爲賈誼賦，丙編爲奏疏及佚文，附録依次載有“賈誼傳”、“賈誼年譜”、“著録”、“序跋”、“評述”。
2. 李爾鋼《新書全譯》（貴州人民出版社1998年版），此書先載《新書》十卷正文，後有“附録一：《新書》佚文”、“附録二：序跋選”、“附録三：賈誼賦”，未有收録賈誼本傳。
3. 饒東原《新譯新書讀本》（三民書局1998年版），此書先載《新書》五十八篇之文，後有“附録一：賦”、“附録二：疏”，未有收録賈誼本傳。
4. 閻振益、鍾夏《新書校注》（中華書局2000年版），此書先載《新書》十卷正文，後有六個附録，依次爲“《新書》未收文賦及佚文”、“賈誼傳”、“著録”、“序跋”、“集評”、“資料”。
5. 于智榮《賈誼新書譯注》（黑龍江人民出版社2003年版），此書先載《新書》十卷正文，後爲兩大附録，一爲“傳”及“舊跋”，二爲“賈子序”、“新書序”、“重刻賈誼新書序”。
6. 吳云、李春台《賈誼集校注（增訂版）》（天津古籍出版社2010年版），此書先載《新書》五十八篇之文，以及賈誼賦作，然後有三大附録，一爲“賈誼生平大事年表”，二爲奏疏，三爲“《新書》的版本”，未有收録賈誼本傳。
③　案：下文所用古注包括《文選》李善注及《後漢書》李賢注。

古，次則明正德九年（1514）陸相本，以及明正德十年（1515）吉府重刻陸相本，①其中後者商務《四部叢刊》及藝文印書館俱有影印本，流傳較廣。倘據清人盧文弨抱經堂校定本所言，彼時尚見宋本賈誼《新書》，②惟今俱已佚失。盧氏雖嘗據宋本以校，惟宋本今已佚失，未可復見。唯唐宋類書及古書舊注引用賈誼《新書》者，吉光片羽，彌足珍貴，可據補唐宋賈誼《新書》版本之舊。據唐宋類書所徵引，賈誼《新書》之書名多有不同，今表列如下：

類　　書	時代	賈誼書	賈誼新書	賈子	賈誼子	賈誼	新書	只有引文
北堂書鈔	隋	2	13	5	0	1	1	
藝文類聚	唐	14	1	1	0	0	0	
群書治要	唐	0	0	1③	0	0	0	
勵忠節鈔	唐	0	1	1	0	0	0	3
長短經	唐	0	0	2	0	4	0	
初學記	唐	0	0	4	2	0	0	
龍筋鳳髓判	唐	0	4	0	0	0	0	
意林	唐	0	1④	0	0	0	0	

----

　　① 案：有關賈誼《新書》之版本資料，詳參祁玉章《賈子探微》頁 44—46，蔡尚志《賈誼研究》頁 37—43，蔡廷吉《賈誼研究》（蔡廷吉：《賈誼研究》）頁 53—62。

　　② 案：據盧文弨所言，賈誼《新書》有二宋本，即建本和潭本。盧氏謂建本云：“是宋時刻本。明毛斧季、吳元恭皆据以改近世之本。宋即有謬誤，亦悉仍之。前失去序文，故不知是何年所梓，唯目錄後有建寧府陳八郎書鋪印一行，故今稱爲建本。”（盧文弨：《新書》，校目，頁 1a。）又陸心源云：“新雕《賈誼新書》十卷，題曰‘梁太傅賈誼撰’，宋刊本。目後有‘建寧府陳八郎鋪印’一行，蓋南宋麻沙本也。”（陸心源：《儀顧堂書目題跋彙編》，北京：中華書局，2009 年，卷六，頁 90。）至於潭本，盧氏云：“宋淳祐八年長沙刻，即從淳熙八年程漕使本重雕者，題《賈子》。”（盧文弨：《新書》，校目，頁 1a。）

　　③ 魏徵《群書治要》乃書鈔類典籍，其中卷四十引《賈子》十四段，内容全屬今本賈誼《新書》後半部分，即《漢書》諸傳未嘗載者。

　　④ 馬總《意林》卷二有“賈誼《新書》八卷”。

類　書	時代	賈誼書	賈誼新書	賈子	賈誼子	賈誼	新書	只有引文
事始	唐	0	1	0	0	0	0	
白氏六帖	唐	3	0	0	0	19①	0	
稽瑞	唐	0	1	0	0	0	0	
十七史蒙求	宋	3	2	0	0	0	0	
太平御覽	宋	36	23	8	0	6②	0	
事類賦注	宋	5	1	0	0	0	0	
海録碎事	宋	0	2	0	0	0	0	
書敍指南	宋	0	0	0	0	16③	0	
中秘元本	宋	0	0	0	0	15④	0	
詩律武庫	宋	0	1	0	0	0	0	
分門古今類事	宋	0	0	1	0	0	0	
小學紺珠	宋	3	0	0	0	5⑤	0	
蒙求集注	宋	0	1	0	0	0	0	
類林雜説	金	0	1	0	0	0	0	
事物紀原	宋	0	0	0	0	1⑥	0	

由上表觀之，諸如《勵忠節鈔》、《藝文類聚》、《北堂書鈔》、《太平御覽》

---

①　案：《白氏六帖》其中一次引作“賈誼疏”。

②　案：《太平御覽》其中一次引作“賈誼《連語》”、一次引作“賈誼上疏”。

③　案：《書敍指南》引説皆以著者爲稱，故其引賈誼説，均作“賈誼”，此通書之體例，未必代表其引書稱作“賈誼”。

④　案：《中秘元本》與《書敍指南》同爲宋人任廣所撰，故以相類形式俱引作“賈誼”。

⑤　案：《小學紺珠》兩次引作“賈誼諫”、“賈誼疏”。

⑥　案：《事物紀原》引作“賈誼《雜説》”。

等,所載賈誼《新書》俱有多個名稱,其中"賈誼書"、"賈誼新書"、"賈子"多有見之。《北堂書鈔》成書於虞世南(558—638)在隋任秘書郎之時,約在大業年間(605—618),在上舉各書之中時代最早。然《北堂書鈔》至宋代已流傳不廣,至明代萬曆年間,經陳禹謨校勘刊行,復行於世。然此本所得評價甚低,嚴可均(1762—1843)斥之尤詳,此處不贅。① 據上表所見,《北堂書鈔》引作"賈誼書"、"賈誼新書"等五名者俱有之,是《北堂書鈔》引書名頗爲紊亂之證。倘以清光緒十四年南海孔氏三十三萬卷堂刻本《北堂書鈔》校之,引用書名混亂之情況亦未有多大改善。惟因《北堂書鈔》版本未必完善,或涉誤後人注文以爲正文,故其引書雖多題曰"賈誼新書",亦未可視"賈誼新書"已見此時之確證。

　　上表所載類書約按時代先後排序,據此而論,類書引録賈誼作品之時,題作"賈誼《新書》"者較多,題作"賈子"者漸不復見。他如《太平御覽》所載,有"賈誼書"、"賈誼連語"、"賈誼新書"、"賈子"之名,②然《御覽》引書之問題頗爲複雜,其所引書未必爲當時所見本,或襲用前代類書引文所致。③ 有關《太平御覽》引書之問題,前人學者多有論之,此處不贅。又王應麟《玉海》卷五十五《藝文》即同載"賈誼新書"與"賈子",明乃二本也。周中孚(1768—1831)《鄭堂讀書記補逸》謂賈誼《新書》"是唐以後,其本固不一矣",④周氏所言有理。

　　至於唐宋類書所引賈誼《新書》之文,祁玉章《賈子探微》云:"至於

----

① 有關嚴可均對陳禹謨補注本之評價,詳見《鐵橋漫稿·書陳禹謨刻本北堂書鈔後》。
② 據《太平御覽經史圖書綱目》所載,有"賈誼書"、"賈誼連語"、"賈誼新書"之名。
③ 陳振孫云:"或言國初古書多未亡,以《御覽》所引用書名故也。其實不然,特因前諸家類書之舊爾。以《三朝國史》考之,館閣及禁中書,總三萬六千餘卷,而《御覽》所引書多不著録,蓋可見矣。"(《直齋書録解題》,卷十四,頁425。)據陳氏所言,知《御覽》引書多有本自前代類書者。有關《御覽》引書與前代類書之關係,詳參周生杰《太平御覽研究》第八章"《太平御覽》編纂的承前與啟後"。(周生杰:《太平御覽研究》,成都:巴蜀書社,2008年,頁383—432)
④ 周中孚:《鄭堂讀書記補逸》,北京:中華書局,1993年,卷二十,頁506。

唐魏徵《群書治要》卷四十引賈子文十四篇，馬總《意林》卷二節略《賈子》之文七段，兩者相較，雖間有損益，則《賈子》五十八篇爲其原書之真，得此亦可獲一佐證矣。"①祁氏所言是也。然尚有可補足之處。

　　首先，據唐宋類書及古注引用賈誼著述所見，部分篇章單獨稱篇，不與賈誼《新書》合稱。如《過秦論》，唐宋類書徵引時多特指其名，與《新書》他篇只稱引自"《新書》"迥異。② 惟據馬總《意林》引賈誼《新書》有《過秦》之文，觀其引書名已作"新書"，知《過秦》之篇已在賈誼《新書》之中。早期的古籍可以單篇流傳於世，如《史記》書成以後，流傳未廣，在兩漢時期有以單篇形式流傳。③ 前舉賈誼《保傅》之篇亦然。《文選》亦載《過秦論》，李善引應劭注以此篇爲"《賈誼書》第一篇名"，今細觀其文，與《史記》、《漢書》所載《過秦論》頗爲相同，而與《新書》所載者稍異。且《文選》所載西漢文章，幾乎全見《漢書》。④ 故《過秦論》雖獨立成篇，《文選》編者亦當録自《史》、《漢》，而非"賈誼書"。唐宋類書屢引賈誼《過秦論》，其篇既可與賈誼書一併流傳，或因《史》、《漢》

---

①　祁玉章：《賈子探微》，頁 37。案：馬總《意林》題賈誼此作爲"賈誼《新書》"。（馬總：《意林》，上海：上海古籍出版社據南京圖書館藏清抄本影印，1995 年，卷二，頁 22a。）

②　案：馬總《意林》引《賈誼新書》有《過秦》之文，觀其引書名已作"新書"，知《過秦》之篇已在《賈誼新書》之中。

③　案：《史記》在兩漢嘗以單篇流傳，如《後漢書·竇融傳》："帝深嘉美之，乃賜融以外屬圖及太史公《五宗》、《外戚世家》、《魏其侯列傳》。"（范曄：《後漢書》，北京：中華書局，1965 年，卷二十三，頁 803。）《後漢書·循吏傳》謂帝賜王景《史記·河渠書》。（范曄：《後漢書》，卷七十六，頁 2465。）余嘉錫《古書通例》卷三"古書單篇別行之例"論之尤詳，可參。（余嘉錫：《古書通例》，北京：中華書局，2007 年，卷三，頁 265—269。）

④　案：《文選》所收西漢詩文共 40 篇，其中 29 篇見於《漢書》。若撇開《文選》詩、騷、賦三類不算在內，則 24 篇中有 20 篇見於《漢書》。未見於《漢書》者只四篇，分別是李陵《答蘇武書》、孔安國《尚書序》、揚雄《劇秦美新》、王褒《四子講德論》。其中李陵《答蘇武書》和孔安國《尚書序》向來有真僞問題，證據之一便是《漢書》本傳不録其文。揚雄《劇秦美新》志在美新，與《漢書》歌頌漢室之宗旨顯然不合，故班固未録此文。至於王褒之文，《漢書》未載，惟《文選》小序"褒既爲益州刺史王襄作《中和》、《樂職》、《宣布》之詩，又作傳"云云（《漢書》，卷五十一，頁 2246），亦見《漢書·王褒傳》（《漢書》，卷六十四下，頁 2822）。由是觀之，《文選》所載西漢文章多見《漢書》，其不見者亦必事出有因。反之，賈誼《過秦論》雖並見《新書》、《史記》、《漢書》，惟觀乎《文選》選文之法，《過秦論》亦當引自《漢書》。

載之而單獨流傳亦可。此外,賈誼賦作亦屬單篇流傳,據唐宋類書所引包括《弔屈原文》、《鵩鳥賦》、《旱雲賦》、《簴賦》等。其中前兩者已見《史記》《漢書》本傳載錄;《旱雲賦》載《古文苑》,類書亦嘗引之;《簴賦》亦出《古文苑》,《初學記》卷十六引與《古文苑》同,《太平御覽》卷五八二題作“賈誼《筍簴賦》”。至於唐宋類書引及其餘賈誼之文,皆未有特標其篇名。① 至於將“新書”與“過秦論”合稱者,最早只見於明代類書。② 以上特就唐宋類書及古書舊注引《過秦論》之情況作一綜述。

　　其次,就唐宋類書及古書注引賈誼《新書》文字所見,與今本所見者差異不多,可見今本與唐宋所見本相去不遠。今本賈誼《新書》共43 000多字,③劉師培(1884—1919)嘗據唐宋類書引文輯錄賈誼《新書》佚文,只得四則。④ 今人閻振益、鍾夏《新書校注》輯有疑爲《新書》

---

① 案:《太平御覽》卷五百六十九引作“新書連語”,考今本賈誼《新書》卷五有《連語》,然觀《御覽》所引之文,實見卷六《春秋》。今本賈誼《新書》大部分篇章於篇題以下皆有二字之小標題,其中卷一至卷四各篇均題曰“事勢”,卷五至卷八各篇均題曰“連語”,卷九各篇未有小標題,卷十各篇則題曰“雜事”。《四庫提要》云:“決無摘錄一段立一篇名之理,亦決無連綴十數篇合爲奏疏一篇上之朝廷之理。疑誼《過秦論》、《治安策》等本皆爲五十八篇之一。”並以此爲今本《新書》作僞之證。(永瑢等:《四庫全書總目》,北京:中華書局,1981年,卷九一,頁771。)余嘉錫以爲不然,不可據每篇篇幅之短而以爲今本《新書》爲僞。(詳參余嘉錫:《四庫提要辯證》,北京:中華書局,1980年,卷十,頁546—551。)

② 案:明人徐元太《喻林》卷二十人事門有引作《賈子新書·過秦上》云云。(徐元太:《喻林》,明萬曆四十三年自刻本,卷二十,頁13b。)

③ 案:本文所謂“今本賈誼《新書》”者,主要就二本立說,一爲《四部叢刊》據江南圖書館藏明正德長沙刊本,二爲今人校點之《新書校注》。又據《賈誼新書逐字索引》統計,今本賈誼《新書》總字數爲43 781字。詳參《賈誼新書逐字索引》之“全書用字頻數表”。(劉殿爵(編):《賈誼新書逐字索引》,臺北:臺灣商務印書館,1996年,頁481。)《賈誼新書逐字索引》以《四部叢刊》影江南圖書館藏明正德乙亥吉藩刊本爲底本。由於傳世本大多殘缺,故每有據別本、類書、以至其他文獻所見之重文校改,故總字數或較其他版本爲多。

④ 劉師培《賈誼新書佚文輯補》輯出賈誼《新書》佚文四條。(劉師培:《賈子新書佚文輯補》,載《劉申叔遺書》,南京:江蘇古籍出版社據民國廿五年寧武南氏校本影印,1997年,頁1a,總頁1003。)考今本賈誼《新書》共43 000多字,其中與唐宋類書所引未合者僅數十字,可見今本賈誼《新書》大抵與唐人所見本相近。陳煒良《賈誼新書探源》謂賈誼《新書》爲僞書,其中嘗據《鹽鐵論》一段立論,其曰:“《鹽鐵論·箴石第三十一》所引:‘賈生有言曰:“懇言則辭淺而不入,深言則逆耳而失指”’兩句,不見今本《新書》,想爲編纂者所不及。”(轉下頁)

之佚文八則。①筆者復據唐宋類書、③古書注解④所引,共輯得脱文和佚
文十二則,具列如下:

> 1.《群書治要》引《賈子》:"刑仁於人者,謂之文誅矣。故三
> 文行於政。"(40/222)

案:此條當爲今本《新書·脩政語下》脱文。今本《新書·脩政語下》
"仁於治,陳於行"之上當脱《治要》此句。王念孫(1744—1832)《讀書
雜志》云:"凡《治要》所引之書,於原文皆無所增加,故知是今本遺脱
也。"④王氏此語雖就校勘《淮南子》而論,然據《治要》引書所見,情況
大抵如此。是以《群書治要》引書,只有删削原文,未有增益,故《治要》

(接上頁)(陳煒良:《賈誼新書探源》,載江潤勳、陳煒良、陳炳良:《賈誼研究》,香港:求精印
務公司,1958 年,頁 29。)此處所引賈生言二句不見今本《新書》,陳氏以爲後世僞造《新書》不
見,故未有録入今本《新書》中。愚謂此説非也。《鹽鐵論》於此處所言賈生者,當非指賈誼。
馬非百《鹽鐵論簡注》云:"漢人稱賈生有二,一爲洛陽人賈誼,一爲潁川人賈山。這裡所引
用的話,不見賈誼書。唯賈山在漢文帝時曾上書言治亂之道,名曰《至言》。《至言》中有云:
'臣聞忠臣之事君也,言切直,則不用而身危。不切直,則不可以明道。'《漢書·賈山傳》。意
義與此大致相同。懇言,誠懇之言。深言,即切直之言,也就是所謂'至言'。本書各篇引用
別人説話都是取其大意,不是原文照抄,這一條也不例外。"(馬非百:《鹽鐵論簡注》,北京:
中華書局,1984 年,頁 255。)其言當是。可見陳氏以爲此爲賈誼所言,其論非是。
　① 《新書校注》,頁 452—454。案:《新書校注》輯有"爲君既不易,爲臣良獨難"句,云:
"此條載《太平御覽》卷六百二十一,當係《官人》佚文。"(《新書校注》,頁 454)然《御覽》引此
之前原有"古詩"二字,顯非《新書》文字。曹植《怨歌行》正有此二句,可見《御覽》誤合曹詩
與《新書》文字而已,此條本非《新書》佚文。《新書校注》誤矣。
　② 本部分所用類書版本如下:《北堂書鈔》(北京學苑出版社影印南海孔氏三十有三万
卷堂本)、《群書治要》(東京汲古書院影印日本宮內廳書陵部藏鎌倉時代金澤文庫本)、《藝
文類聚》(上海古籍出版社 1982 年版)、《初學記》(北京中華書局 1962 年版)、《勵忠節鈔》
(屈直敏《敦煌寫本類書勵忠節鈔》北京民族出版社 2007 年本)、《意林》(上海古籍出版社影
印南京圖書館藏清抄本)、《太平御覽》(北京中華書局影印上海涵芬樓所用宋本)。以上各本
下文只列卷次頁次,出版資料不復列出。
　③ 本部分所用古書舊注版本如下:《文選》(上海古籍出版社 1986 年版)、《後漢書》
(北京中華書局 1965 年版)。
　④ 王念孫:《讀書雜志》,志九之九,頁 13b,總頁 839 下。

有而今本無者,必屬今本脱文。

  2.《藝文類聚》引《賈誼書》:“神農以爲走禽難以久養民,乃
   求可食之物,嘗百草,察實鹹苦之味,教民食穀。”(11/209)

案: 此爲今本《新書》佚文。《太平御覽》卷七八、卷八三七引之,皆題
作“賈誼書”,文字有少異。《北堂書鈔》引作“教民食穀”(10/2b),並
題作“賈誼《新書》”。《文選》李善注(35/1608)引作“賈誼曰”。劉師
培《賈誼新書佚文輯補》、《新書校注》有之。

  3.《藝文類聚》引《賈誼書》:“文王曰:‘發嗜鮑魚,何爲不
   與?’”(46/823)

案: 此條當爲今本《新書·禮》脱文。《太平御覽》卷二〇六、七五九引
亦有此句,其中前者題作“賈誼新書”,後者仍作“賈誼書”。今本《新
書·禮》作“昔周文王使大公望傅太子發,太子嗜鮑魚,而太公弗與,太
公曰:‘禮,鮑魚不登於俎,豈有非禮而可以養太子哉?’”未有文王之
問。《類聚》所引乃在“太公弗與”句下有此問,文意方圓,此句當屬今
本《新書》脱文。

  4. 敦煌寫本類書《勵忠節鈔》卷一《恃德部》3011 引賈誼《新
   書》曰:“禹見高山仰之,深谷俯之,慮有遺材。”

案:《勵忠節鈔》引此文題作“賈誼《新書》”,屈直敏云:“按: 本則出處
待考。”①此爲今本《新書》佚文。

---

  ① 屈直敏:《敦煌寫本類書勵忠節鈔研究》,北京: 民族出版社,2007 年,頁 230。

　　5. 敦煌寫本類書《勵忠節鈔》卷二《恩義部》19004 引云："爲
　　隱厨人之過。"

案：此屬《新書·春秋》"楚惠王食寒菹而得蛭"一事之脱文。《勵忠節
鈔》引"楚惠王食荇菹，菹中有水蛭"後有"爲隱厨人之過"句，此屬今本
《新書·春秋》所無，當爲脱文。

　　6.《意林》引賈誼《新書》云："貴之與賤，若白與黑。"（2/
　　22a）[1]

案：王天海云："此二句見今本卷一《數寧》篇，作'尊卑貴賤，明若白
黑。'"[2]《意林》共引賈誼《新書》八節，其中第二節云："主之與臣，若日
與星；貴之與賤，若白與黑。如身之使臂，臂之使指。天子如堂，群臣如
陛，衆庶如地。若經制不定，猶渡江無維楫也，中流遇風波，船必覆
矣。"《意林》引此文乃比合多段《新書》而成，其中"主之與臣，若日與
星"句見《新書·服疑》，"如身之使臂，臂之使指"句見《新書·五美》。
然"貴之與賤，若白與黑"句與《新書·數寧》"尊卑貴賤，明若白
黑"[3]句實未盡相同，此王説可商之處，筆者未敢遽定，姑存此條於《新
書》佚文之中。

　　7.《初學記》引《賈子》曰："古者天子二十而冠帶劍，諸侯三
　　十而冠帶劍，隸人不得冠，庶人有事得帶劍，無事不得帶
　　劍。"（22/526/10）

①　馬總：《意林》，卷二，頁 22a。
②　王天海：《意林校注》，貴陽：貴州教育出版社，1998 年，卷二，頁 143。
③　《新書校注》，卷一，頁 30—31。

案:《太平御覽》卷三百四十四引之。（344/7b/8）劉師培《賈誼新書佚文輯補》、《新書校注》輯之。

　　　　8.《初學記》引《賈子》曰:"天子黑方履,諸侯素方履,大夫素圈履。"（26. 7/629/5）

案:《太平御覽》卷六百九十七亦引之。劉師培"疑《等齊》諸篇脱文"。①　劉師培《賈誼新書佚文輯補》、《新書校注》輯之。

　　　　9.《北堂書鈔》引《賈子》曰:"同舟而濟,胡越無異心。"（137/9b）

案: 此條劉師培《賈誼新書佚文輯補》、《新書校注》俱未嘗輯之,當屬今本《新書》佚文。

　　　　10.《北堂書鈔》引賈誼曰:"民無友禍。"（15/4b）

案:《北堂書鈔》孔廣陶案語云:"考賈誼《新書·脩政語下》篇有'民無大過之誅'句,疑'友禍'爲'大過'之譌。"孔氏所言屬推測之辭,未爲無理,但查無實據,今姑存於佚文之列。此條劉師培《賈誼新書佚文輯補》、《新書校注》俱未嘗輯之。

　　　　11.《太平御覽》引《賈子》曰:"沸脣投塞垣之下。"（368/2a/5）

案:《太平御覽》引此原注云:"匈奴號也。"劉師培據此而疑爲《新書·匈奴》之文。《賈誼新書佚文輯補》、《新書校注》輯之。

_____

① 　劉師培:《賈子新書佚文輯補》,載《劉申叔遺書》,頁 1a,總頁 1003。

12.《後漢書‧百官志》劉昭注引賈生曰：“此古天子自輔弼之
　　禮也，自爲天子而賢智維之，故能慮無失計，舉無過事，終
　　身得中。”（志 24/3556）

案：疑爲《新書‧保傅》佚文。《新書校注》輯之，並云：“此條見於《後
漢書‧百官志》‘太傅，上公一人’劉昭注引，其上所引即本書《傅職》
‘天子不諭於先聖人之德’六段。此六句與本書《保傅》‘故成王中立聽
朝’三句相近，‘慮無失計，舉無過事’八字悉同，‘自爲’句相似，首尾二
句本書無，疑即《保傅》或《傅職》佚文。”①此説有理可信。
　　據上所輯佚文和脱文，雖較劉師培、《新書校注》略多，然就今本賈
誼《新書》全書 43 000 多字而言，散佚之文仍屬少數。準此，今本賈誼
《新書》之文字當與唐宋所見相去不遠。
　　今所見賈誼《新書》最古之本乃係明本，結合書志載録及唐宋類書
引用，賈誼《新書》之名約有以下之發展趨勢：

《漢志》首謂“賈誼”著述五十八篇，其時書無定名，只係以人名稱之。
據後世典籍所引而有“賈誼書”之名。及《隋志》以“賈子”名之，劉宋
時又有“賈誼新書”之名，二名實即一本，稱“賈子”或“賈誼新書”實旨

---

①　《新書校注》，頁 454。案：《後漢書》紀、傳之部乃屬李賢注，志則爲劉昭注。其中李
賢所注涉及賈誼著述，俱只引作“賈誼曰”、“前書賈誼曰”、“賈誼上疏曰”、“賈誼過秦曰”等，
其所引用篇章未出《漢書》所載文字以外，此李賢未有據用《新書》之明證。

在與原有之"賈誼書"稍作區別。"賈誼新書"大抵乃重新編排之"賈誼書"，在劉宋時已見之。至唐宋二代，稱作"賈子"者漸微，而多稱爲"賈誼新書"。宋代以後，更有"新書"之名單行，明清二代多以"新書"二字以爲賈誼《新書》之專名矣。

　　又《群書治要》引《賈子》之文十四段，依次出自今本賈誼《新書》卷五《連語》、卷六《春秋》（三段）、卷七《先醒》、《退讓》（兩段）、卷八《官人》、卷九《大政上》（兩段）、《大政下》、卷九《脩政下》（兩段）、卷十《立後義》。① 此與今本賈誼《新書》卷五至卷十各卷之編排次序完全一致。此外，《群書治要》所引《賈子》文字亦與今本賈誼《新書》無甚差異，今本賈誼《新書》未有大量之衍文或脱文。② 黄雲眉以爲"今本《新書》"爲"唐以來人所依託"，③ 今就《群書治要》及其他唐宋類書引文而言，實未必爲是。及余嘉錫《四庫提要辨證》謂"今本即唐人所見，特傳寫有脱誤"。④ 其説近是。此外，《群書治要》引賈誼《新書》題作"賈子"，其編排、文字與今本賈誼《新書》相去不遠，知《賈子》即今所謂賈誼《新書》，二者書名雖異，内容大抵一致。劉師培云："考宋代以前所徵引，或曰《賈子新書》，或稱《賈子》，或稱《賈誼書》，均即今本，惟卷目分併不同。具見盧序。俗稱或衹標《新書》，則稱名之訛也。"⑤劉氏所言是也。

───────────

　　① 案：《群書治要》引《賈子》只見今本賈誼《新書》卷五至卷十，然賈誼《新書》卷一至卷四之文，其實亦未見《治要》之中。《治要》卷十一引《史記·秦始皇本紀》所載《過秦論》，即賈誼《新書》首篇之《過秦論》；《治要》卷十六引《漢書·賈誼傳》所載《陳政事疏》，即賈誼《新書》卷一至卷四之文。可見《治要》引及賈誼《新書》所載之文甚多。
　　② 案：倘取《群書治要》與今本賈誼《新書》作逐字逐句對讀，文字相差無幾。《治要》文字少於《新書》者，可視爲《治要》編者對原文之删削，此屬類書引文常見之現象。如《治要》文字多於《新書》者，蓋屬今本《新書》之佚文。就此而論，今本賈誼《新書》之佚文與衍文俱爲數不多。
　　③ 黄雲眉：《古今僞書考補證》，頁120。案：鍾肇鵬以爲黄雲眉此説"未免懷疑過甚"。（鍾肇鵬：《鶡子校理》，北京：中華書局，2010年，附録，頁111。）
　　④ 余嘉錫：《四庫提要辯證》，卷十，頁545。
　　⑤ 《賈子新書佚文輯補》，載《劉申叔遺書》，序，頁1a，總頁986。

四、"新書"之名屬賈誼《新書》獨享

"新書"本非賈誼《新書》之專名,《舊唐書·經籍志》云:"紕繆咸正,混雜必刊。改舊傳之失者,三百餘條;加新書之目者,六千餘卷。"[1]據上文考證,舊籍之名有"新書"二字者甚衆,則"新書"本非賈誼《新書》之專名。孫詒讓云:

> 蓋"新書"本非賈書之專名,宋、元以後,諸子舊題刪易殆盡,惟《賈子》尚存此二字,讀者不審,遂以"新書"專屬之《賈子》,校槧者又去"賈子",而但稱"新書",展轉訛省,忘其本始,殆不可爲典要。[2]

孫氏以爲"新書"本非賈誼《新書》之專名。劉師培云:

> 考宋代以前所徵引,或曰《賈子新書》,或稱《賈子》,或稱《賈誼書》,均即今本,惟卷目分併不同。具見盧序。俗稱或祇標《新書》,則稱名之訛也。[3]

劉氏持見與孫氏相同,以爲俗稱"新書"乃係稱名之訛。饒宗頤云:

> 新書二字本爲通號,凡重新編定之書得加"新書"以示別。劉向所校孫卿書,稱"荀卿新書"三十二篇,是其例也。漢人所著,如晁錯書亦有是稱,《隋志》梁有韓氏《新書》三卷,《文選·答賓戲》李

---

① 《舊唐書》,卷四十六,頁 1965。
② 《札迻》,卷七,頁 216。
③ 《賈子新書佚文輯補》,載《劉申叔遺書》,序,頁 1a,總頁 986。

注亦引晁錯《新書》。《意林》引晁錯《新書》三卷,賈誼《新書》八卷。考《漢志》著録,但云晁錯三十一篇,亦不題新書名。太史公謂賈生晁錯明申商,目賈子爲法家,與晁錯同列。兩家并稱新書,疑皆爲漢後人重編時所增題者,其曰"新書",則非舊本可知矣。①

　　饒氏進而推斷"新書"乃漢以後人所加之名,即非劉向所編;此説則與孫氏持論迥異。饒説是也。據前代書志所載,首次只題"新書"以爲賈誼《新書》者,當推宋人晁公武《郡齋讀書志》。然馬端臨《文獻通考》②既引晁氏之説,卻仍題作"賈誼《新書》",則《郡齋讀書志》所謂"新書"者,疑脱"賈誼"二字矣,未可視爲首以"新書"名之之確證。

　　南宋人胡价於潭本賈誼《新書》跋云:"提學漕使給事程公先生暫攝潭事,乃取櫝中所藏誼《新書》十篇,俾刻之學宫,价既承命。"③此跋撰寫於南宋孝宗淳熙(1174—1189)年間,文中有"誼《新書》十篇"之説,其中"篇"當"卷"之訛。此文既非目録著録,而只屬跋文中語,簡稱之爲"新書"亦無不可。王應麟《玉海》録有宋本《新書》目録,其文即以"新書"名之,然載録此文之題則仍作"賈誼《新書》"。考之兩宋著録,尚無題作"新書"之確證。及至明代陳第(1541—1617)《世善堂藏書目録》已載"新書",④彭大翼(1552—1643)《山堂肆考》"賈山至言"條:"賈山涉獵書記,漢文帝時上書言治亂之道,借秦爲喻,名曰至言。又賈誼所著,名曰《新書》。"⑤同以"新書"爲名。清代著録題作"新書"

----

　　① 饒宗頤:《序》,載江潤勳、陳煒良、陳炳良:《賈誼研究》,頁3。

　　② 案:孫猛云:"馬端臨編纂《文獻通考·經籍考》,主要就是抄録晁、陳二書,略加剪裁而成的。"(晁公武撰、孫猛校證:《郡齋讀書志校證》,前言,頁5。)

　　③ 胡价《跋》,載賈誼:《新書》,上海:商務印書館據江南圖書館藏明正德長沙刊本影印《四部叢刊》本,1919年,頁1a。

　　④ 陳第:《世善堂藏書目録》,上海:上海古籍出版社據清乾隆六十年(1795)鮑氏刻知不足齋叢書本影印,卷上,頁22b。

　　⑤ 彭大翼:《山堂肆考》,上海:上海古籍出版社據文淵閣《四庫全書》本影印,1987年,卷一百二十二,文學,著書上,頁14b。

者漸衆,如《四庫總目》、丁丙(1832—1899)《善本書室藏書志》卷十五、丁仁(1879—1949)《八千卷樓書目》卷十子部、范邦甸《天一閣書目》(1808年刻成)卷三之一子部、瞿鏞(約1800—1864)《鐵琴銅劍樓藏書目錄》卷十三子部一、陸心源(1834—1894)《皕宋樓藏書志》卷三十九子部等皆然。由是觀之,"新書"之名之由賈誼《新書》獨享,實明清以來之情況而已。時至今天,諸如《新書讀本》、《新書譯注》、《新書校注》等有關賈誼《新書》之新式校點注釋本俱以"新書"名之。

五、結　語

　　根據前文所論,有關賈誼《新書》之命名,以及其出現之年代,可總之如下:

　　首先,賈誼著述本無名,《漢志》只以"賈誼"五十八篇稱之,漢魏六朝漸有"賈誼書"之名,而《隋志》首見題作"賈子",六朝時並有"賈誼新書"之名。唐宋兩代一仍二名,至明清以來又以"新書"名之。此爲賈誼著述命名變化之過程。六朝時首見"賈誼新書"之名,當用以區別其與"賈誼書"。劉向有否校錄賈誼著述實不得而知,"新書"之名當非劉向所加。觀歷代皆有題作"新書"之著述,知"新書"二字必屬劉向所增之説實屬可商。

　　其次,據歷代書志載錄所見,賈誼著述之卷帙亦見變化。《漢志》載錄五十八篇,至唐宋史志遂有九卷、十卷之別。至宋人陳振孫又見十一卷之本,與前代所見者稍異。此外,陳氏所見本既有賈誼賦作,又錄賈誼本傳,皆與王應麟所載《新書》目錄迥異,此宋代賈誼《新書》有別本之明證。

　　其三,今本賈誼《新書》存有十卷五十七篇,其中卷五《問孝》、卷十《禮容語上》有目無文,實五十五篇而已。據王應麟《新書》目錄所見,雖云有五十八篇，然《問孝》、《禮容語上》二篇已屬闕文，且末篇乃賈誼本傳，則仍只有五十五篇，與今本賈誼《新書》所見相同。由是觀之，今本賈誼《新書》與王應麟所見本大抵相同。

其四，據唐宋類書引賈誼《新書》，佚文數量不多，足見今本與唐宋所見本其實相去未遠。劉師培《賈誼新書佚文輯補》、《新書校注》等俱嘗利用唐宋類書輯錄賈誼《新書》之佚文，皆寥寥數則而已。本文復據多部類書及古注所引，輯得賈誼《新書》佚文若干，然就賈誼《新書》全書而言，今本仍與唐宋所見本相去不遠。

最後，"新書"成爲賈誼《新書》之專名，乃係明清以來之事。"新書"本乃新本之意，"賈誼新書"即賈誼書之新本也；只餘"新書"二字，失卻"賈誼"之本，實所指不明。觀乎宋世以來，書志載錄多以"新書"命名賈誼著述，"新書"遂成賈誼《新書》之專名矣。

（本文於 2013 年發表於《九州學林》第三十一輯，頁 2—27。）

賈誼《新書》與《漢書》
互見關係考略

歷代學者於《新書》之真僞多有争論，或以爲真，或以爲僞，亦有半真半僞之説。下文將綜合前人之意見，然後對讀《新書》與《漢書·賈誼傳》《食貨志》《禮樂志》等相互重複之篇章，以見《新書》與《漢書》所載者之先後關係，從而論定《新書》之真僞，並嘗試推論其成書年代。

今《漢書·賈誼傳》載有賈誼諸疏，[①]其中《陳政事疏》與賈誼《新書》之對讀，往往爲學者討論今本《新書》真僞之依據。《陳政事疏》（又名《治安策》）亦見《新書》，然其文分散各篇，不如《漢書》所載勒成一文，是以學者校理賈誼《新書》，每謂《漢書·賈誼傳》所載比《新書》完整，因而動輒以《漢書》校改今本《新書》，如盧文弨抱經堂校定本《新書》便輒據《漢書》校改《新書》，[②]俞樾譏之爲

---

① 今《漢書·賈誼傳》載有賈生《陳政事疏》、《請封建子弟疏》、《諫立淮南諸子疏》，《漢書·禮樂志》則載有《論定制度興禮樂疏》，而《漢書·食貨志》則載《論積貯疏》、《諫鑄錢疏》。

② 案：劉師培云："盧校雖宗建、潭二本，然恒取資他本，以己意相損益。誼若窂通，則指爲衍羨之文，由是有誤增之失，有誤刪之失，又有當易而不易，當衍而不衍之失。"（劉師培：《賈子新書斠補》，載《劉申叔遺書》，賈子新書斠補序，頁 1b，總頁 986。）此皆盧校本多所刪削之失也。據閻振益、鍾夏《新書校注》統計，抱經堂校定本《新書》"任意刪削多達三十六處六百二十三字。此外尚有若干臆刪臆改而不出校語或校語模糊其辭的現象"。（閻振益、鍾夏：《新書校注》，前言，頁 5。）

"是讀《漢書》,非治《賈子》也"。① 盧文弨校改《新書》,倘遇文理不通,盡以《漢書》所載爲準,故俞樾所譏甚是。及至清末,王耕心(1846—1909)《賈子次詁》亦如盧氏删《新書》之法,一以《漢書》所載者爲是,故於盧删以後復加删削。② 王念孫亦嘗謂今本賈誼《新書》所以訛誤,部分乃"後人以誤本《漢書》改之耳"。③ 陶鴻慶(1859—1918)亦謂"後人依《漢書》以改《賈子》,則上下文語意不貫。"④《漢書》廣爲流傳,《新書》少人誦讀,《漢書》所載,固有勝處,惟若只據《漢書》以校改《新書》,實未能稱善。近人余嘉錫(1884—1959)《四庫提要辨證》云:

　　　　凡載於《漢書》者,乃從五十八篇之中擷其精華,宜其文如萬選青錢。後人於此數篇,童而習之,而《新書》則讀者甚寡。其書又傳寫脱誤,語句多不可解,令人厭觀。偶一涉獵,覺其皆不如見於《漢書》者之善,亦固其所。⑤

余嘉錫所言是也。世人多是《漢書》而非《新書》,此其主因。

　　《四庫全書總目》嘗謂賈誼《新書》"多取誼本傳所載之文,割裂其章段,顛倒其次序,而加以標題,殊瞀亂無條理",⑥然《漢書·賈誼傳》明言《陳政事疏》乃掇賈誼書五十八篇之文,故余嘉錫謂"試取《漢書》與《新書》對照,其間斧鑿之痕,有顯然可見者"。⑦ 指出《漢書》所載

---

　　① 俞樾:《諸子平議》,臺北:世界書局,1991年,卷二十七,頁318。
　　② 案:《新書校注》評王耕心《賈子次詁》云:"王耕心校本除沿襲盧氏所删之外,復删六處一百九十字。"(《新書校注》,前言,頁6。)
　　③ 王念孫:《讀書雜志》,志四之九,頁17a,總頁301。
　　④ 陶鴻慶:《讀諸子劄記》,臺北:藝文印書館,1971年,卷十,頁307。
　　⑤ 余嘉錫:《四庫提要辨證》,卷十,頁542。
　　⑥ 《四庫全書總目》,卷九十一,頁771。
　　⑦ 《四庫提要辨證》,卷十,頁544。

《陳政事疏》實有經過剪裁拼合之痕迹。可見余嘉錫並不完全認同《四庫全書總目》之説，然余説引起後世學者如黃雲眉、①陳煒良等非議。其中陳煒良《賈誼新書探源》云：

> 以《漢書》與《新書》相校，斧鑿痕不在《漢書》而在《新書》，《新書》諸篇，每有上下文脱節，段落前後失序，詞句冗複，意義不貫；此淺而易見，不可諉爲爛斷失次，傳鈔之誤也。試以《新書》諸篇與賈誼之《過秦論》比觀，則其文章之深淺得失之異自見。且班固之轉引他人文章者，俱全篇照録，間或稍加删削，此其通例也，豈特以賈誼一人而異？故與其謂班固合《新書》二十四篇而成《漢書》誼疏，莫若謂後人肢解《漢書》誼疏而成《新書》之二十四篇較爲合理也。……總之，余氏欲證明《新書》爲真者之數點理由，余均以爲一一不能成立。②

陳氏反駁余嘉錫甚詳，論點其實與《四庫全書總目》相近，皆謂《新書》乃由《漢書》誼疏中割裂而成。陳氏並附上兩表，分別爲“新書與他書互見表”、“漢書與新書互見表”，惟二表只條列出互見之書名、篇名，未有細意逐句對勘。其實，倘取二書逐句相校，所得結論自當更爲可信，亦可證余嘉錫所言是否真確。下文即對舉賈誼《新書》與《漢書》互見部分，以見二書之關係。

---

① 黃雲眉《古今偽書考補證》云：“余氏駁《提要》割裂章段之説，未是。《新書》割裂之跡顯然，何得援古書分章段之例擬之?”（《古今偽書考補證》，頁263。）可見黃氏反對余嘉錫所言，仍謂賈誼《新書》乃《漢書》割裂而來。

② 陳煒良：《賈誼新書探源》，載江潤勳、陳煒良、陳炳良：《賈誼研究》，頁4。

一、賈誼《新書》與《漢書》互見部分舉偶

1.《漢書》刪減賈誼《新書》例

古籍重文互見之情況極爲普遍,後出者往往比較簡略,不如早出者詳審。司馬遷《史記》始自黃帝,終於太初,太初以後,闕而不錄;班固撰《漢書》,其中記西漢武帝太初以前史事,大多因襲《史記》,故《漢書》亦每每比較簡略,不如《史記》詳審。[①] 試舉二例如下:

例一:

《史記》　　　　今誠以吾衆詐自稱公子扶蘇、項燕,
《漢書》　　　　今誠以吾衆

《史記》　　　　爲天下唱,宜多應者。
《漢書》　　　　爲天下倡,宜多應者。

案:此例引自《史記·陳涉世家》和《漢書·陳勝項籍傳》。陳勝在大澤鄉遊說吳廣起義,謂"天下苦秦久矣。吾聞二世少子也,不當立,當立者乃公子扶蘇。扶蘇以數諫故,上使外將兵。今或聞無罪,二世殺之。百姓多聞其賢,未知其死也。項燕爲楚將,數有功,愛士卒,楚人憐

---

① 王若虛《滹南遺老集》卷十五《史記辨惑》云:"遷記事疎略而剩語甚多,固記事詳備而刪削精當,然則遷似簡而實繁,固似繁而實簡也。"(王若虛:《滹南遺老集》,臺北:臺灣商務印書館據上海商務印書館縮印舊鈔本影印,1967年,卷十五,總頁85上。)又胡應麟《少室山房筆叢》卷十三《史書佔畢一》云:"子長敘事喜馳騁,故其詞蕪蔓者多,謂繁於孟堅可也,然而勝孟堅者以其馳騁也;孟堅敘事尚剪裁,故其詞蕪蔓者寡,謂簡於子長可也,然而遜子長者以其剪裁也。"(胡應麟:《少室山房筆叢》,上海:上海書店出版社,2001年,卷十三,頁129。)如徐復觀《兩漢思想史》云:"在敘述文字上,《史記》實較《漢書》爲繁。"(徐復觀:《兩漢思想史卷二》,臺北:學生書局,1979年,頁460。)正謂《漢書》簡約而《史記》詳審。

之。或以爲死,或以爲亡。今誠以吾衆詐自稱公子扶蘇、項燕,爲天下唱,宜多應者".①《史記・陳涉世家》云:"今誠以吾衆詐自稱公子扶蘇、項燕,爲天下唱,宜多應者。"②《漢書・陳勝項籍傳》襲用《史記・陳涉世家》,③删去"詐自稱公子扶蘇、項燕"等九字。此因前文已有公子扶蘇、楚將項燕之記載,《漢書》精簡《史記》之文,删除部分文字。

例二:

| 《史記》 | 及棘蒲侯柴武太子謀反事覺,治, |
| 《漢書》 | 　　　　　　　　謀反發覺, |

| 《史記》 | 連淮南王,　淮南王徵,上因遷之蜀。 |
| 《漢書》 | 　　　　上徵淮南王　,　　遷之蜀。 |

案:此例引自《史記・袁盎晁錯列傳》和《漢書・爰盎晁錯傳》。文帝時,淮南屬王驕橫,後更意欲謀反。《史記・袁盎晁錯列傳》云:"及棘蒲侯柴武太子謀反事覺,治,連淮南王,淮南王徵,上因遷之蜀",④《漢書・爰盎晁錯傳》省爲"謀反發覺,上徵淮南王,遷之蜀"。⑤ 班固删去"及棘蒲侯柴武太子"、"治,連淮南王"等字句,又改寫"淮南王徵,上因遷之蜀"二句,使敘述更爲精簡。

　　準此可知,《漢書》後出,班固因襲《史記》,去其繁冗,删削《史記》原文。賈誼《新書》與《漢書》之情況亦然。下文即舉例證明《漢書》删減賈誼《新書》,使其文句更加精簡:

----

① 《史記》,卷四十八,頁1950。
② 同上,卷四十八,頁1950。
③ 《漢書》,卷三十一,頁1786。
④ 《史記》,卷一百〇一,頁2738。
⑤ 《漢書》,卷四十九,頁2268。

例一：賈誼《新書·宗首》

　　《新書》　　漢之所置傅歸休而不肯住，
　　《漢書》　　漢之　　傅

　　《新書》　　漢所置相稱病而賜罷，（卷一，頁 25）
　　《漢書》　　　　　　相稱病而賜罷，（卷四十八，頁 2233）

案：對比兩文，《新書·宗首》作"漢之所置傅歸休而不肯住，漢所置相稱病而賜罷"，遠較今本《漢書·賈誼傳》詳審，《漢書》作"漢之傅相稱病而賜罷"，與《新書·宗首》於義無別，顯然係刪削《新書》而來，其間斧鑿之痕可以考見。

　　例二：賈誼《新書·數寧》

　　《新書》　　進言者皆曰："天下已安　　矣"，
　　《漢書》　　進言者皆曰　天下已安已治矣，

　　《新書》　　臣獨曰"未安"。
　　《漢書》　　臣獨以爲未也。（卷四八，頁 2230）

　　《新書》　　或者曰"天下已治矣"，臣獨曰"未治"。恐逆意
　　　　　　　　觸死罪，雖然，誠不安，誠不治，故不敢顧身，敢不
　　　　　　　　昧死以聞。（卷一，頁 29）
　　《漢書》

案：此處賈誼《新書·數寧》分言"天下已安"、"天下已治"，原文詳審；《漢書·賈誼傳》則合而言之，故曰"天下已安已治"；又以"未也"一句

總結《新書》原文"未安"、"未治"兩句對話。顯見班固有意删削《新書》。盧文弨云："篇中多爲後人取《漢書》之文而敷演之，致多宂長其文，理尚可通者，今亦姑不刊削。"①可見盧氏旨在以《漢書》校勘《新書》，未有注意《新書》此文意思較足，更較《漢書》有理。

　　例三：賈誼《新書·數寧》

　　　《新書》　　樂與今同耳。因加以常安，四望無患。
　　　《漢書》　　樂與今同　　，而加之

　　　《新書》　　因諸侯附親軌道，致忠而信上耳。
　　　《漢書》　　　諸侯　　軌道，

　　　《新書》　　因上不疑，其臣無族罪，兵革不動，
　　　《漢書》　　　　　　　　　　兵革不動，

　　　《新書》　　民長保首領耳。因德窮至遠，近者匈奴　　，
　　　《漢書》　　民　保道領　，　　　　　　匈奴賓服，

　　　《新書》　　遠者四荒，苟人迹之所能及，皆鄉風慕義，
　　　《漢書》　　　　四荒　　　　　　　鄉風　　，

　　　《新書》　　樂爲臣子耳。因天下富足，資財有餘，
　　　《漢書》

---

　　① 　賈誼：《新書》，臺北：藝文印書館據盧文弨抱經堂叢書本景印，1958 年，卷一，頁10a。（下文簡稱此本爲"抱經堂校定本"。）

《新書》　　人及十年之食耳。因民　　素樸
《漢書》　　　　　　　　　　　　　百姓素朴，

《新書》　　順而樂從令耳。因官事甚約，
《漢書》

《新書》　　獄訟盜賊可令尠有耳。（卷一，頁30）
《漢書》　　獄訟　　　　衰息　。（卷二二，頁1030）

案：此文賈誼《新書·數寧》繁蕪，《漢書·禮樂志》精簡，大抵亦爲《漢
書》簡約《新書》原文所致。如《新書》"因加以常安，四望無患。因諸
侯附親軌道"，《漢書》刪爲"而加之諸侯軌道"；《新書》"遠者四荒，苟
人迹之所能及，皆鄉風慕義"，《漢書》刪爲"四荒鄉風"。此亦班固撮録
賈誼書之證也。此外，賈生此段文字多用"因……耳"句式，①亦當爲
《漢書》因襲賈誼書，至於其中關係，詳見下文。

　　例四：賈誼《新書·藩傷》

《新書》　　故甚非所以安主上，非所以活大臣者也，
《漢書》　　　甚非所以安　上而

《新書》　　甚非所以全愛子者也。（卷一，頁37）
《漢書》　　　　　　　全下　　也。（卷四十八，頁2232）

---

　　①　俞樾《諸子平議·新書》"因諸侯附親軌道致忠而信上耳"句下云："自此以下凡用
'因'字'耳'字者十，其句法皆同。班固刪改以入《漢書》，大失賈子之真。當以此書爲正。
後人習讀《漢書》，不視賈子原文，故亦無襲用此句法者，或反以爲誤，失之。"（《諸子平議》，
卷二十七，頁319。）俞樾以爲"因"字"耳"字乃賈生習用句式，故當爲《漢書》刪減《新書》。

案：賈誼《新書·藩傷》此文原爲排句，言"安主上"、"活大臣"、"全愛子"，《漢書·賈誼傳》則删之爲"安上全下"。二書所言"安主上"同，而《漢書》作"全下"，兼包"活大臣"、"全愛子"之意，亦可見班固有意删減《新書》文字。

2.《漢書》删減賈誼《新書》，遂使文意不清例

由上舉諸例可見，班固《漢書》確曾删減賈誼《新書》，其中有文意不變者；下則舉出因班固删削《新書》，遂使文意不清例：

例一：賈誼《新書·數寧》

《新書》　　樂與今同耳。因加以常安，四望無患。
《漢書》　　樂與今同　　，而加之

《新書》　　因諸侯附親軌道，致忠而信上耳。
《漢書》　　　諸侯　　軌道，

《新書》　　因上不疑，其臣無族罪，兵革不動，
《漢書》　　　　　　　　　　　　兵革不動，

《新書》　　民長保首領耳。因德窮至遠，近者匈奴　　　，
《漢書》　　民　保道領　，　　　　　　　匈奴賓服，

《新書》　　遠者四荒，苟人迹之所能及，皆鄉風慕義，
《漢書》　　　　四荒　　　　　　　鄉風　　　，

《新書》　　樂爲臣子耳。因天下富足，資財有餘，
《漢書》

《新書》　人及十年之食耳。因民　素樸順而樂從令耳。
《漢書》　　　　　　　　百姓素樸，

《新書》　因官事甚約，獄訟盜賊可令勘有耳。
《漢書》　　　　　　獄訟　　　　衰息　　。

《新書》　大數既得，則天下順治，海內之氣　清和咸理，
《漢書》　大數既得，則天下順治，海內之氣，清和咸理，

《新書》　則萬生遂茂。晏子曰："唯以政順乎神，爲可以益
　　　　　壽。"髮子曰："至治之極，父無死子，兄無死弟，塗
　　　　　無縗綫之葬，各以其順終。"穀食之法，固百以是，
　　　　　則至尊之壽，輕百年耳。古者，五帝皆踰百歲，以
　　　　　此言信之。
《漢書》

《新書》　因王爲明帝，股肱爲明臣，名譽之美，
《漢書》　　生爲明帝，　没爲明神，名譽之美，

《新書》　垂於無窮耳。《禮》："祖有功，宗有德。"①
《漢書》　垂於無窮　。《禮》　祖有功而宗有德，

《新書》　始取天下爲功，始治天下爲德。
《漢書》

---

①　案：《新書校注》漏印"《禮》"字，今據賈誼《新書》各本補。

《新書》　　　因觀成之廟，爲天下太宗，承天下太祖，

《漢書》　　　使顧成之廟稱爲　　太宗，上配　　太祖，

《新書》　　　與漢長無極耳。

《漢書》　　　與漢　亡極　。（卷四十八，頁 2230）

《新書》　　　因卑不疑尊，賤不踰貴，尊卑貴賤，明若白黑，則
　　　　　　　天下之衆不疑眩耳。因經紀本於天地，政法倚於
　　　　　　　四時，後世無變故，無易常，襲迹而長久耳。（卷
　　　　　　　一，頁 30—31）

《漢書》

案：此例對讀賈誼《新書・數寧》與《漢書・賈誼傳》。俞樾《諸子平
議・新書》“因諸侯附親軌道致忠而信上耳”句下云：“自此以下凡用
‘因’字‘耳’字者十，其句法皆同。班固删改以入《漢書》，大失賈子之
真。當以此書爲正。後人習讀《漢書》，不視賈子原文，故亦無襲用此
句法者，或反以爲誤，失之。”① 俞樾所謂以《新書》爲誤者，當指盧文弨。
盧文弨抱經堂校定本賈誼《新書》云：“《漢書》‘使爲治勞知慮’本接上
文，與‘安危之機執急’文勢胭合，此横隔一段於中，殊不倫。又自此以
下多好用‘耳’字‘因’字，亦致有不可通者。然本書不可見矣。若盡删
之，又恐未必盡合本書，是以姑仍之。”② 盧文弨校讀《新書》，每據《漢
書》删削《新書》。此文《新書》句式顯然較爲完整，盧氏亦欲删削，故俞
氏譏之。及後陶鴻慶《讀諸子札記》“樂與今同耳。因加以常安。四望
無患”條下又云：“下文多用‘因’字‘耳’字，盧氏頗以爲疑。今案：諸

---

① 《諸子平議》，卷二十七，頁 319。
② 《新書》（抱經堂校定本），卷一，頁 10b。

'耳'字皆讀爲'矣',文勢自順。王氏引之《經傳釋詞》云:'耳,猶矣也。'是也。此文'耳'字當在'四望無患'句下,與下文諸句一律。"①陶鴻慶指出多用"因"字"耳"字,乃賈生習用句式,本無可疑;"耳"字若讀作"矣",則文勢自順,無容置疑。兹列出賈誼《新書·數寧》此段十一句用"因字、耳字"者如下:

1. 因加以常安,四望無患。②
2. 因諸侯附親軌道,致忠而信上耳。
3. 因上不疑,其臣無族罪,兵革不動,民長保首領耳。
4. 因德窮至遠,近者匈奴,遠者四荒,苟人迹之所能及,皆鄉風慕義,樂爲臣子耳。
5. 因天下富足,資財有餘,人及十年之食耳。
6. 因民素樸,順而樂從令耳。
7. 因官事甚約,獄訟盜賊可令尠有耳。
8. 因王爲明帝,股肱爲明臣,名譽之美,垂於無窮耳。
9. 因觀成之廟,爲天下太宗,承天下太祖,與漢長無極耳。
10. 因卑不疑尊,賤不踰貴,尊卑貴賤,明若白黑,則天下之衆不疑眩耳。
11. 因經紀本於天地,政法倚於四時,後世無變故,無易常,襲迹而長久耳。

可見"因"、"耳"並用,確爲賈生習用句式,班固撮録賈誼書,動輒删改,

① 《讀諸子札記》,卷十,頁298。另王引之《經傳釋詞》卷四云:"矣猶耳也。《趙策》曰:'則連有赴東海而死矣。吾不忍爲之民也。'《燕策》曰:'齊者,故寡人之所欲伐也,直患國獘力不足矣。'矣字竝與耳同義。"(王引之:《經傳釋詞》,南京:江蘇古籍出版社,2000年,卷四,頁12b,總頁44。)陶鴻慶所引《經傳釋詞》之説,蓋本於此。
② 案:據上引陶鴻慶説,"四望無患"句下當補"耳"字,如此句意方圓。

遂失其真。後人卻謂《漢書》是而《新書》非,觀前引盧文弨之言,此則尤其大較者也。前人或謂《漢書》盡是而《新書》皆非,未敢遽信矣。

3. 用賈誼《新書》證《漢書》訛誤例

前人每謂賈誼《新書》斷爛失次,多所訛誤,陳振孫言“其非《漢書》所有者,輒淺駁不足觀”,[①]四庫館臣謂其“殊瞀亂無條理”,[②]惟今對讀二書,見《新書》亦有勝於《漢書》者,更可用《新書》證《漢書》之訛誤:

例一:賈誼《新書·階級》

《新書》　　輸之司空,編之徒官,司寇、牢正、

《漢書》　　輸之司寇,編之徒官,司寇

《新書》　　徒長、小吏罵詈而榜笞之,(卷二,頁80)

《漢書》　　　小吏詈罵而榜笞之,(卷四八,頁2256)

案:此例對讀賈誼《新書·階級》與《漢書·賈誼傳》所引《陳政事疏》。王念孫《讀書雜志·讀漢書雜志》“司寇”條下云:

兩“司寇”皆當作“司空”。“司空”掌役使罪人之事,故曰“輸之司空,編之徒官。”徒,謂役徒也。《周官·大司寇》曰:“桎梏而坐諸嘉石,役諸司空。”《史記·儒林傳》:“安得司空城旦書乎?”徐廣曰:“司空,主刑徒之官也。”皆其證。司空小吏詈罵而榜笞之者,謂力作不中程,則小吏從而笞辱之。《陳咸傳》曰:“咸爲南陽太守,豪猾吏及大姓犯法,輒論輸府,以律程作司空,爲地白木杵,春不中程,輒加罪笞。”事與此相類也。後人不解“輸之司空”之

---

① 《直齋書錄解題》,卷九,頁270。
② 《四庫全書總目》,卷九十一,頁771。

語，故改兩“司空”爲“司寇”，不知役使罪人，非司寇所掌，且司寇定其罪而後輸之司空，則不得更言輸之司寇也。師古曰：“司寇，主刑罰之官。”則所見本已誤作“司寇”。《賈子·階級篇》作“司寇”，亦後人以誤本《漢書》改之。《百官表》宗正屬官有“都司空令丞”。如淳曰：“律司空主水及罪人”，引此文“輸之司空，編之徒官”，是其明證矣。①

王念孫以爲《漢書·賈誼傳》作“司寇”者誤，當據《漢書》如淳注所引，改作“司空”。② 賈誼《新書·階級》因據誤本《漢書》，故亦改作“司寇”矣。王念孫所據賈誼《新書》亦作“司寇”，③惟今《四部叢刊》本及抱經堂校定本《新書》皆作“司空”。王念孫謂《新書》、《漢書》皆當作“司空”，其說是也；王念孫所據賈誼《新書》作“司寇”，卻憑如淳注引文得知二書皆誤，尤爲卓識。④ 及後盧文弨抱經堂校定本《新書》云：

> 司空掌城旦鬼薪之事，役使罪人爲之。《漢書·百官公卿表》宗正屬官有都司空令丞，如淳曰：“律、司空主水及罪人。”即引賈誼此語，別本從誤本《漢書》作“司寇”，非也。⑤

說與王念孫同。由是觀之，此文《漢書》當據賈誼《新書》改成“司空”，

---

　　① 《讀書雜志》，志四之九，頁18a，總頁302。
　　② 如淳三國魏人，其說近古，所引當是。《漢書·百官公卿表》“屬官有都司空令丞”句，如淳注曰：“律，司空主水及罪人。賈誼曰‘輸之司空，編之徒官’。”（《漢書》，卷十九上，頁731。）王念孫所引如淳注正爲此條。
　　③ 今程榮所校《漢魏叢書》本賈誼《新書》作“司寇”，或即王念孫所據底本。《兩京遺編》本、《四部叢刊》本、抱經堂校定本《新書》皆作“司空”，則下引盧文弨“別本從誤本《漢書》作‘司寇’”者，或指程榮所校本也。
　　④ 王先謙《漢書補注》謂“王說較長”，（王先謙：《漢書補注》，北京：中華書局據清光緒二十六年王氏虛受堂刻本影印，1983年，卷四十八，頁29a，總頁1064。）是王先謙亦同意王念孫之說。
　　⑤ 《新書》（抱經堂校定本），卷二，頁7b。

方合文意。陳直(1901—1980)《漢書新證》云:"王念孫校改司寇爲司空是也。司寇僅爲漢代二歲刑名,未曾設司寇之官。百官表,宗正屬官有都司空令,少府屬官有左、右司空令,皆管徒隸役作者也。又按:居延漢簡釋文卷二、二十二頁,有簡文云:'與司空數十人。'又卷一、八十九頁,有簡文云:'□罪司寇以上,各以其□。'可證司空指都司空,及左右司空而言,司寇指刑罰名稱而言。"①可見陳直亦同意王念孫説,更引居延漢簡爲佐證,從而證明"司寇"當爲"司空"之誤。此《漢書》誤而當據《新書》校改之例也。

例二: 賈誼《新書·階級》

《新書》　　故化成俗定,則爲人臣者,主醜亡身,國醜亡家,
《漢書》　　故化成俗定,則爲人臣者　主耳忘身,國耳忘家,

《新書》　　公醜忘私,利不苟就,(卷二,頁82)
《漢書》　　公耳忘私,利不苟就,(卷四八,頁2257)

案: 此例對讀賈誼《新書·階級》與《漢書·賈誼傳》所引《陳政事疏》。此處數句,《新書·階級》作"醜",《漢書·賈誼傳》作"耳",王先謙《漢書補注》云:"建本《新書》'耳'皆作'醜',醜亦恥也。諸本皆作'爾'。"②王先謙先引賈誼《新書》作"醜","醜"義爲恥;及其所見《新書》有作"耳"及"爾"者。劉師培《賈子新子斠補》以爲《漢書》作"耳"者乃"恥"字殘闕"心"旁所致,"恥"、"醜"同義,則賈誼《新書》作"醜"是也。③ 後人每有據誤本《漢書》校改《新書》,此亦其例。程榮《漢魏

① 陳直:《漢書新證》,天津:天津人民出版社,1979年第2版,頁291。
② 《漢書補注》,卷四十八,頁31a,總頁1065。
③ 《賈子新書斠補》,載《劉申叔遺書》,卷上,頁6b,總頁992。

叢書》本《新書》即作"主爾亡身,國爾忘家,公爾忘私"、①《兩京遺編》本亦作"王爾亡身,國爾亡家,公爾亡私"。② 其作"爾"者乃"耳"之訛。劉師培所論比王先謙深邃,其言甚是。然則後人據誤本《漢書》校改《新書》,亦不一而足。今本《新書》作"醜",③"醜"與"恥"義同,則可證《漢書》當作"恥",今作"耳"者誤矣。

　　例三:賈誼《新書·俗激》(3.1)

《新書》　今而四維猶未備也,故奸人冀幸,
《漢書》　今　四維猶未備也,故姦人幾幸,

《新書》　而眾下疑惑矣。豈如今定經制,令主主臣臣,
《漢書》　而眾心疑惑　。豈如今定經制,令君君臣臣,

《新書》　上下有差,父子六親各得其宜,奸人無所冀幸,
《漢書》　上下有差,父子六親各得其宜,姦人亡所幾幸,

《新書》　　群　眾信　上而不疑惑哉!(卷三,頁92)
《漢書》　而群臣眾信,上　不疑惑　!(卷四八,頁2247)

案:此例對讀賈誼《新書·階級》與《漢書·賈誼傳》所引《陳政事疏》。王念孫《讀書雜志·讀漢書雜志》"而群臣眾信上不疑惑"句條下云:

---

　　① 賈誼:《新書》,臺北:新興書局《筆記小説大觀三編》據程榮《漢魏叢書》本影印,1978年,卷二,頁9a,總頁416。(以下簡稱此本爲"《漢魏叢書》本"。)
　　② 賈誼:《新書》,臺北:臺灣商務印書館據上海涵芬樓1937年影明萬曆刻本《兩京遺編》本影印,1969年,卷二,頁14a。(以下簡稱此本爲"《兩京遺編》本"。)
　　③ 今賈誼《新書》《四部叢刊》本及抱經堂校定本俱作"醜"。

　　“而群臣衆信，上不疑惑”，本作“群衆信上而不疑惑”，今本
“群”下衍“臣”字，“而”字又誤在“群臣”上。師古遂以“群臣衆
信”爲句，“上不疑惑”爲句矣。不知此謂衆不疑惑，非謂上不疑惑
矣。“姦人亡所幾幸”，對上文“姦人幾幸”而言；“群衆信上而不疑
惑”，對上文“衆心疑惑”而言；“群衆”即“衆”也。古人自有複語
耳。《賈子·俗激篇》正作“群衆信上而不疑惑”。①

　　王念孫據賈誼《新書》“群衆信上而不疑惑”以證《漢書·賈誼傳》誤衍
“臣”字而“而”字錯置，其説是也。王念孫先從文意入手，證明《漢書》
有誤，使義不能曉，再對比《新書·俗激》，方知《新書》是而《漢書》非。
顔師古注：“衆信謂共爲忠信也。”②是顔師古已以“衆信”連讀，則其所
據本《漢書》已誤矣。今中華書局標點本《漢書》亦以“而群臣衆信”爲
句，“上不疑惑”爲句，其標點亦誤矣。惟賈誼《新書》以“群衆信上而不
疑惑”爲句，呼應前文，可證《漢書》之誤也。

　　4. 用《漢書》證賈誼《新書》訛誤例

　　古代典籍傳鈔既久，自有訛誤，上文具論可用賈誼《新書》證《漢
書》之誤，反之亦然。歷代學者每用《漢書》校讀《新書》，從而證《新
書》之訛誤。四庫館臣謂“其書多取誼本傳所載之文，割裂其章段，
顛倒其次序，而加以標題，殊瞀亂無條理。”③姚鼐（1732—1815）亦云：
“及爲僞作者分晰不復成文，而以陋辭聯厠其間，是誠由妄人之謬，非
傳寫之誤也。”④諸家所言，皆謂《漢書》是而《新書》非。前人論《漢書》
《新書》關係，多措意於此等例證，是以創獲尤多。今略舉兩例言之

　　①　《讀書雜志》，志四之九，頁 16b，總頁 301。
　　②　《漢書》，卷四十八，頁 2247。
　　③　《四庫全書總目》，卷九十一，頁 771。
　　④　姚鼐《辨賈誼新書》，載《惜抱軒文集》，臺北：臺灣商務印書館《四部叢刊》初編縮
本，1967 年，卷五，頁 34 下。

如下：

　　例一：賈誼《新書·制不定》

　　　　　《新書》　　殃禍之反，未知所移，長此安窮？
　　　　　《漢書》　　殃殲之變，未知所移，

　　　　　《新書》　　明帝　　尚不能以安，
　　　　　《漢書》　　明帝處之尚不能以安，

　　　　　《新書》　　後世奈　　何！（卷二，頁71）
　　　　　《漢書》　　後世將如之何！（卷四八，頁2234）

案：此例對讀賈誼《新書·制不定》與《漢書·賈誼傳》所引《陳政事疏》。劉師培《賈子新書斠補》云：“案：《誼傳》‘帝’下有‘處之’二字，此文獨脱。惟黃寶本有之，當據補。”①劉氏以爲《漢書》有“處之”二字，意思較圓，其説是也。考《漢魏叢書》本《新書·制不定》即作“明帝處之尚不能以安”，②當爲劉師培立説所本。今《兩京遺編》本、③《四部叢刊》本、④抱經堂校定本《新書·制不定》⑤皆無“處之”二字，並當據《漢書·賈誼傳》補正。

　　例二：賈誼《新書·憂民》

---

　　① 《賈子新書斠補》，載《劉申叔遺書》，卷上，頁5a，總頁991。
　　② 《新書》（《漢魏叢書》本），卷二，頁3b，總頁413。
　　③ 《兩京遺編》本《新書》作“明帝尚不能以安”。（《新書》（《兩京遺編本》），卷二，頁7b。）
　　④ 《四部叢刊》本《新書》作“明帝尚不能以安”。（賈誼：《新書》，上海：商務印書館據江南圖書館藏明正德長沙刊本影印《四部叢刊》本，1919年，卷二，頁4a。）（以下簡稱此本爲“《四部叢刊》本”。）
　　⑤ 抱經堂校定本《新書》作“明帝尚不能以安”。（《新書》（抱經堂校定本），卷二，頁3b。）

《新書》　　卒然邊境有　　數十　萬　衆聚，
《漢書》　　卒然邊境有急，數十百萬之衆，

《新書》　　天下將何以饋之矣？（卷三，頁124）
《漢書》　　國　　胡以餽之　？（卷二四上，頁1129）

案：此例對讀賈誼《新書·憂民》與《漢書·食貨志》所引《陳政事疏》。劉師培《賈子新書斠補》云：“‘聚’疑衍字。‘聚’‘衆’形近，別本誤‘衆’爲‘聚’，校者誤入正文。《漢書·食貨志》無‘聚’字，當據訂之。”[1]劉説或是。盧文弨抱經堂校定本《新書·憂民》以“聚”屬下句，[2]蓋亦以爲“衆聚”連文於義未通。

　5. 賈誼《新書》、《漢書》皆誤例
　　古書常有傳鈔錯誤之情況，賈誼《新書》與《漢書》亦不例外。上文用勘證之法，各舉二書之誤者，下文即舉例説明二書皆誤之例：

　例一：賈誼《新書·大都》

《新書》　　病非徒尰也，又苦跛盭，元王之子，
《漢書》　　病非徒瘇也，又苦跂盭。元王之子，

《新書》　　帝之從弟也；今之王者，從弟之子也。
《漢書》　　帝之從弟也；今之王者，從弟之子也。

《新書》　　惠王之子，親兄之子也；今之王者，
《漢書》　　惠王　，親兄　子也；今之王者，

① 《賈子新書斠補》，載《劉申叔遺書》，卷上，頁11a，總頁994。
② 《新書》（抱經堂校定本），卷三，頁13b。

《新書》	兄子之子也。親者或無分地以安天下，
《漢書》	兄子之子也。親者或亡分地以安天下，

《新書》	疏者或專大權以偪天子，臣故曰"非徒病馗也，
《漢書》	疏者或制大權以偪天子，臣故曰 非徒病瘇也，

《新書》	又苦蹠盭也"。（卷一，頁43）
《漢書》	又苦跛盭　　。（卷四八，頁2239）

案：此例對讀賈誼《新書·大都》與《漢書·賈誼傳》所引《陳政事疏》。二文皆作"病非徒馗也，又苦蹠盭"。王念孫《讀書雜志·讀漢書雜志》以下文"非徒病瘇也，又苦跛盭"爲據，復引《太平御覽》爲佐證，以爲《漢書》"病非徒瘇"，當作"非徒病瘇"，賈誼《新書·大都》亦當據改，①其言當是。然則今本賈誼《新書》、《漢書》皆誤。《太平御覽·疾病部三》引賈誼云："天下之勢方病大瘇，非徒病瘇，又苦蹠盭。"②正是王說所本。王念孫以爲作"非徒病瘇"文意較備，其說可從。

例二：賈誼《新書·孽産子》

《新書》	且主帝之身，自衣皁綈，
《漢書》	且　帝之身 自衣皁綈，

《新書》	而靡賈侈貴，墙得被　繡；（卷三，頁107）
《漢書》	而富民　　墻屋被文繡；（卷四八，頁2242）

---

① 《讀書雜志》，志四之九，頁14a，總頁300。
② 李昉等：《太平御覽》，北京：中華書局，1960年，卷七百四十，頁11b。

案：裴駰《史記集解》引如淳注：“賈誼云：‘身衣皁綈。’”①如淳魏人，②其説近古，其所見賈誼《新書·孽産子》此文“身自衣皁綈”作“身衣皁綈”，無“自”字；疑“自”字當“身”之形訛而誤衍者。大抵兩書原皆作“身衣皁綈”，及後《漢書·賈誼傳》誤衍“自”字，賈誼《新書》又據《漢書》而衍，故兩書皆作“身自衣皁綈”。

由是觀之，倘利用逐句比勘法校讀今本賈誼《新書》與《漢書》，確可見《新書》殘缺訛衍，比比皆是。惟《新書》時亦有勝處，學者不當輒據《漢書》校改《新書》，而盡以《漢書》爲是。誠如余嘉錫所説，若細意比較賈誼《新書》與《漢書·賈誼傳》，可見斧鑿痕有在《漢書》而不在《新書》者。且從上舉諸例可知，用《漢書》證《新書》誤者，多爲殘缺訛字；惟以《新書》校讀《漢書》，則可見《新書》句意每較《漢書》完整。然則陳煒良所謂“以《漢書》與《新書》相校，斧鑿痕不在《漢書》而在《新書》”，③誠非篤論。班固《漢書·賈誼傳》云：“誼數上疏陳政事，多所欲匡建，其大略曰。”④余嘉錫因謂“夫曰‘大略’，則原書固當更詳於此矣”。⑤今從上舉諸例可知余氏所言是也。

二、賈誼《新書》之真僞問題

前人論及賈誼《新書》之真僞，每由其書與《漢書》之關係立説。如陳振孫謂賈誼《新書》“其非《漢書》所有者，輒淺駁不足觀，決非誼本書

① 《史記》，卷十，頁433。
② 顔師古《漢書敘例》云：“如淳，馮翊人，魏陳郡丞。”（《漢書》，敘例，頁5。）
③ 《賈誼新書探源》，載《賈誼研究》，頁4。
④ 《漢書》，卷四十八，頁2230。
⑤ 《四庫提要辨證》，卷十，頁541。

也"。① 四庫館臣亦謂"其書多取誼本傳所載之文,割裂其章段,顛倒其次序,而加以標題,殊瞀亂無條理"。② 姚鼐亦云:"賈生書不傳久矣,世所有云《新書》者,妄人僞爲者耳。"③鄭珍(1806—1864)云:"蓋後人取《漢書》本傳中奏疏及它遺文,分析掇湊成之,非元書五十八篇之舊也。"④近人余嘉錫力辯其非,以爲賈誼《新書》非僞作,今見於《漢書》者,乃係班固掇賈生五十八篇而來。余氏所言甚詳,此處不贅。

　　論者以爲賈誼《新書》不見《漢書·賈誼傳》者,往往淺駁不足觀。惟細意比對,賈生没後,漢代傳世典籍有十多種與賈誼《新書》有互見關係,⑤其中非《漢書·賈誼傳》所載者尤多。若謂賈誼《新書》所見而《漢書》未録者盡皆鄙淺,兩漢學者又焉會博采其書入文? 至如貢禹(前127—前44)説漢元帝,即嘗約用《新書·俗激》文矣。《漢書·貢禹傳》載貢禹云:

　　　　故俗皆曰:"何以孝弟爲? 財多而光榮。何以禮義爲? 史書而仕宦。何以謹慎爲? 勇猛而臨官。"故黥劓而髡鉗者猶復攘臂爲政於世,行雖犬彘,家富勢足,目指氣使,是爲賢耳。故謂居官而置富者爲雄桀,處姦而得利者爲壯士,兄勸其弟,父勉其子,俗之壞敗,乃至於是!⑥

觀貢禹所言,大抵化用《新書·時變》。賈誼《新書·時變》云:"驕恥偏

───────────

　　① 《直齋書録解題》,卷九,頁270。
　　② 《四庫全書總目》,卷九十一,頁771。
　　③ 《辨賈誼新書》,載《惜抱軒文集》,卷五,頁34下。
　　④ 鄭珍:《題移寫賈子新書盧氏校本》,載《巢經巢文集》,臺北:臺灣中華書局四部備要本,1966年,卷五,頁2a。
　　⑤ 賈生没後,漢代傳世典籍與賈誼《新書》有互見者,約有十多種,其中包括《淮南子》、《韓詩外傳》、《春秋繁露》、《毛傳》、《史記》、《文子》、《禮記》、《大戴禮記》、《新序》、《説苑》、《古列女傳》、《漢書》、《前紀》、《論衡》、《孔子家語》等。
　　⑥ 《漢書》,卷七十二,頁3077。

而爲祭尊，黥劓者攘臂而爲祭政。行爲狗彘也，苟家富財足，隱机盱視而爲天子耳。"①又云："居官敢行奸而富，爲賢吏，家處者犯法爲利爲材士。故兄勸其弟，父勸其子，則俗之邪至於此矣。"②貢禹言漢俗敗壞，與賈生《時變》論近，其間字或小異，自當出於賈生無疑。《新書·俗激》此部分未見於《漢書·賈誼傳》，即班固未嘗業裁入本傳者。貢禹西漢末人，可見西漢時人所見賈生文章確有多於《漢書·賈誼傳》《食貨志》《禮樂志》《五行志》《陳涉項籍傳》所載。此正西漢末人得見賈誼書其他部分之證。

　　此外，裴駰《史記集解》及《漢書》如淳注引"賈誼書"，可見早在東漢末年，已有"賈誼書"之稱，若謂賈誼《新書》乃僞書者，實不可不察也。今舉證如下：

　　1.《史記·衛康叔世家》"齊立戴公弟燬爲衛君"句下，裴駰《史記集解》引《賈誼書》曰："衛侯朝於周，周行人問其名，答曰衛侯辟疆，周行人還之，曰啟疆辟疆，天子之號，諸侯弗得用。衛侯更其名曰燬，然後受之。"③

　　2. 顏師古《漢書》注引如淳曰："六親，《賈誼書》以爲父也，子也，從父昆弟也，從祖昆弟也，曾祖昆弟也，族昆弟也。"④

　　其中尤以《漢書》如淳注一條最堪注意。如淳魏人，去漢未遠，其引賈生文章已作"賈誼書"者，是賈生文章在東漢末年早已結集成書。且其所引"六親"，今見於賈誼《新書·六術篇》，此篇文字全不見於《漢書》，蓋亦陳振孫所謂"其非《漢書》所有者，輒淺駁不足觀，此決非誼本書"之類也。惟如淳既已題作"賈誼書"，並以之注解《漢書》，則賈誼文章非《漢書》所載者亦有可觀之處，故陳氏所言未可盡信。

---

①　《新書校注》，卷三，頁97。
②　同上。
③　此爲《史記·衛康叔世家》裴駰《集解》。《史記》，卷三十七，頁1594。
④　此爲《漢書·禮樂志》顏師古注。《漢書》，卷二十二，頁1031。

此外，裴駰《史記集解》所引"衛侯朝於周"一段，亦堪細意考索。裴駰劉宋人，此段"賈誼書"亦不見於《漢書》，而見於今賈誼《新書·審微》，其文曰：

> 昔者，衛侯朝於周，周行人問其名，曰："衛侯辟彊。"周行人還之，曰："啟彊、辟彊，天子之號也，諸侯弗得用。"衛侯更其名曰燬，然後受之。故善守上下之陛者，雖空名弗使踰焉。①

《史記·衛康叔世家》謂齊桓公立衛戴公之弟燬爲衛文公。裴駰《集解》注釋衛文公之名時逕引《賈誼書》，而不用與其互見之《韓非子·外儲説右》，②是《賈誼書》已行於當世之明證。

今本賈誼《新書》共 43 000 多字，③劉師培嘗據唐宋類書引文輯錄賈誼《新書》佚文，只得四則，④可知唐人所見賈誼《新書》，篇章內容與今本相近。是以余嘉錫《四庫提要辨證》謂"今本即唐人所見，特傳寫

---

① 《新書校注》，卷二，頁 74。

② 《韓非子·外儲説右下》云："衛君入朝於周，周行人問其號。對曰：'諸侯辟彊。'周行人卻之曰：'諸侯不得與天子同號。'衛君乃自更曰'諸侯燬'而後內之。仲尼聞之曰：'遠哉禁偪！虛名不以借人，況實事乎？'"（陳奇猷：《韓非子新校注》，上海：上海古籍出版社，2000 年，卷十四，頁 829。）

③ 據《賈誼新書逐字索引》統計，今本賈誼《新書》總字數爲 43 781 字。詳參《賈誼新書逐字索引》之"全書用字頻數表"。（劉殿爵編：《賈誼新書逐字索引》，臺北：臺灣商務印書館，1996 年，頁 481。）《賈誼新書逐字索引》以《四部叢刊》影江南圖書館藏明正德乙亥吉藩刊本爲底本。由於傳世本大多殘缺，故每有據別本、類書、以至其他文獻所見之重文校改，故總字數或較其他版本爲多。

④ 劉師培《賈誼新書佚文輯補》輯出賈誼《新書》佚文四條。1.《藝文類聚》卷十一引"賈誼書曰：神農以爲走禽難以久養民，乃求可食之物，嘗百草，察實鹹苦之味，教民食穀。"《太平御覽》卷七十八引"賈誼書曰：神農以爲走禽難以久養民，乃求可食之物，嘗百草，實察鹹苦之味，教民食穀。"2.《初學記》卷二十二引"賈子曰：古者天子二十而冠帶劍，諸侯三十而冠帶劍，隸人不得冠，庶人有事得帶劍，無事不得帶劍。"《太平御覽》卷三百四十四"賈子曰：古者年二十而冠帶劍，諸侯三十而冠帶劍，大夫四十而冠帶劍。隸人不得冠，庶人不帶劍。"3.《初學記》卷二十六"賈子曰：天子黑方履，諸侯素方履，大夫素圈履。"4.《太平御覽》卷三百六十八"賈子曰：沸脣投塞垣之下。"（《賈子新書佚文輯補》，載《劉申叔遺書》，頁 1a，總頁 1003。）考今本賈誼《新書》共 43 000 多字，其中與唐宋類書所引未合者僅數（轉下頁）

有脱誤。"①其説近是。

　　再者,今《大戴禮記·保傅》既見於《新書·傅職》《保傅》《容經》《胎教》等四篇,又見於《漢書·賈誼傳》。《漢書·昭帝紀》謂昭帝"通《保傅傳》、《孝經》、《論語》、《尚書》。"②顔師古引文頴注曰:"賈誼作《保傅傳》,在《禮·大戴記》中。"③文頴東漢人,④其説近古,大抵可信。文頴以爲賈生撰作《保傅》,並在今《大戴禮記》。《漢書》則云昭帝通《保傅傳》,是賈生《保傅》於當時單行,及後戴德方取之入《大戴禮記》。文頴不稱出自"賈誼傳"、"治安策",而謂"賈誼作《保傅傳》",足見《保傅》乃賈生所作,在兩漢時已然單行。⑤　近世地

(接上頁)十字,可見今本賈誼《新書》大抵與唐人所見本相近。陳煒良《賈誼新書探源》謂賈誼《新書》爲僞書,其中嘗據《鹽鐵論》一段立論,其曰:"《鹽鐵論·箴石第三十一》所引:'賈生有言曰:「懇言則辭淺而不入,深言則逆耳而失指」'兩句,不見今本《新書》,想爲編纂者所不及。"(《賈誼新書探源》,載《賈誼研究》,頁29。)此處所引賈生言二句不見今本《新書》,陳氏以爲後世僞造《新書》不見,故未有録入今本《新書》中。愚謂此説非也。《鹽鐵論》於此處所言賈生者,當非指賈誼。馬非百《鹽鐵論簡注》云:"漢人稱賈生者有二,一爲洛陽人賈誼,一爲潁川人賈山。這裏所引用的話,不見賈誼書。唯賈山在漢文帝時曾上書言治亂之道,名曰《至言》。《至言》中有云:'臣聞忠臣之事君也,言切直,則不用而身危。不切直,則不可以明道。'《漢書·賈山傳》。意義與此大致相同。懇言,誠懇之言。深言,即切直之言,也就是所謂'至言'。本書各篇引用別人説話都是取其大意,不是原文照抄,這一條也不例外。"(馬非百:《鹽鐵論簡注》,北京:中華書局,1984年,頁255。)其言當是。可見陳氏以爲此爲賈誼所言,其論非是。
①　《四庫提要辨證》,卷十,頁545。
②　《漢書》,卷七,頁223。
③　同上,頁223。
④　顔師古《漢書敘例》云:"文頴字叔良,南陽人。後漢末荆州從事,魏建安中爲甘陵府丞。"(《漢書》,漢書敘例,頁4。)可見文頴爲東漢末年人。
⑤　在簡策時代,古籍多以單篇形式流傳,待紙本文獻出現以後,加以雕版印刷之術,古籍才能整部流傳。隋唐以前著作多如是。如《大戴禮記》之《夏小正》、《曾子》十篇、《孔子三朝記》七篇等皆然。又《史記》在西漢末年之流傳情況,亦復如是。《後漢書·竇融傳》云:"帝深嘉美之,乃賜融以外屬圖及《太史公·五宗》《外戚世家》《魏其侯列傳》。"(范曄:《後漢書》,北京:中華書局,1965年,卷二十三,頁803。)《後漢書·循吏列傳》云:"乃賜景《山海經》、《河渠書》、《禹貢圖》,及錢帛衣物。"(《後漢書》,卷七十六,頁2465。)可知《五宗世家》、《外戚世家》、《魏其武安侯列傳》、《河渠書》諸篇在漢代已有單行之本。賈誼《保傅》之單行,大抵亦在此列。劉寶楠《愈愚録》卷五"古書篇傳單行"即舉賈誼《保傅》爲證,以證(轉下頁)

不愛寶，1973 年河北定縣漢墓中出土大批簡牘，其中即包括《保傅傳》。②李學勤（1933—）云：“《保傅》見於賈誼《新書》，也被收進《大戴禮記》，在漢代還常單行。”③指出《保傅》見於賈誼《新書》，並在漢代單篇流傳。

　　晁公武《郡齋讀書志》云：“誼著《事勢》、《連語》、《雜事》，凡五十八篇，考之《漢書》，誼之著述未嘗散軼，然與班固所載時時不同。固既云‘掇其切於世者’，容有潤益刊削，無足怪也。”④其言是也。考之今本賈誼《新書》，其間固有爛斷失次，傳鈔錯誤者，然大體皆較《漢書》所載爲詳，此尤爲《漢書》因襲賈誼《新書》之證。如淳、文穎、裴駰皆六朝或以前人，上舉各人所引《賈誼書》之内容，皆見於今本賈誼《新書》。姚鼐謂今本賈誼《新書》之作僞者爲“魏晉後人”，⑤黃雲眉更謂作僞者乃唐人，⑥然皆未有舉出文本實證，其説可商。

（接上頁）古書實有單行之例。（劉寶楠：《愈愚録》，上海：上海古籍出版社據上海辭書出版社圖書館藏清光緒十五年廣雅書局刻本影印，1995 年，卷五，頁 12a—b。）
　　② 定縣漢墓竹簡整理組：《定縣 40 號漢墓出土竹簡簡介》，《文物》第 8 期，1981 年，頁 11。案：定縣漢簡在 1973 年發掘出土，其中包括有《論語》、《儒家者言》、《哀公問五義》、《保傅傳》、《太公》、《文子》、《六安王朝五鳳二年正月起居記》、《日書》等古籍。《定縣 40 號漢墓出土竹簡簡介》介紹竹簡本《保傅傳》云：“這部分殘簡内容，分別見於賈誼《新書》和《大戴禮記》。前者又分見於《保傅》、《傅職》、《胎教》和《容經》四篇之内；後者卻合爲一篇，名曰《保傅》。簡文與兩者基本相同，但比《大戴禮記》和《新書》多出‘昔禹以夏王’以下的後半部分文字，又比《新書》多出《連語》的兩節。它出自甚麼書，當爲一篇或幾篇，目前都難確定。”（《定縣 40 號漢墓出土竹簡簡介》，頁 11—12。）
　　③ 李學勤：《竹簡〈家語〉與漢魏孔氏家學》，載《簡帛佚籍與學術史》，南昌：江西教育出版社，2001 年，頁 380—381。
　　④ 晁公武撰、孫猛校證：《郡齋讀書志校證》，上海：上海古籍出版社，1990 年，卷十，頁 424。
　　⑤ 《惜抱軒文集》，卷五，頁 35 上。
　　⑥ 黃雲眉《古今僞書考補證》云：“《漢志》著録之《鶡子》，當爲戰國時所依託，而今本《鶡子》，如《四庫提要》所言，唐以來依仿賈誼所引，撰爲贋本，則毋寧謂今本《鶡子》，與今本《新書》，皆唐以來人所依託，而其有心相避，或者竟出於一手，亦未可知也。”（《古今僞書考補證》，頁 119。）

三、結　語

上文根據賈誼《新書》與《漢書·賈誼傳》《禮樂志》《食貨志》等之互文,對比研究二者之關係。今總之如下:

(1) 前代學者討論賈誼《新書》真僞之時,多以其與《漢書》之互文爲說,並以傳習既久之《漢書》而動輒指出《新書》必僞無疑。誠如余嘉錫所言,此説可商而未可盡信。

(2) 清代校勘學家,如盧文弨、王耕心等,均以《漢書》勘正賈誼《新書》,並因此而多所刪削《新書》。俞樾譏盧氏爲治《漢書》而非校正《新書》,俞説是也。

(3) 賈誼《新書》亦有勝於《漢書》所載者,王念孫《讀書雜志》、俞樾《諸子平議》、陶鴻慶《讀諸子札記》等即嘗加以指出,本文復以排比對讀之法證明三人所言不虛。

(4) 賈誼《新書》未見載於《漢書》各傳者,前人嘗謂"淺駁不足觀",因而推斷《新書》必屬僞作。今據兩漢六朝典籍所引,知《新書》不見《漢書》者亦有典籍引之,前人謂《新書》作僞者爲魏晉以後人之説,實可重新檢討。

(此論文於 2006 年發表於《臺灣書目季刊》
第三十九卷第四期,頁 1—16。)

賈誼《新書》與《鬻子》互文考

　　《鬻子》一書，題爲楚祖鬻熊所撰。學者多以爲僞，蓋《新書》所引"鬻子曰"各條，均未見於今本《鬻子》。然而，豈必題爲"鬻子曰"者，方爲《鬻子》？俞樾、劉師培等利用互文之法校勘賈誼《新書》，卻得見兩書内容重複者多則，是《鬻子》確有見於賈誼《新書》之明證也。下文即以二書互文部分爲證，討論辨僞學學者申述《鬻子》真僞之誤，並循而蠡測今本《鬻子》成書年代之下限。

一、《鬻子》著録及其真僞之討論

　　《鬻子》一書，劉勰《文心雕龍》以爲乃子書之祖，並謂此書爲周文王與鬻熊之對話録。① 俞樾云："《鬻子》一書，爲子書之祖。然文多錯

---

　　① 　劉勰《文心雕龍・諸子》云："至鬻熊知道，而文王諮詢，餘文遺事，録爲《鬻子》。子自肇始，莫先於茲。"（范文瀾：《文心雕龍注》，香港：商務印書館，1960 年，卷四，頁 308。）張舜徽云："考周秦諸子之書。著録於《漢志》者，在《鬻子》之前，尚有《伊尹》、《黄帝》、《孔甲》、《大禹》、《神農》、《力牧》諸書，是不得謂《鬻子》爲子書之始也。特直名其書爲某子，則以此爲最早耳。"（張舜徽：《漢書藝文志通釋》，武漢：華中師範大學出版社，2004 年，頁 284。）據此，劉勰所謂子書肇自《鬻子》，恐未必然，惟子書之稱作"子"者，則當以《鬻子》爲先矣。

誤,其篇第尤不可解。"①此書流傳至今已斷爛不堪,頗難卒讀。由漢至宋,歷代書志關於《鬻子》之著録,不盡相同,其中卷數、部類歸屬各異。今且具録如下:

(1)《漢書·藝文志·諸子略》道家:"《鬻子》二十二篇。"注:"名熊,爲周師,自文王以下問焉,周封爲楚祖。"②又小説家載:"《鬻子説》十九篇。"注:"後世所加。"③

(2)《隋書·經籍志》子部道家:"《鬻子》一卷。"注:"周文王師鬻熊撰。"④

(3)《舊唐書·經籍志》丙部子録小説部:"《鬻子》一卷。"注:"鬻熊撰。"⑤

(4)《新唐書·藝文志》丙部子録道家類:"《鬻子》一卷。"注:"鬻熊。"⑥又載:"逢行珪注《鬻子》一卷。"注:"鄭縣尉。"⑦

(5)《宋史·藝文志》子類小説類:"逢行珪《鬻子注》一卷。"⑧

(6)《崇文總目》道家類:"《鬻子》一卷。"⑨

(7)晁公武《郡齋讀書志》道家類:"《鬻子》一卷。""右鬻熊撰。按《漢志》云:'爲周師,自文王以下問焉。周封爲楚

---

① 俞樾撰、李天根輯:《諸子平議補録》,臺北:世界書局,1958 年,頁 1。
② 《漢書》,卷三十,頁 1729。
③ 同上,卷三十,頁 1744。
④ 魏徵、令狐德棻:《隋書》,卷三十四,頁 1000。
⑤ 劉昫等:《舊唐書》,北京:中華書局,1975 年,卷四十七,頁 2036。
⑥ 歐陽修、宋祁:《新唐書》,北京:中華書局,1975 年,卷五十九,頁 1514。
⑦ 《新唐書》,卷五十九,頁 1517。
⑧ 脱脱等:《宋史》,卷二百〇六,頁 5223。
⑨ 王堯臣等:《崇文總目》,上海:上海古籍出版社據文淵閣《四庫全書》本影印,1987 年,卷五,頁 5b。

祖。'凡二十二篇。今存者十四篇。唐逢行珪注,永徽中
上於朝。《敘》稱見文王時行年九十,而書載周公封康叔
事,蓋著書時百餘歲矣。"①

(8) 高似孫《子略》卷一《鬻子》條下云:"今一卷六篇,唐貞元
間柳作存嘗言子書起於鬻熊,此語亦佳,因録之。永徽中
逢行珪爲之序,曰《漢志》所載六篇,此本凡十四篇,予家
所傳,乃篇十有二。"②

(9) 陳振孫《直齋書録解題》道家類:"《鬻子》一卷。鬻熊爲
周文王師,封於楚,爲始祖。《漢志》云爾。書凡二十二
篇,今書十五篇。陸佃農師所校。"又"《鬻子注》一卷。
唐鄭縣尉逢行珪撰。止十四篇,蓋中間以二章合而爲一,
故視陸本又少一篇。此書甲乙篇次,皆不可曉,二本前後
亦不同。姑兩存之。"③

準上所見,《漢書・藝文志》首載道家《鬻子》、小説家《鬻子説》二書,
惟今僅存《鬻子》一書凡十四篇,與宋代《崇文總目》所見相同,且書志
多歸之入道家。清代《四庫全書總目》在前人論説基礎之下,考辨《鬻
子》真僞。《四庫全書總目》子部雜家類載"《鬻子》一卷",其文曰:

　　舊本題周鬻熊撰。《崇文總目》作十四篇,高似孫《子略》作十
二篇,陳振孫《書録解題》稱陸佃所校十五篇。此本題唐逢行珪
註,凡十四篇,蓋即《崇文總目》所録也。考《漢書・藝文志》道家
《鬻子説》二十二篇,又小説家《鬻子説》十九篇,是當時本有二書。

①　《郡齋讀書志校證》,卷十一,頁456。
②　高似孫:《子略》,臺北:臺灣中華書局據上海中華書局1936年四部備要本影印,
1966年,卷一,頁9。
③　《直齋書録解題》,卷九,頁288。

《列子》引《鶡子》凡三條，皆黃老清浄之說，與今本不類，疑即道家二十二篇之文。今本所載，與賈誼《新書》所引六條，文格略同，疑即小說家之《鶡子說》也。杜預《左傳註》稱鶡熊爲祝融十二世孫，孔穎達疏謂不知出何書。《史記》載鶡熊子事文王早卒，其子曰熊麗，熊麗生熊狂，熊狂生熊繹，成王時舉文武勤勞之後嗣，受封於楚。《漢書》載魏相奏記霍光稱文王見鶡子年九十餘，雖所說小異，然大約文、武時人。今其書乃有"昔者魯周公"語，又有"昔者魯周公使康叔往守於殷"語，而賈誼《新書》亦引其成王問答凡五條，時代殊不相及。劉勰《文心雕龍》云："鶡熊知道，文王咨詢，遺文餘事，録爲《鶡子》"。則哀輯成編，不出熊手，流傳附益，或構虛詞，故《漢志》列入小說家歟？獨自僞《四八目》一書見北齊陽休之序録，凡古來帝王輔佐有數可紀者，靡不具載，而此書所列禹七大夫皋陶、杜子業、既子、施子黯、季子甯、然子堪、輕子玉，湯七大夫慶誧、伊尹、湟里且、東門虛、南門蝡、西門疵、北門側，皆具有姓名，獨不見收。似乎六朝之末，尚無此本，或唐以來好事之流，依仿賈誼所引，撰爲贗本，亦未可知。觀其標題甲、乙，故爲佚脱錯亂之狀，而誼書所引，則無一條之偶合。豈非有心相避，而巧匿其文，使讀者互相檢驗，生其信心歟？且其篇名冗贅，古無此體，又每篇寥寥數言，詞旨膚淺，決非三代舊文。姑以流傳既久，存備一家耳。卷首有逄行珪序，及永徽四年進書表，自署華州鄭縣尉，里居未詳。①

倘歸納四庫館臣所言，其重點有五：

（1）四庫館臣以爲《列子》曾三引《鶡子》，②"皆黃老清浄之說"，與今本《鶡子》相異，疑爲《漢志》道家《鶡子》遺文。

---

　① 《四庫全書總目》，卷一百一十七，頁 1006。
　② 案：《四庫全書總目》以爲《列子》引《鶡子》三次，其實當爲四次，分見《天瑞》、《黃帝》、《力命》、《楊朱》諸篇。

（2）賈誼《新書·脩政語》所引"鬻子曰"六條,風格略同,疑爲《漢志》小説家《鬻子説》遺文。惟史稱周文王初見鬻熊時年九十餘,賈誼《新書》卻載其與周成王及魯周公語,時代未必相及。[①]《提要》疑《鬻子》或出鬻熊後人,事涉虛構,故《漢志》列入小説家。

（3）北齊陽休之序録僞《四八目》未有載《鬻子》所列之帝王輔佐大臣,《提要》據此以爲"似乎六朝之末,尚無此本,或唐以來好事之流,依仿賈誼所引,撰爲贋本,亦未可知"。然《提要》復謂賈誼《新書》所引"鬻子曰",全不見於今本《鬻子》,並得出"豈非有心迴避,而巧匿其文,使讀者互相檢驗,生其信心歟"之結論,正與"依仿賈誼所引"一語自相矛盾。

（4）四庫館臣再就《鬻子》一書標題"甲""乙"立論,以爲乃"佚脱錯亂之狀","古無此體",因爲屬僞書無疑。

（5）以爲今本《鬻子》"每篇寥寥數言,詞旨膚淺,決非三代舊文"。

近人黄雲眉在 20 世紀 30 年代著有《古今僞書考補證》,其書乃就清人姚際恒《古今僞書考》所舉僞書再三辨僞、考訂、補正,言多良是;惟黄氏辨證《鬻子》之説,卻未足盡善。今述其論如下:

> 余謂鬻熊爲楚之先,見《左傳·僖公二十六年》,事蹟無考。

---

① 嚴可均關於"鬻子年九十見文王"之考辨,可供參考。嚴氏云:"鬻子年九十見文王,而其書有成王問及康叔封衛事,蓋《鬻子》非鬻熊一人之語。案:《史記·楚世家》曰:'鬻熊子事文王,早卒,其子曰熊麗,熊麗生熊狂,熊狂生熊繹。熊繹當周成王之時,舉文、武勤勞之後嗣,而封熊繹于楚蠻','熊繹與魯公伯禽、衛康叔子牟、晉侯燮、齊太公子呂伋仍俱事成王。'又曰:'熊通怒曰:吾先鬻熊,文王之師也,早終。成王舉我先公,乃以子男田令居楚。'"云早卒、早終者,謂鬻熊未及受封而卒、而終,非不壽之謂也。蓋文王師爲鬻熊,成王問爲熊繹,中間隔熊麗、熊狂兩世,《鬻子》非專記鬻熊之語,故其書于文王、周公、康叔皆曰'昔者'。'昔者',後乎鬻子言之也。古書不必手著,《鬻子》蓋康王、昭王後周史臣所録,或鬻子子孫記述先世嘉言,爲楚國之令典,即《史記·序傳》所謂'重黎業之,吳回接之,殷之季世,鬻熊牒之。周用熊繹,熊渠是續'者也。昭十二年《左傳》楚靈王曰:'昔我先王熊繹,跋涉山林,以事天子。'是楚之始封爲熊繹,非鬻熊,與《楚世家》正同。"(嚴可均:《鐵橋漫稿》,臺北:藝文印書館,1971 年,卷五,頁 18。)嚴氏所云,自有依據,子書之成,多非出自一時一人,《鬻子》或亦如是。

《史記》言鬻子事文王早卒，而《漢書》言文王見鬻子年九十餘，其說不同，已難憑信，然要之不及見成王。今賈誼《新書》記鬻子對成王者凡五條，顯由讀《漢書・藝文志》自注"鬻子爲周師，自文王以下問焉"之語而依傍爲之。《列子》則任意自撰道家語，分屬古道家，非必有據。蓋《新書》《列子》皆僞書，今本《鬻子》不見《新書》及《列子》所引文，不足證今本《鬻子》之僞。《漢志》著録之《鬻子》，當爲戰國時所依託，而今本《鬻子》，如《四庫提要》所言，唐以來依仿賈誼所引，撰爲贋本，則毋寧謂今本《鬻子》，與今本《新書》，皆唐以來人所依託，而其有心相避，或者竟出於一手，亦未可知也。①

黃氏所云，大抵根據前賢所述，以爲今本《鬻子》乃僞書。黃氏更因此推斷《鬻子》、《新書》同爲僞作，而作僞者同屬一人。惟此説可商，未可盡信。② 其中以爲"《新書》《列子》皆僞書，今本《鬻子》不見《新書》及《列子》所引文，不足證今本《鬻子》之僞。"其推論過程，則未免武斷。

近世以來，以爲《鬻子》乃僞書者仍不絶如縷。蔣伯潛(1892—1956)《諸子通考》(1948 年出版)、鄧瑞全(1963—)和王冠英(1946—)主編之《中國僞書綜考》(1998 年出版)等仍以《鬻子》爲僞。至若劉建國《先秦僞書辨正》雖以爲《鬻子》"書中不見賈誼《新書》所引《鬻子》的七條引語和《列子》的《天瑞》、《黃帝》、《力命》、《楊朱》四篇中的四條引語"，"不能説明現存《鬻子》是僞書"，③卻未有就賈誼《新書・大政》與《鬻子》之互見部分深入討論，實皆失諸交臂，猶有未備。

① 《古今僞書考補證》，頁 120。
② 關於《新書》成書年代及真僞之意見，學者衆説紛紜，然若取《漢書・賈誼傳》及《新書》對讀，當《新書》文字較爲完整，當爲《漢書・賈誼傳》所本，似非唐人所僞撰。《新書》真僞之問題，詳參本書前文《賈誼〈新書〉與〈漢書〉互見關係考略》。
③ 劉建國：《先秦僞書辨正》，西安：陝西人民出版社，2004 年，頁 71。

　　總之,古今學者俱以爲今本《鬻子》乃是僞書無疑,惟其中所列證據,實有可商之處。如黄雲眉推斷乃唐人所僞撰,其羅列之證據雖豐,卻未足以取信。下文細意比勘今本《鬻子》與賈誼《新書》,可見二者實有互見關係,此可證前人有關《鬻子》、《新書》"有心相避"之論説並不可信;準此,《鬻子》之成書年代亦可重新考量。

二、賈誼《新書》與《鬻子》之互見關係

　　前賢謂賈誼《新書》所引"鬻子曰"凡七條俱不見於今本《鬻子》,便論定《鬻子》爲僞書。細考前賢所論,無非僅就《新書·脩政語下》一篇立説,篇中引文王問於鬻子一次、武王問於鬻子一次、成王問於鬻子五次,皆不見於今本《鬻子》,此説無誤。今具列該七條文字如下:

> (1)《新書·脩政語下》:周文王問於粥子曰:"敢問君子將入其職,則其於民也何如?"粥子對曰:"唯,疑。請以上世之政詔於君王。政曰:君子將入其職,則其於民也,旭旭然如日之始出也。"周文王曰:"受命矣。君子既入其職,則其於民也,何如?"對曰:"君子既入其職,則其於民也,暵暵然如日之正中。"周文王曰:"受命矣。"曰:"君子既去其職,則其於民也,何若?"對曰:"君子既去其職,則其於民也,暗暗然如日之已入也。故君子將入而旭旭者,義先聞也;既入而暵暵者,民保其福也;既去而暗暗者,民失其教也。"周文王曰:"受命矣。"①
>
> (2)《新書·脩政語下》:周武王問於粥子曰:"寡人願守而必

---

① 《新書校注》,卷九,頁369—370。

存,攻而必得,戰而必勝,則吾爲此奈何?"鶡子曰:"唯,
疑。攻守而戰乎同器,而和與嚴其備也。故曰:和可以
守而嚴可以守,而嚴不若和之固也;和可以攻而嚴可以
攻,而嚴不若和之得也;和可以戰而嚴可以戰,而嚴不若
和之勝也。則唯由和而可也。故諸侯發政施令,政平於
人者,謂之文政矣;諸侯接士而使吏,禮恭於人者,謂之文
禮矣;諸侯聽獄斷刑,仁於治,陳於行。其由此守而不存、
攻而不得、戰而不勝者,自古而至於今,自天地之辟也,未
之嘗聞也。今也,君王欲守而必存,攻而必得,戰而必勝,
則唯由此也爲可也。"周武王曰:"受命矣。"①

(3)《新書・脩政語下》:周成王年六歲,即位享國,親以其身
見於鶡子之家而問焉,曰:"昔者先王與帝修道而道修,
寡人之望也,亦願以教,敢問興國之道奈何?"鶡子對曰:
"唯,疑。請以上世之政詔於君王。政曰:興國之道,君
思善則行之,君聞善則行之,君知善則行之,位敬而常之,
行信而常之,則興國之道也。"周成王曰:"受命矣。"②

(4)《新書・脩政語下》:周成王曰:"敢問於道之要奈何?"
鶡子對曰:"唯,疑。請以上世之政詔於君王。政曰:爲
人下者敬而肅,爲人上者恭而仁,爲人君者敬士愛民,以
終其身,此道之要也。"周成王曰:"受命矣。"③

(5)《新書・脩政語下》:周成王曰:"敢問治國之道若何?"
鶡子曰:"唯,疑。請以上世之政詔於君王。政曰:治國
之道,上忠於主,而中敬其士,而下愛其民。故上忠其主
者,非以道義則無以入忠也;而中敬其士,不以禮節無以

---

① 《新書校注》,卷九,頁370。
② 同上,卷九,頁371。
③ 同上。

論敬也;下愛其民,非以忠信則無以諭愛也。故忠信行於民,而禮節諭於士,道義入於上,則治國之道也。雖治天下者,由此而已。"周成王曰:"受命矣。"①

(6)《新書·脩政語下》:周成王曰:"寡人聞之,有上人者,有下人者,有賢人者,有不肖人者,有智人者,有愚人者。敢問上下之人,何以爲異?"粥子曰:"唯,疑。請以上世之政詔於君王。政曰:凡人者,若賤若貴,若幼若老,聞道志而藏之,知道善而行之,上人矣;聞道而弗取藏也,知道而弗取行也,則謂之下人也。故夫行者善則謂之賢人矣,行者惡則謂之不肖矣。故夫言者善則謂之智矣,言者不善則謂之愚矣。故智愚之人有其辭矣,賢不肖之人別其行矣,上下之人等其志矣。"周成王曰:"受命矣。"②

(7)《新書·脩政語下》:周成王曰:"寡人聞之,聖王在上位,使民富且壽云。若夫富則可爲也,若夫壽則不在天乎?"粥子曰:"唯,疑。請以上世之政詔於君王。政曰:聖王在上位,則天下不死軍兵之事。故諸侯不私相攻,而民不私相鬭鬩鬩,不私相煞也。故聖王在上位,則民免於一死而得一生矣。聖王在上位,則君積於道,而吏積於德,而民積於用力。故婦人爲其所衣,丈夫爲其所食,則民無凍餒矣。故聖王在上,則民免於二死而得二生矣。聖王在上,則君積於仁,而吏積於愛,而民積於順,則刑罰廢矣。而民無夭遏之誅。故聖王在上,則民免於三死而得三生矣。聖王在上,則使民有時,而用之有節,則民無屬疾。故聖王在上,則民免於四死而得四生矣。聖王在上,則使

① 《新書校注》,卷九,頁372。
② 同上。

盈境內與賢良,以禁邪惡。故賢人必用而不肖人不作,則
已得其命矣。故夫富且壽者,聖王之功也。"周成王曰:
"受命矣。"①

上引賈誼《新書》七條"鬻子曰"俱不見於今本《鬻子》,惟今本《鬻子》
與《新書》之互見關係,卻是轍跡可考。校勘學家多以《新書》與《鬻
子》互校,如盧文弨抱經堂校定本《新書》、王耕心《賈子次詁》、②劉師
培《賈子新書斠補》等均嘗以《鬻子》斠正《新書》,多有卓見。同理,錢
熙祚《〈鬻子〉校勘記》、俞樾《諸子平議補錄》則以《新書》校勘《鬻子》。
惜諸家未有將其校勘成果反駁前人辨偽舊説,惟《鬻子》與《新書》之互
見關係,自可考見。前賢雖多用《新書》勘斠《鬻子》,然而始終未有以
此道出二書之互見關係。顧實(1878—1956)《漢書藝文志講疏》嘗謂
《鬻子》逢行珪本與《新書·大政篇》所引六條甚相類;③陳自力
(1953—)引而申之,云:

　　　細檢二書,具體情況如下:《大政上》有兩段文字分別與逢本
第 6、14 篇大致相同,《大政下》有兩段文字分別與逢本第 4、5 篇
大致相同,《脩政語上》有兩段文字與逢本第 8 篇略同。需要指出
的是,《新書》上述 6 段文字均未提到鬻子,倘若逢本真是後人依仿

　　① 　《新書校注》,卷九,頁 372—373。
　　② 　案:王耕心校勘《新書》多據前人成説,少有新論。此本嘗據《鬻子》以校《新書》者
四條,其中三條只據盧説,餘一條亦據盧本文字而立説。(王耕心:《賈子次詁》,上海:上海
古籍出版社據復旦大學圖書館藏清光緒王氏龍樹精舍刻本影印,1995 年,卷九,頁 24a—
25a。)
　　③ 　顧實:《漢書藝文志講疏》,上海:上海古籍出版社,1987 年,頁 113—114。案:顧實
謂《鬻子》逢本與《新書》所引六條甚相類,自注云:"《賈子·大政篇》。蓋《賈子》文正有本。
清《四庫》據偽《列子》謂此即小説家之《鬻子》,不知其説與班注《賈子》俱不合也。"可知顧實
以爲《鬻子》與《新書》之互文乃在《新書·大政》,而非前人所謂《脩政語》之"鬻子曰",誠爲
卓識。

《新書》而僞造的贋本,則作僞者理應抄録《脩政語下》的 7 則文字,而不應抄録這 6 段看上去與《鬻子》毫無關係的文字。……《四庫全書總目提要》謂"誼書所引,則無一條偶合。豈有心相避,而巧匿其文,使讀者互相檢驗,生其信心歟?"純屬臆測,失之粗矣。①

顧、陳所言大抵有理。顧氏所云,起提綱揭領之效,惜未有確切指出何處相類,且互見之處亦絶非盡在《大政》;陳氏申述,言之有物,惜未有結合前代校勘成果,條分縷析,細加評鑒。今據顧、陳二人所論,考《鬻子》其中五篇與《新書》有互見部分,茲分五表條列如下,並臚列校勘諸家衆説,以證成二書之互見關係:

例一:《鬻子·曲阜魯周公政甲第十四》與《新書·大政上》

| 《鬻子》 | 政曰:昔者魯周公曰:吾聞之於政也, |
| 《新書》 | |

| 《鬻子》 | 知善　不行者謂之狂,知惡　不改者謂之惑。 |
| 《新書》 | 知善而弗行　謂之狂,知惡而不改　謂之惑。 |

| 《鬻子》 | 夫狂與惑者,聖王之戒也。(頁 4a—b)② |
| 《新書》 | 故夫狂與惑者,聖王之戒也,(卷九,頁 339) |

案:準上所見,賈誼《新書·大政上》與《鬻子·曲阜魯周公政甲第十四》有互見處,文字亦大抵相近。《新書》"夫狂"二字,《四部叢刊》本

---

① 陳自力:《逢本〈鬻子〉考辨》,《廣西大學學報(哲社版)》第 22 卷第 1 期,2000 年,頁 67—68。

② 本文所引《鬻子》見鬻熊撰、逢行珪注、錢熙祚輯:《鬻子》,上海:博古齋,1922 年。

作“狂夫”，①盧文弨抱經堂校定本則作“夫狂”，②今本《鬻子》及《群書治要》卷三一、③《意林》卷一、④《太平御覽》卷七三九⑤所引《鬻子》俱作“夫狂”，《新書校注》亦以爲“原‘夫狂’倒，兹據李本乙”。⑥ 是以《四部叢刊》本《新書》之誤文可據《鬻子》而正之。

魏徵（580—643）《群書治要》、馬總《意林》皆嘗徵引《鬻子》此文，大抵與今本《鬻子》相同。《群書治要》爲唐初典籍，《意林》材料更或來自六朝，黄雲眉謂《鬻子》乃唐代依仿《新書》僞撰，此説殆誤。

例二：《鬻子·慎誅魯周公第六》與《新書·大政上》

《鬻子》　　昔者，魯周公使康叔往守於殷，
《新書》

《鬻子》　　戒之曰：“　　　與　殺不辜　，寧失　有罪　。
《新書》　　誅賞之慎焉，故與其殺不辜也，寧失於有罪也。

《鬻子》
《新書》　　故夫罪也者，疑則附之去已；夫功也者，疑則附之與已。

---

① 《新書》（《四部叢刊》本），卷九，頁 2b。
② 《新書》（抱經堂校定本），卷九，頁 2a。
③ 魏徵：《群書治要》，東京：汲古書院據日本宫内廳書陵部藏手抄本影印，1989 年，卷三一，頁 63。
④ 《意林》卷一引《鬻子》云：“知善不信謂之狂，知惡不改謂之惑。”（馬總：《意林》，上海：商務印書館據武英殿聚珍本影印，1919 年，卷一，頁 1a。）案：馬總《意林》約成於唐德宗貞元二(786)或三年，其書實本於南朝梁庾仲容所撰《子鈔》，今《意林》有柳伯存序，謂《意林》“因庾仲容之抄略，存爲六卷”。然則《意林》所引《鬻子》，當出於六朝之舊。
⑤ 《太平御覽》引《鬻子》曰：“昔魯周公曰：‘吾聞之於政也，知善不行者謂之狂，知惡不改者謂之惑。夫狂與惑者，聖人之戒也。’”（《太平御覽》，卷七百三十九，頁 5a。）
⑥ 《新書校注》，卷九，頁 343。

《鶡子》　　　無有無罪而見誅，無有有功而不賞　　。

《新書》　　　則此毋有無罪而見誅，毋有有功而無賞者矣。

《鶡子》　　　戒之　！

《新書》　　　戒之哉！戒之哉！

《鶡子》　　　封！誅賞之慎焉。"（頁 8a—b）

《新書》　　　　誅賞之慎焉，（卷九，頁 339）

案：此例爲賈誼《新書·大政上》與《鶡子·慎誅魯周公第六》之互見部分。《鶡子》"與殺不辜，寧失有罪。無有無罪而見誅，無有有功而不賞"，句意較爲完整；《新書》於義較煩。二書並言"罪"與"功"，其中"有罪"、"無罪"、"有功"俱見二書，惟《新書》多"故夫罪也者"、"夫功也者"二句。此外，《新書》"無"、"毋"二字並用，而《鶡子》俱作"無"，用字較《新書》統一。

又《藝文類聚》卷二三、①《太平御覽·人事部》卷四五九②引《鶡子》此文亦與今本《鶡子》文字相近。《藝文類聚》亦初唐類書，此引《鶡子》與今本相近，復證黃雲眉所言非是。

例三：《鶡子·守道五帝三王周政甲第四》與《新書·大政下》

----

①　《藝文類聚》卷二十三引《鶡子》曰："昔周公使康叔守殷，戒之曰：'無煞不辜，寧失有罪。亦有有罪而見誅，無有有功而不賞。慎之！'"（歐陽詢：《藝文類聚》，上海：上海古籍出版社，1982 年新 1 版，卷二十三，頁 414。）

②　《太平御覽》卷四五九引《鶡子》曰："昔周公使康叔守商，戒之曰：'無煞不辜，寧失有罪。亦有無罪而見誅，亦有有功而不賞。慎之！'"（《太平御覽》，卷四五九，頁 1a。）案：較之前注《藝文類聚》卷二三所引《鶡子》文字，可見《藝文類聚》引作"守殷"者，《太平御覽》易"殷"爲"商"。據周廣業《經史避名彙考》卷十九、陳垣《史諱舉例》所載，宋太祖趙匡胤父名弘殷，及後太祖追改父諱，乃易"殷"爲"商"。（詳參周廣業：《經史避名彙考》，北京：北京圖書館出版社據清鈔本影印，1999 年，卷十九，頁 1195—1211。）此可見《太平御覽》因宋諱而易字。

《鶡子》　　　聖人在上　，　賢士百里而有一人，
《新書》　　故聖王在上位，則　士百里而有一人，

《鶡子》　　則猶無有也。　王道衰微，
《新書》　　則猶無有也。故王者衰　，則士没矣。

《鶡子》　　　暴亂在上　，　賢士千里而有一人，
《新書》　　故暴亂　上位，則　　千里而有一人，

《鶡子》　　則猶比肩也。（頁 3a）
《新書》　　則猶比肩也。（卷九，頁 348）

案：此例爲賈誼《新書·大政下》與《鶡子·守道五帝三王周政甲第四》之互見部分。賈誼《新書》諸句由"故……則……"句式所構成，於義較足，《鶡子》則多所殘闕。《鶡子》"則猶無有也"、"則猶比肩也"二句仍有"則"字是其證；《新書》"故"字亦當《鶡子》所有，惟今本《鶡子》殘脱而已。

　　例四：《鶡子·撰吏五帝三王傳政乙第三》與《新書·大政下》

《鶡子》　　政曰：　民者，賢、不肖之杖也；
《新書》　　　　夫民者，賢　不肖之材也，

《鶡子》　　賢、不肖皆具焉。故賢人得焉，
《新書》　　賢　不肖皆具焉。故賢人得焉，

案：此例爲賈誼《新書·大政下》與《鶡子·撰吏五帝三王傳政乙第三》之互見部分，乃二書篇幅最長之互見重文。賈誼《新書》"賢不肖之

材也”句,盧文弨云:“材,別本作‘杖’,同《鬻子》。”①可知盧氏對校《鬻子》作“杖”者。俞樾校勘《鬻子》云:“此‘杖’字無義,乃‘材’字之誤。蓋賢不肖皆空名,必附乎人而後某人賢某人不肖乃實有所謂,是民者賢不肖之材質也。漢人書‘材’字或作‘杕’,因誤爲‘杖’耳。”②俞氏解説有理。今賈誼《新書》作“材”是其證。

　　　　《鬻子》　　　不肖人休焉,杖能側焉,忠信飾焉。
　　　　《新書》　　　不肖者伏焉;技能輸焉,忠臣飭焉。

　　　　《鬻子》　　　　民者、積愚也,　　　　　雖愚、
　　　　《新書》　　　故民者 積愚也。故夫民者雖愚也,

又賈誼《新書》“不肖人伏焉”句,“伏”字《鬻子》作“休”,《賈誼新書逐字索引》謂《新書》“作‘伏’爲長。此文以‘得’、‘伏’、‘飭’爲韻,作‘休’則失韻矣。”③此説可從。

　　又《鬻子》“杖能側焉”句,錢熙祚云:“此句費解,當依賈誼《新書》作‘技能輸焉’。‘技’與‘杖’,‘輸’與‘側’,皆形似而誤。逢注乃以‘恃能矜智所至危僻’釋之,甚爲荒謬。然可見逢氏之前,此書流傳已久,輾轉傳寫,故有此誤。書有顯然之誤而不可擅改者,此類是也。”④俞樾則云:“此‘杖’字亦‘材’字之誤,‘側’字未詳。賈子《新書·大政篇》作‘技能輸焉’,恐亦未是。”⑤相較二説,大抵錢説近是。前文“賢人”、“不肖”對舉,此處忠臣亦當與技能對舉。《新書》作

① 《新書》(抱經堂校定本),卷九,頁7b。
② 《諸子平議補録》,卷一,頁1。
③ 《賈誼新書逐字索引》,頁65。
④ 《鬻子》,校勘記,頁2。
⑤ 《諸子平議補録》,卷一,頁2。

“輪”者於義較明,有灌輸教育之意,蓋指賢人施教,使百姓有辦事之能。

《鬻子》　　明主撰吏焉,必使民興焉。　　士民與之,
《新書》　　明上選吏焉,必使民與焉。故士民譽之,

《鬻子》　　　　明上　　　　　　　舉之;　士民若之,
《新書》　　則明上察之,見歸而譽之;故士民苦之,

《鬻子》　　　　明上去之。　　　　　　故王者取吏不忘
《新書》　　則明上察之,見非而與之。故王者取吏不忘,

《鬻子》　　必使民唱 然後和 。　　民者、吏之程也,
《新書》　　必使民唱,然後和之。故夫民者,吏之程也。

《鬻子》　　察吏於民 然後隨 。
《新書》　　察吏於民,然後隨之。

又賈誼《新書》“明上選吏焉”句,盧文弨云:“‘選’,《鬻子》作‘撰’。”①可知盧氏亦據《鬻子》校勘《新書》。“選吏”即選擇官吏之意,取意較“撰”爲佳。

　　又賈誼《新書》“必使民與焉”句,《鬻子》“與”作“興”。劉師培云:“案:‘與’,《鬻子》作‘興’,當從之。‘興’即《周禮》鄉大夫‘興賢’、‘興能’之‘興’。”②李爾鋼云:“與,《鬻子》作‘興’,誤。與,參

---

① 《新書》(抱經堂校定本),卷九,頁7b。
② 《賈子新書斠補》,載《劉申叔遺書》,卷下,頁10b,總頁1001。

與。"①此承上文,謂明主善擇官吏,且使百姓參與其事。劉師培謂"與"當作"興",若據《周禮·地官·鄉大夫》所言,"興"有"舉"之意。② 倘就古代社會情況而論,賢主選取官吏,乃使百姓舉薦,於理更爲可取。

又《鬻子》"士民與之,明上察之;士民苦之,明上去之",《新書》作"故士民譽之,則明上察之,見歸而譽之;故士民苦之,則明上察之,見非則與之"。《新書》以三句爲組,而《鬻子》則爲兩句。《新書》"見歸而譽之"句,盧文弨校本"譽"作"舉",盧氏云:"'舉',建、潭本訛作'譽',今從別本。《鬻子》同。"③是盧氏校改《新書》,先以《新書》別本爲據,復以《鬻子》爲證也。《新書校注》亦云:"舉,原訛'譽',茲據《鬻子》、程本改。"④說與盧氏相同。又《鬻子》"士民若之"句,俞樾以爲"若"字當從《新書》改作"苦"字,⑤其說可從。

　　　《鬻子》　　政曰:　　民者至卑也,
　　　《新書》　　　　　　夫民　至卑也,

　　　《鬻子》　　而使之取吏焉 必取所愛　,　故十人愛之　　　;
　　　《新書》　　　使之取吏焉,必取而愛焉。故十人愛之有歸,

---

① 李爾鋼:《新書全譯》,貴陽:貴州人民出版社,1998年,卷九,頁403。

② 案:《周禮·地官·鄉大夫》"興賢者、能者"句,鄭玄注引鄭衆云:"興賢者,謂若今舉孝廉。興能者,謂若今舉茂才。"(《周禮注疏》,載《十三經注疏(整理本)》,卷十二,頁349。)

③ 《新書》(抱經堂校定本),卷九,頁7b。

④ 《新書校注》,卷九,頁354。

⑤ 俞樾《諸子平議補錄》校《鬻子》"上民與之,明上舉之,士民若之,明上去之"句云:"此'若'字是'苦'字之誤,其意言民之所與,上則舉之;民之所苦,上則去之,文甚明白易曉,且'與'、'舉'、'苦'、'去'皆一韻,此四句乃有韻之文。'苦'誤爲'若',不特失其義,且失其韻矣。《賈子·大政篇》:'故士民譽之,則明上察之,見歸而舉之;故士民苦之,則明上察之,見非而去之。'其文與此相同,正作'士民苦之'。逢行珪不能據以訂正,而依誤字爲說,陋矣。"(《諸子平議補錄》,卷一,頁2。)

《鶡子》　則十人之吏也；百人愛之　　　，則百人之吏也；
《新書》　則十人之吏也；百人愛之有歸，則百人之吏也；

《鶡子》　千人愛之　　　，則千人之吏也；萬人愛之　　　，
《新書》　千人愛之有歸，則千人之吏也；萬人愛之有歸，

《鶡子》　則萬人之吏也。
《新書》　則萬人之吏也。

《鶡子》　故萬人之吏　撰卿相矣。（頁 3b—4a）
《新書》　故萬人之吏，選卿相焉。（卷九，頁 349）

又《鶡子》“十人愛之”、“百人愛之”、“千人愛之”、“萬人愛之”諸句，《新書》並作“十人愛之有歸”、“百人愛之有歸”、“千人愛之有歸”、“萬人愛之有歸”。三處句式相同，而《新書》皆增“有歸”二字。

又《新書》“選卿相焉”句，盧文弨亦取《鶡子》校勘，並云：“別本‘選’作‘撰’，《鶡子》作‘撰卿相矣’。”[1]據盧氏所言，可知《新書》別本文字與《鶡子》同。《新書》引作“選”，於義較佳，意謂九卿丞相從官吏萬人之中選出。

又《北堂書鈔》卷七七引《鶡子》云：“民者，至卑也，而使之取吏焉，百人愛之。”[2]《群書治要》卷三一引《鶡子》作“萬人愛之，則萬人愛之，則萬人之吏也”，[3]其中“則萬人愛之”五字蓋涉上文而誤衍。

---

① 《新書》（抱經堂校定本），卷九，頁 8a。
② 虞世南：《北堂書鈔》，上海：上海古籍出版社據清光緒十四年孔氏三十三萬卷堂刻本影印，1995 年，卷七十七，頁 9a。
③ 《群書治要》，卷三十一，頁 63。

例五：《鶡子·數始五帝治天下第七》與《新書·脩政語上》

　　《鶡子》　　　上緣黄帝之道而行之，
　　《新書》　　　故上緣黄帝之道而行之，

　　《鶡子》　　　學黄帝之道而常之。（頁 5a）
　　《新書》　　　學黄帝之道而賞之，（卷九，頁 359—360）

案：此例爲賈誼《新書·脩政語上》與《鶡子·數始五帝治天下第七》之互見部分。賈誼《新書》"學黄帝之道而賞之"句，俞樾云："'賞'讀爲償。《廣雅·釋言》：'償，復也。'"①王耕心云："盧本'常'作'賞'，《鶡子》如文是也。今改正。常者，天不變，道亦不變也。俞別有説，非。"②王耕心以爲當據《鶡子》之互文而改"賞"爲"常"，並謂盧校本《新書》，以及俞樾"賞讀爲償"之説皆誤。劉師培亦以爲當從《鶡子》作"常"，其説可從。③俞氏所論於古籍中罕尋證據支持，故其立説成疑。王、劉二説則是。"常"、"賞"二字古來聲音相近，於義可通。李爾鋼《新書全譯》亦云："按《鶡子》'賞'作'常'，是。"④言之誠是。

　　從上舉各條可知，《鶡子》確與《新書》有着重文互見之關係，前人以爲《鶡子》與《新書》之關係，僅在《脩政語下》"鶡子曰"各條，未免流於粗疏；復以"鶡子曰"諸條不見賈誼《新書》而謂兩書皆僞，尤堪商榷。校勘學者指出《鶡子》有與賈誼《新書》相合者，當爲實事。後人考證《鶡子》真僞，只舉出《新書》中"鶡子曰"各條不見於今本《鶡子》，因而

①　《諸子平議》卷二十八，頁 335。
②　《賈子次詁》，卷九，頁 25a。
③　《賈子新書斠補》，載《劉申叔遺書》，卷下，頁 11b，總頁 1002。
④　《新書全譯》，卷九，頁 413。

推斷今本《鶡子》爲僞，其說皆有未備。其實今本《鶡子》散見於《新書·大政上》、《大政下》、《脩政語上》諸篇，前人所謂《鶡子》與《新書》未有相對應者，恐未必然。

　　今本《鶡子》雖有殘脫，然若因而推斷其爲僞書，則未免過於武斷。今本《鶡子》與《新書》有着重文互見之關係。劉殿爵嘗論及重文互見之重要性：

　　　　同一段文字在不止一種古代典籍中互見是常有的現象。因爲古代典籍經過長期的傳承，殘闕訛錯在所不免，所以用互見的文字絶長補短，拼合成篇，文字往往可以比較完整。①

若能充分利用互見重文以校改《新書》、《鶡子》，二書之互見關係自然不難發現。辨僞學者倘能利用校勘《鶡子》與《新書》之成果，討論二書之真僞亦更多所憑證，結論必定更爲可信。

　　總之，今本《鶡子》非但有與《新書》相合者，其互見之跡更是昭然可考。雖未能單憑此點論定《鶡子》非僞書，然而諸家推論《鶡子》爲僞之過程卻有可商之處。黃雲眉嘗云：

　　　　今本《鶡子》，如《四庫提要》所言，唐以來依仿賈誼所引，撰爲贗本，則毋寧謂今本《鶡子》，與今本《新書》，皆唐以來人所依託，而其有心相避，或者竟出於一手，亦未可知也。②

以爲《新書》爲僞，其說雖非始於黃氏，惟若因二書文字互不相見，因而推斷皆爲唐人僞撰，此說尤不足稱信。若二書終是有心相避，《鶡子》

---

　　①　劉殿爵：《〈夏人歌〉的拼合嘗試》，載劉殿爵：《語言與思想之間》，香港：吳多泰中國語文研究中心，1993 年，頁 149。

　　②　《古今僞書考補證》，頁 120。

文字何以見於《新書・大政》、《脩政語》等篇章。其實，漢世文人著書，每有因襲前人，賈生博通諸子百家之書，“年十八，以能誦《詩》屬《書》聞於郡中”，①則其書有與《鶡子》相合者，亦不足稱奇。

三、結　語

準上所論，有關賈誼《新書》與《鶡子》之互見關係，可總結如下：

首先，前人論斷《鶡子》真偽，多據其與賈誼《新書》之互見關係，指出《新書・脩政語下》七條“鶡子曰”不見今本《鶡子》，便謂《鶡子》爲偽書。據本文考證，二書實有互見重文關係。惟《鶡子》罕人研習，漸告散佚，只剩今本《鶡子》殘書十四篇。惟隋末唐初類書亦多徵引《鶡子》，可證今本《鶡子》成書當在六朝以前，絕非唐人所偽撰。黃雲眉以爲成於唐代，其説並不可信。

其次，前人論證《鶡子》真偽，多以《列子》及賈誼《新書》所引“鶡子曰”不見於今本《鶡子》爲證，循而推斷今本《鶡子》爲偽，此論尤其未備。誠然，《列子》及賈誼《新書》所引“鶡子曰”不見今本《鶡子》；惟《新書》不題曰“鶡子”者，卻有五處文字與《鶡子》可作逐字排比對讀。豈非標明“鶡子曰”者方爲《鶡子》舊文，暗用其文者則不足稱？《四庫全書總目》所謂“誼書所引，則無一條之偶合”，其説未必盡然。論者考證《鶡子》真偽，亦宜以文本對讀，復利用校勘學之成果，細意勘證，方始爲功。

最後，賈誼《新書》與《鶡子》之互見關係，清代校勘學者早已知悉，如盧文弨、俞樾、王耕心、劉師培等，已分別在其著述中細陳二書之互見關係。然而，辨偽學者卻未有就此等校勘資料加以利用，以致只就《新

---

① 《史記》，卷八十四，頁 2491。

書・脩政語下》、《列子》等"鶡子曰"未見今本《鶡子》之説立論,説解皆有未備。今人學者若能多作學科整合研究,將校勘資料用在辨僞工作之上,他日定能解決更多傳統學術上之問題。

（此文於 2010 年發表於東北師範大學古籍整理研究所
《古籍整理研究學刊》2010 年第二期,頁 25—30。）

第三部分
賈誼之"經學"

賈誼説《詩》考

　　陳喬樅(1809—1869)《魯詩遺説考》卷一解釋《詩‧召南‧騶虞》一詩云:"賈太傅時惟有《魯詩》,此所説《騶虞詩》即魯義也。"①陳氏以爲賈誼生於西漢文帝之世,其時《毛詩》未行,從而推論賈生詩派必屬《魯詩》。《史記‧儒林列傳》云:

　　　　及今上即位,趙綰、王臧之屬明儒學,而上亦鄉之,於是招方正賢良文學之士。自是之後,言《詩》於魯則申培公,於齊則轅固生,於燕則韓太傅。②

---

　　① 陳喬樅:《三家詩遺説考‧魯詩遺説考》,臺北:藝文印書館據南菁書院皇清經解續編本影印,1986 年,卷一,頁 32a,總頁 2354。《三家詩遺説考》分爲《魯詩遺説考》、《齊詩遺説考》、《韓詩遺説考》三部分,下文引用《三家詩遺説考》,即分別以《魯詩遺説考》、《齊詩遺説考》、《韓詩遺説考》稱之,以資區別。而王先謙《詩三家義集疏》每多沿用陳喬樅説,其於賈生用《詩》之處,亦云:"賈時惟有《魯詩》,所引魯訓也。"是王氏亦以賈誼所用爲《魯詩》也。(王先謙:《詩三家義集疏》,北京:中華書局,1987 年,卷二,頁 121。)魏源《詩古微‧齊魯韓毛異同論上》云:"賈誼、劉向博極群書,何以《新書》、《説苑》、《列女傳》宗《魯》而不宗《毛》?"(魏源:《詩古微》,臺北:藝文印書館據清光緒十四年江陰南菁書院本影印,1972 年,卷一,頁 3a,總頁 14599。)可見魏源亦以爲賈誼用《魯詩》也。王洲明、徐超《〈賈誼集校注〉前言》亦云:"漢初三家詩比毛詩盛行,而三家詩中魯詩又最盛行,所以《新書》十五條引詩,用魯詩者達十二條之多。"(王洲明、徐超:《賈誼集校注》,北京:人民文學出版社,1996 年,前言,頁 2。)可見二人亦以賈誼用《魯詩》。
　　② 《史記》,卷一百二十一,頁 3118。

在申培、轅固生、韓嬰(韓太傅)三者當中,申培公授《詩》於高祖、吕后之時,時代最早;轅固生以治《詩》爲孝景博士,則次之;韓嬰爲孝文博士,又於孝景時爲常山王太傅,則約與轅固生同時。申公雖授《詩》甚早,然而《魯詩》立爲學官亦在文帝之時,①未知賈誼有否見之。賈誼卒於文帝十二年(前168),其時《齊詩》、《韓詩》尚未立爲學官,則陳喬樅所謂"賈太傅時惟有《魯詩》",其論似是。再者,《史記》謂賈誼"年十八,以能誦《詩》屬《書》聞於郡中",②賈生年十八,正值高后五年(前183),陳喬樅因而推論,賈生引《詩》當爲《魯詩》。王先謙持説與陳喬樅相同。劉躍進(1958—)《賈誼〈詩〉學尋踪》因評王説云:

> 王著還有許多可商之處,譬如他認爲賈誼的時代只有《魯詩》,故凡賈誼之説並以爲魯説,就顯得非常牽强,因爲習魯説者斑斑可考,但與賈誼之説頗多不同之處。因此,清人唐晏《兩漢三國學案》中的《詩》類引録賈誼説10則,認爲其傳承關係不詳,故將其列爲"傳《詩》而不詳宗派"的第一人。應當説,這是一種實事求是的嚴謹態度。③

據劉説所言,賈誼用《詩》未可拘於魯説,清人唐晏(1857—1920)以爲不詳宗派,其論較是。劉氏所言有理。

其實所謂齊、魯、韓、毛四家詩,其別有二。一爲四家《詩》文本有所不同,即文字上之差別;二爲詩義上説解之不同。前者往往由於經文

---

① 文帝始置一經博士之説,見於《後漢書·翟酺傳》。翟酺謂"孝文皇帝始置一經博士"(《後漢書》,卷四十八,頁1606。)王應麟《困學紀聞》云:"考之漢史,文帝時,申公、韓嬰以《詩》爲博士,五經列於學官者,唯《詩》而已。"(王應麟撰、翁元圻注:《困學紀聞》,上海:上海古籍出版社,2008年,卷八,頁1077。)
② 《史記》,卷八十四,頁2491。
③ 劉躍進:《賈誼〈詩〉學尋踪》,《周口師範學院學報》第20卷第1期,2003年1月,頁49。

傳鈔有異，同一家詩亦可能有不同之鈔本，學者稱爲某家詩之别本。然而同一家詩之别本，與兩家詩文相異者亦相差無幾。如《新書・君道》引《詩・大雅・皇矣》云：“弗識弗知，順帝之則。”①陳喬樅、王先謙等以爲高誘用《魯詩》，②《淮南子・原道》、《修務》、《吕氏春秋・孟春紀》高誘注引此《詩》並作“不”。董仲舒（前197—前104）《春秋繁露・暖燠孰多》、③《韓詩外傳》卷五④引此《詩》亦皆作“不”，董生用《齊詩》，⑤韓嬰自用《韓詩》，然則齊、魯、韓、毛四家詩同作“不”，惟賈誼作“弗”而已。可見賈生引《詩》經文與四家不同。王先謙又謂《淮南子・詮言》高誘注亦引此《詩》作“弗”，⑥是以“《魯詩》有二本”。⑦ “弗”、

---

① 《新書校注》，卷七，頁287—288。

② 高誘注書，廣徵文獻，引《詩》多不拘於一家，然爲保持陳喬樅、王先謙之推論過程，今姑且仍謂高誘用《魯詩》也。

③ 董仲舒《春秋繁露・暖燠孰多》引《詩》云：“不識不知，順帝之則。”（董仲舒：《春秋繁露》，上海：商務印書館據武英殿聚珍本景印，1919年，卷十二，頁6。）

④ 《韓詩外傳》卷五第十章引《詩》云：“不識不知，順帝之則。”（韓嬰：《韓詩外傳》，上海：商務印書館據明沈野竹齋刊本景印，1919年，卷五，頁7。）

⑤ 陳喬樅謂董仲舒習《齊詩》：“至如公羊氏本齊學，治《公羊春秋》者，其於《詩》皆偶齊，猶之穀梁氏爲魯學，治《穀梁春秋》者，其於《詩》亦偶魯也。董仲舒通《五經》，治《公羊春秋》，與齊人胡毋生同業，則習齊可知。”（《齊詩遺説考》，自序，頁2b，總頁2563。）

⑥ 考《淮南子》有高誘及許慎二家注，今二注混於一書。蘇頌《校淮南子題序》云：“高注題名皆有‘故曰’‘因以題篇’之語，其間奇字並載音讀；許于篇首粗論大意，卷内或有假借用字。”（蘇頌：《蘇魏公文集》，上海：上海古籍出版社據《四庫全書》本影印，1987年，卷六十六，頁8a。）陶方琦因而以爲《原道》以次十三篇，皆有‘故曰’‘因以題篇’字，高注本也。《繆稱》以次八篇，皆無‘故曰’‘因以題篇’等字，許注本也。”（陶方琦：《淮南許注異同詁》，臺北：文海出版社據光緒七年刊本影印，1967年，自敘，頁2b。）由是觀之，倘篇首有“因以題篇”者，當爲高誘注，其餘則爲許慎注。準此可知，《原道》、《俶真》、《天文》、《墜形》、《時則》、《覽冥》、《精神》、《本經》、《主術》、《氾論》、《説山》、《脩務》等十三篇當爲高誘注，《繆稱》、《齊俗》、《道應》、《詮言》、《兵略》、《人間》、《泰族》、《要略》等八篇當爲許慎注。許慎《説文解字・序》云：“其偁《易》孟氏、《書》孔氏、《詩》毛氏、《禮》周官、《春秋》左氏、《論語》、《孝經》，皆古文也。”（《説文解字》，卷十五上，頁4a，總頁316。）是以唐晏《兩漢三國學案》列許慎爲《毛詩》學者。（唐晏：《兩漢三國學案》，卷五，頁302。）《詮言》無“因以題篇”四字，自爲許慎注，王先謙以許慎注言高誘《詩》學，其説誤矣。説參何志華：《高誘用〈詩〉考》，《中國文化研究所學報》新第4期，1995年，頁19—51。

⑦ 《詩三家義集疏》，卷二十一，頁859。

“不”之異亦或後世傳鈔避漢諱使然，①王先謙以爲《魯詩》別本作“弗”者，其説未可盡信。由此可見，以文字上之差別作爲分家之標準，其説猶有未備。然則四家於詩義上説解之不同，方是各家詩分家之準則。

　　陳喬樅、王先謙等謂賈誼時惟有《魯詩》，惟今可知漢初並非只有《魯詩》，如皖北阜陽出土之《阜詩》，即未與《魯詩》相合，②而《魯詩》是否已經立於學官亦屬疑問，可見賈生引《詩》，未必魯説一家之言。今據賈誼《新書》共檢得賈誼引《詩》十七例，其中文字每互見於先秦兩漢典籍。下文先據陳喬樅、王先謙等有關魯、齊、韓、毛四家《詩》説，列出賈誼引《詩》與四家《詩》異同之處；並臚列賈誼《新書》引《詩》與先秦兩漢典籍互見之部分，加以比勘，再比對四家《詩》説，考其異同，以見賈誼説《詩》之實。

一、賈誼用文獻典籍説《詩》例

　　歷來學者論賈誼所用《詩》家，每多忽略賈生説《詩》，多據先秦典籍以申述己意。晁公武云：“獨其説經多異義而《詩》尤甚，以‘騶虞’爲天子之囿官，以‘靈臺’爲神靈之臺，與《毛氏》殊不同。”③指出賈生説

---

①　漢昭帝本名弗陵，《漢書·武帝紀》顏師古注引張晏曰：“後但名弗，以二名難諱故。”（《漢書》，卷六，頁212。）周廣業《經史避名彙考》以賈誼《新書·君道》引此詩“弗識弗知”爲證，謂“韓、毛二家作‘不’，賈所見是古本，作‘不’者諱也”。（《經史避名彙考》，卷七，頁431。）知周氏以避諱角度討論賈誼引《詩》。

②　1977年8月在皖北阜陽一號漢墓所出土之《阜詩》，更見漢初傳《詩》多於三家。阜陽所出《詩》，簡稱《阜詩》，乃汝陰侯夏侯竈之陪葬物，封穴在西漢文帝十五年（西元前165年），《漢志》於《阜詩》未加著錄。胡平生、韓自强所著《阜陽漢簡詩經研究》指出，《阜詩》文字與齊、魯、韓、毛四家《詩》皆有異同。當然，《詩》四家之別主在詩義，不全在文字，惟文字之異同，亦是分家之原因。由是觀之，《阜詩》系統確與四家《詩》不同，自成一家。（説參自胡平生、韓自强：《阜陽漢簡詩經研究》，上海：上海古籍出版社，1988年，頁28—29。）

③　《郡齋讀書志校證》，卷十，頁424。

《詩》與《毛詩》不同，並舉《詩‧召南‧騶虞》和《詩‧大雅‧靈臺》爲證。姚振宗（1843—1906）《漢書藝文志條理》評晁説云：“案賈之時，《詩》唯有魯、齊、韓三家，毛學不行，無怪其然矣。”①姚氏謂賈生之時未有《毛詩》，故賈生説《詩》自與《毛詩》有異，以晁説爲不然。汪之昌（1837—1895）《賈子新書書後》云：

> 《禮篇》、《君道篇》説《詩‧騶虞》《駕驁》《靈臺》《皇矣》《旱麓》均非毛義，是時三家之學未立，其爲先秦經師遺説無疑。②

汪氏謂賈生説《詩》不單與《毛詩》未合，且其時三家《詩》亦未立，故賈生説《詩》必“先秦經師遺説”，較之晁説而言，汪説更見合理。今考賈誼《新書》共引《詩》十七次，其解説多與齊、魯、韓、毛四家詩有異，③惟賈生説《詩》之文，每互見於先秦典籍，下舉賈生引用文獻典籍説《詩》之例：

1.《孟子》

例一：《新書‧禮》引《詩》云：“君子樂胥，受天之祜。”④見《詩‧小雅‧桑扈》。⑤ 文同《毛詩》。至其説《詩》之義，《新書‧禮》云：

---

① 姚振宗：《漢書藝文志條理》，上海：上海古籍出版社據上海辭書出版社圖書館藏民國浙江省立圖書館鉛印師石山房叢書本影印，1995 年，卷二上，頁 18b。

② 《青學齋集》，卷二十三，頁 3a。

③ 説參附錄二“賈誼引《詩》説《詩》資料彙輯”。

④ 《新書校注》，卷六，頁 216。案：《賈誼新書逐字索引》以明正德十年吉府本（《四部叢刊》本）爲底本，校之以其他六種版本，其中包括盧文弨抱經堂校定本，而“受天之祜”一句，吉府本作“受天子祐”，抱經堂校定本則作“受天之祜”。當以抱經堂“之祜”者爲是。《爾雅‧釋詁》：“祜，福也。”（《爾雅注疏》，載《十三經注疏（整理本）》，卷二，頁 38。）因此，賈誼解釋此詩亦當云：“祜，大福也。”作“祜”者爲是，而“子”字亦當爲“之”訛。鄭《箋》亦：“祜，福也。”（《毛詩正義》，載《十三經注疏（整理本）》，卷十四，頁 1008。）雖未可因謂《毛詩》用賈説，惟《爾雅》、鄭《箋》同作此解，則可證賈説亦本當如此。是以《賈誼新書逐字索引》於此處失校也。（《賈誼新書逐字索引》，頁 41。）

⑤ 《毛詩正義》，載《十三經注疏（整理本）》，卷十四，頁 1008。

故禮，國有饑人，人主不饗；國有凍人，人主不裘；報囚之日，人主不舉樂。歲凶穀不登，臺扉不塗，榭徹干侯，馬不食穀，馳道不除，食減膳，饗祭有闕。故禮者，自行之義，養民之道也。受計之禮，主所親拜者二：聞生民之數則拜之，聞登穀則拜之。《詩》曰："君子樂胥，受天之祜。"胥者，相也。祜，大福也。夫憂民之憂者，民必憂其憂；樂民之樂者，民亦樂其樂；與士民若此者，受天之福矣。①

賈生此文指出國君與臣民之關係，如影隨形，非常密切。禮是君主用以自律之大義，亦治民之大道。君主知悉百姓增加、五穀豐收便十分高興。是君主之憂樂與百姓相同。賈生引《詩》正就此理加以發揮，陳喬樅、王先謙等以此爲《魯詩》義。②　劉躍進亦謂"賈誼說與《毛詩》迥異，而與《魯詩》相近"。③

惟細考賈誼解《詩》文字，實本《孟子》。《孟子·梁惠王下》云："樂民之樂者，民亦樂其樂。憂民之憂者，民亦憂其憂。"④此文皆見於孟子廷說齊宣王時，可見賈生於此其實用《孟子》解《詩》，非取三家義爲說。茲列賈誼《新書·禮》與《孟子》互見文字對讀如下：

《新書·禮》與《孟子·梁惠王》對讀表

《新書》　　　胥者，相也。祜，大福也。

《孟子》

---

① 《新書校注》，卷六，頁216。其中"祜，大福也"一句，吉府本"祜"作"祐"，今據抱經堂校定本改。

② 陳喬樅《魯詩遺説考》將賈生引用《桑扈》列入《魯詩》之下，以爲《魯詩》義。（《魯詩遺説考》，卷十三，頁5a，總頁2483。）王先謙《詩三家義集疏》謂賈生引《桑扈》云："此魯説。"（《詩三家義集疏》，卷十九，頁773。）可見陳喬樅與王先謙同謂賈誼用《詩》乃魯義。

③ 《賈誼〈詩〉學尋踪》，頁50。

④ 《孟子注疏》，載《十三經注疏（整理本）》，卷二上，頁48。

《新書》　　夫憂民之憂者,民必憂其憂;樂民之樂者,

《孟子》　　　　樂民之樂者,民亦樂其樂。憂民之憂者,

《新書》　　民亦樂其樂。與士民若此者,受天之福矣。

《孟子》　　民亦憂其憂。

顯而易見,賈生釋《詩·小雅·桑扈》之文,襲用《孟子》,以此論君主之憂樂與百姓同之之理,非陳喬樅、王先謙等所謂用《魯詩》義。且孟子之時豈有三家《詩》? 故賈誼説《詩》與《孟子》相合自不當以三家囿之。

　　例二: 賈誼《新書·禮》引《詩》云:"王在靈囿,麀鹿攸伏,麀鹿濯濯,白鳥皜皜。王在靈沼,於牣魚躍。"①又《新書·君道》引《詩》云:"經始靈臺";②"庶民攻之,不日成之。經始勿亟,庶民子來。"③又同篇引《詩》云:"王在靈囿,麀鹿攸伏,麀鹿濯濯,白鳥皜皜。王在靈沼,於牣魚躍。"④此三段引文俱屬《詩·大雅·靈臺》文字,⑤今比合論之如下。

　　《孟子·梁惠王上》論居主與民同樂,引《詩》云:"經始靈臺,經之營之,庶民攻之,不日成之。經始勿亟,庶民子來。王在靈囿,麀鹿攸伏,麀鹿濯濯,白鳥鶴鶴。"⑥趙岐(約108—201)注"王在"至"鶴鶴"云:

　　　麀鹿,牝鹿也。言文王在囿中,麀鹿懷妊,安其所而伏不驚動

---

　　①　《新書校注》,卷六,頁216。

　　②　今《詩·大雅·靈臺》此句後有"經之營之"句,惟賈誼《新書·君道》所引無之。王耕心《賈子次詁》"經之營之"句校詁云:"盧本缺。丁先生曰:'此文悉本《孟子》,不應獨缺此句,實脱文是也。'今補正。"(《賈子次詁》,卷八,頁8b。)王耕心謂盧文弨抱經堂校定本《新書》無"經之營之"句,復引丁先生(丁杰)之説,以爲當據《孟子》補此四字。王氏得見賈誼《新書》與《孟子》有互文關係,誠爲卓識;然謂必據《孟子》補録《新書》,則未必然也。

　　③　《新書校注》,卷七,頁288。

　　④　同上。

　　⑤　《毛詩正義》,載《十三經注疏(整理本)》,卷十六,頁1224—1225。

　　⑥　《孟子注疏》,載《十三經注疏(整理本)》,卷一上,頁6—7。

也。獸肥飽則濯濯，鳥肥飽則鶴鶴而澤好而已。①

王先謙《詩三家義集疏》謂賈誼、趙岐皆用《魯詩》,②賈誼引此《詩》兩次俱作"皜皜",而趙岐訓釋《孟子》則作"鶴鶴"。《毛詩》今作"翯",王先謙謂賈生所引"翯"皆作"皜";趙岐所引則皆作"鶴"。③ 若據王説,則《魯詩》有二本,分作"皜"和"鶴"。然而趙岐訓釋《孟子》引《詩》,順經而解,經文既作"鶴鶴",趙《注》亦必作"鶴鶴"。豈有《孟子》引《詩》作"鶴鶴",而趙岐則以"皜皜"訓釋之理? 是以不可據趙《注》作爲《魯詩》經文之一本也。陳喬樅謂趙岐乃"順《孟子》本文"④而作"鶴鶴",其説是也。至若《孟子》引作"鶴鶴",《新書》引作"皜皜",《毛詩》則作"翯翯",而《文選》何晏(190—249)《景福殿賦》則作"皠皠",⑤其別安在?《文選·景福殿賦》"皠皠白鳥"句,李善(約630—690)注云:"翯與皠音義同。"⑥鶴字與"翯"、"皜"、"皠"諸字,均可通假。諸字既可通假,自可得知此詩諸家之別不在文本,乃在詩義。

今考賈誼《新書·君道》一段引《靈臺》乃言文王之至德,其文如下:

> 文王志之所在,意之所欲,百姓不愛其死,不憚其勞,從之如集。《詩》曰:"經始靈臺","庶民攻之。不日成之。經始勿亟,庶民子來。"文王有志爲臺,令近規之。民聞之者麘裹而至,問業而作之,日日以衆。故弗趨而疾,弗期而成。命其臺曰靈臺,命其囿

---

① 《孟子注疏》,載《十三經注疏(整理本)》,卷一上,頁7。

② 王先謙《詩三家義集疏》將趙岐列於《魯詩》之下,今考此説猶有未盡是處。趙岐《孟子章句》注《詩》多同毛説,而未必同於三家。然爲保持王先謙之推論過程,今姑且仍謂趙岐用《魯詩》。

③ 《詩三家義集疏》,卷二十一,頁864。

④ 《魯詩遺説考》,卷十五,頁24b,總頁2504。

⑤ 《文選》何晏《景福殿賦》作"皠皠白鳥"。(蕭統編、李善注:《文選》,上海:上海古籍出版社,1986年,卷十一,頁534。)

⑥ 《文選》,卷十一,頁534。

曰靈囿,謂其沼曰靈沼,愛敬之至也。①

《新書》此段其實因襲《孟子》而來。《孟子》書成戰國,其時未有三家義,孟軻引《詩》固不可入於三家範疇。② 賈生所謂"命其臺曰靈臺"、"謂其沼曰靈沼"者,實據《孟子·梁惠王上》爲説。《孟子》釋此《詩》云:

> 文王以民力爲臺爲沼,而民歡樂之,謂其臺曰靈臺,謂其沼曰靈沼,樂其有麋鹿魚鼈。③

可見賈生其實亦用《孟子》解《詩》,並不囿於三家範疇,陳喬樅以爲賈生"本《魯詩》之義",④其説猶有未備。

2.《左傳》

例三:《新書·容經》引《詩》云:"威儀棣棣,不可選也。"⑤見《詩·邶風·柏舟》,引文與《毛詩》同。⑥ 王先謙先引賈生解説爲魯説,復謂此《詩》"三家'選'作'算'",⑦然而陳喬樅、王先謙等以爲賈誼用《魯詩》,則賈誼所引《詩》亦當作"算"。惟賈誼引作"選",則與《毛詩》相合,而異

---

① 《新書校注》,卷七,頁288。另,俞樾《諸子平議·序目》云:"讀《賈子·君道篇》曰:'文王有志爲臺,令匠規之。'而《詩·靈臺篇》'經始靈臺,經之營之'之義見矣。"(《諸子平議》,序目,頁1。)可見俞氏以爲賈生此處解詩得《詩》之義,並可據此反駁晁公武謂賈誼曲解經義之論。

② 劉師培《群經大義相通論》云:"蓋戰國諸子,《荀子》之義近於《穀梁》,《孟子》之義多近於《公羊》。故《荀子》之學,魯學也;《孟子》之學,齊學也。"(《群經大義相通論》,載《劉申叔遺書》,頁2b,總頁350。)可見劉師培以爲《孟子》當爲齊學,今姑且聊備一説。

③ 《孟子注疏》,載《十三經注疏(整理本)》,卷一上,頁7—8。

④ 陳喬樅《魯詩遺説考》云:"喬樅謹案:賈生、劉向並以《靈臺》爲言文王德至,皆本《魯詩》之義。"(《魯詩遺説考》,卷十五,頁23b,總頁2504。)

⑤ 《新書校注》,卷六,頁229。

⑥ 《毛詩正義》,載《十三經注疏(整理本)》,卷二,頁135。

⑦ 《詩三家義集疏》,卷三上,頁130。

於三家也。至於説《詩》之義,王先謙《詩三家義集疏》以爲賈誼《詩》説,
"時惟《魯詩》,此魯説也"。① 細考賈誼引《詩》之義,曰:

> 夫有威而可畏謂之威,有儀而可象謂之文。富不可爲量,多不
> 可爲數。故《詩》曰:"威儀棣棣,不可選也。"棣棣,富也。不可選,
> 衆也。言接君臣、上下、父子、兄弟、内外、大小品事之各有容
> 志也。②

賈説實本之《左傳》。《左傳·襄公三十一年》載衛侯與北宫文子之對
話,兹列二書對讀如下:

《新書·容經》與《左傳·襄公三十一年》對讀表

《新書》

《左傳》　　公曰:"善哉! 何謂威儀?"

《新書》　　　　夫有威而可畏謂之威,

《左傳》　　　對曰:"有威而可畏謂之威,

《新書》　　有儀而可象謂之文。

《左傳》　　有儀而可象謂之儀。

《新書》　　富不可爲量,多不可爲數。

《左傳》　　君有君之威儀,其臣畏而愛之,則而象之,故能有其
　　　　　　國家,令聞長世。臣有臣之威儀,其下畏而愛之,故

---

① 《詩三家義集疏》,卷三上,頁130。
② 《新書校注》,卷六,頁229。

能守其官職,保族宜家。順是以下皆如是,是以上下能相固也。

《新書》	故《詩》曰:"威儀棣棣,不可選也。"
《左傳》	《衞詩》曰:"威儀棣棣,不可選也。"

《新書》	棣棣,富也。不可選、衆也。
《左傳》	

《新書》	言接君臣、上下、父子、兄弟、内外、
《左傳》	言　君臣、上下、父子、兄弟、内外、

《新書》	大小品事之各有容志也。
《左傳》	大小,　　皆有威儀也。①

可見《左傳》"有威而可畏謂之威",賈生作"夫有威而可畏謂之威,有儀而可象謂之文";《左傳》"《衞詩》曰:'威儀棣棣,不可選也'",賈生作"故《詩》曰:'威儀棣棣,不可選也'";《左傳》"言君臣、上下、父子、兄弟、内外、大小,皆有威儀也",賈生作"言接君臣、上下、父子、兄弟、内外、大小品事之各有容志也"。可見賈誼此處因襲並引申北宫文子説《詩》之詞。陳喬樅、王先謙等以爲三家詩中《魯詩》最先,最爲近古,惟《左傳》引《詩》,未知所屬《詩》家。王先謙所言魯説,②更本諸賈生,即凡説《詩》義

---

① 《春秋左傳正義》,載《十三經注疏(整理本)》,卷四十,頁 1304。

② 王先謙《詩三家義集疏》云:"魯説曰:夫有威而可畏,謂之威。有儀而可象,謂之儀。富不可爲量,多不可爲數,故《詩》曰:'威儀棣棣,不可選也。'棣棣,富也。不可選,衆也。言接君臣、上下、父子、兄弟、内外、大小品事之各有容志也。……'夫有'至'志也',賈子《新書·容經篇》文。時惟《魯詩》,此魯説也。"(《詩三家義集疏》,卷三上,頁 130。)

近賈生者,亦入《魯詩》範疇。賈誼襲用《左傳》,引申《詩》義,皆本《左傳》。劉躍進謂"賈誼之說則本於《左傳》",①其說是也。賈誼與《左傳》之關係,其實前人亦有論述。陸德明(556—627)《經典釋文・序錄》云:

> 左丘明作《傳》以授曾申,申傳衛人吳起,起傳其子期,期傳楚人鐸椒,椒傳趙人虞卿,卿傳同郡荀卿名況,況傳武威張蒼,蒼傳洛陽賈誼。②

據陸說則賈生自在《左傳》傳授系統之中,並受《左傳》於張蒼。然而賈生有否受《左傳》於張蒼,學者見解不一,詳見本書後文討論。惟此處賈誼襲用《左傳》說《詩》,明矣。陳喬樅、王先謙未有從文獻相互因襲之角度考量,因而推論賈誼用《魯詩》,顯然未夠全面。

3.《晏子春秋》

例四:《新書・連語》引《詩》云:"芃芃棫樸,薪之槱之;濟濟辟王,左右趨之。"③又《容經》引《詩》云:"芃芃棫樸,薪之槱之;濟濟辟王,左右趨之。"④二篇引《詩》見《詩・大雅・棫樸》。⑤ 賈誼《新書・連語》所引"薪之槱之",《四部叢刊》本《新書・連語》"槱"字作"醀",⑥今本《毛詩》"醀"作"槱";⑦又"左右趨之",今本《毛詩》"趨"作"趣"。《毛

---

① 《賈誼〈詩〉學尋踪》,頁 50。
② 《經典釋文》,序錄,頁 26b,總頁 13。
③ 《新書校注》,卷五,頁 199。
④ 同上,卷六,頁 229。
⑤ 《毛詩正義》,載《十三經注疏(整理本)》,卷十六,頁 1168。
⑥ 《新書》(《四部叢刊》本),卷五,頁 11a。
⑦ 今《新書・連語》《四部叢刊》本作"醀",而抱經堂校定本作"槱",則盧文弨所校與今本《毛詩》相同。然則"醀"與"槱"所異者,或因《新書》版本不同而已,而並非《詩》文版本上之不同。《賈誼新書逐字索引》以《四部叢刊》本作底本,是以於此處作"醀"也。而《新書・容經》引《詩》正作"槱"字,可見二字於義大致相同,僅因《新書》版本不同而已。《説文・木部》:"槱,積火燎之也。从木从火,酉聲。《詩》曰:'薪之槱之。'《周禮》:'以槱燎祠司中、司命。'柴祭天神。或从示。"(許慎:《説文解字》,北京:中華書局,1963 年,卷六(轉下頁)

傳》云：“趣，趨也。”①可知“趨”和“趨”意義相近。

　　至若詩義，王先謙《詩三家義集疏》舉董仲舒《春秋繁露·郊祭》②以疏理《棫樸》一詩，以爲“此齊説以爲文王郊祭伐崇之事”。③陳喬樅謂董仲舒習《齊詩》，其曰：“至如公羊氏本齊學，治《公羊春秋》者，其於《詩》皆偁齊，猶之穀梁氏爲魯學，治《穀梁春秋》者，其於《詩》亦偁魯也。董仲舒通《五經》，治《公羊春秋》，與齊人胡毋生同業，則習齊可知。”④賈生則謂此詩“言左右日以善趨也，故臣竊以爲練左右急也”，⑤於意義上似未與董生所言相應，可見賈誼説《詩》義與齊未合。《毛傳》注“芃芃棫樸”二句云：“芃芃，木盛貌。棫，白桵也。樸，枹木也。槱，積也。山木茂盛，萬民得而薪之。賢人衆多，國家得用蕃興。”⑥其中《毛傳》謂“賢人衆多，國家得用蕃興”，亦與賈生言君主之“左右”有相合之處。又注“濟濟辟王”二句云：“趣，趨也。”⑦“趨”即“趨”字。⑧可知《毛傳》釋“趣”字與賈生言“善趨”者於義相合。

　　鄭《箋》所云，亦大抵據董生齊義也。其曰：“白桵相樸屬而生者，枝

────────

（接上頁）上，頁22b，總頁125上。）而《説文·酉部》云：“醮，冠娶禮祭。从酉，焦聲。醮或从示。”（《説文解字》，卷十四下，頁17a，總頁312下。）可見槱、醮二字皆與祭禮相關，觀其皆可从示可知，大抵作“醮”者或爲形近而訛，非《魯詩》舊本。

　①　《毛詩正義》，載《十三經注疏（整理本）》，卷十六，頁1168。

　②　《春秋繁露》，卷十五，頁4。《春秋繁露·郊祀》云：“是故天子每至歲首，必先郊祭以享天，乃敢易地，行子禮也；每將興師，必先郊祭以告天，乃敢征伐，行子道也。文王受命而王天下，先郊乃敢行事，而興師伐崇，其《詩》曰：‘芃芃棫樸，薪之槱之。濟濟辟王，左右趨之。濟濟辟王，左右奉璋。奉璋峨峨，髦士攸宜。’此郊辭也。其下曰：‘淠彼涇舟，烝徒楫之。周王於邁，六師及之。’此伐辭也。其下曰：‘文王受命，有此武功，既伐於崇，作邑於豐。’以此辭者，見文王受命則郊，郊乃伐崇，伐崇之時，民何處央乎！”

　③　《詩三家義集疏》，卷二十一，頁843。

　④　《齊詩遺説考》，自序，頁2b，總頁2563。

　⑤　《新書校注》，卷五，頁199。

　⑥　《毛詩正義》，載《十三經注疏（整理本）》，卷十六，頁1168。

　⑦　《毛詩正義》，載《十三經注疏（整理本）》，卷十六，頁1168。

　⑧　案：《詩·齊風·猗嗟》“巧趨蹌兮”，《釋文》云：“趨，本又作‘趨’。”（《毛詩正義》，載《十三經注疏（整理本）》，卷五，頁415。）

條芇芇然,豫斫以爲薪。至祭皇天上帝及三辰,則聚積以燎之。"①又曰:
"辟,君也。君王,謂文王也。文王臨祭祀,其容濟濟然敬。左右之諸臣,
皆促疾於事,謂相助積薪。"②由是觀之,鄭玄(127—200)雖爲《毛詩》箋
注,惟亦間用三家義也。鄭玄亦嘗自云:"宗毛爲主,其義若隱略,則更表
明,如有不同,即下己意,使可識別也。"③鄭玄所謂"下己意"者,其實即本
之三家也。鄭玄本習《韓詩》,④陳奐(1786—1863)《鄭氏箋考徵》云:

> 　　鄭康成習《韓詩》,兼通齊魯,最後治《毛詩》。箋《詩》乃在注
> 《禮》之後,以《禮》注《詩》,非墨守一家。箋中有用三家由毛者,
> 有用三家改毛者,例不外此二端。⑤

又馬瑞辰(1782—1853)《毛詩傳箋通釋·鄭箋多本韓詩考》云:"是知
鄭君非不兼採齊、魯二家之説,要不若韓詩是從其師説爲最多耳。"⑥此
鄭玄兼採三家《詩》之證。

　　鄭玄箋此詩用齊義,蓋本諸《春秋繁露》。賈誼《新書·連語》及
《容經》均曾引《詩·大雅·棫樸》。賈生引用此詩,謂"言左右日以善
趨也,故臣竊以爲練左右急也"、⑦"言左右日以善趨也"。⑧ 意思相同,
可見其所學有自。又《晏子春秋·內篇問下》云:

---

① 《毛詩正義》,載《十三經注疏(整理本)》,卷十六,頁1168。
② 同上,卷十六,頁1168。
③ 同上,卷一,頁4。上引鄭玄所云,本出自其《六藝論》,惟此書今已散佚。馬國翰《玉函山房輯佚書》及黃奭《黃氏逸書考》有輯本,可參。
④ 《後漢書·鄭玄傳》云:"又從東郡張恭祖受《周官》、《禮記》、《左氏春秋》、《韓詩》、《古文尚書》。"(《後漢書》,卷三十五,頁1207。)
⑤ 陳奐:《鄭氏箋考徵》,上海:上海古籍出版社據華東師範大學圖書館藏清咸豐八年許文一刻本影印,1995年,頁1a。
⑥ 馬瑞辰:《毛詩傳箋通釋》,北京:中華書局,1989年,卷一,頁22。
⑦ 《新書校注》,卷五,頁199。
⑧ 同上,卷六,頁229。

　　《詩》曰:"芃芃棫樸,薪之槱之,濟濟辟王,左右趨之。"此言古者聖王明君之使以善也。①

可見《晏子春秋》引《詩》文與賈生同。再以詩義而言,《晏子春秋》謂"此言古者聖王明君之使以善也",而賈生亦謂"此言左右日以善趨也",可見二者所論大致相同,是賈生於詩義之説解,亦與齊人晏嬰相同。晏子雖齊人,然《晏子春秋》非出一時一人,其成書年代,最晚亦在戰國之前,②實不能以三家《詩》説囿之。

　　4.《禮記》

　　例五:《新書·等齊》引《詩》云:"彼都人士,狐裘黄常","行歸於

---

　　① 吳則虞:《晏子春秋集釋》,北京:中華書局,1962 年,卷四,頁 259。案:吳則虞注解《晏子春秋》此文,先引董仲舒《春秋繁露·郊祭》釋《棫樸》之齊説,復引賈誼《新書·連語》《容經》二篇之解説,以爲賈生所言乃"《毛詩》之説也";且《晏子春秋》"此言古者聖王明君之使以善也",吳則虞以爲"與《新書》'善趨'之義合,而與《齊詩》之説徑庭,《晏子》全書引《詩》同於毛而異乎齊,又得一證"。(《晏子春秋集釋》,卷四,頁 262。)吳氏以《晏子春秋》引《詩》非盡齊説,是矣;謂之必爲毛説,卻仍有可商之處。惟賈誼《新書》與《晏子春秋》説《詩》之關係則可據此得知。董治安云:"《晏子春秋》的引《詩》,既不盡同於三家詩,也有異於《毛詩》。本來,產生《晏子春秋》的戰國時代,傳《詩經》者尚未分家,如果用漢代詩家的眼光去讀《晏子春秋》,只摘出其引《詩》與《毛詩》相同的幾條,没有作全面考察,就據以論定《晏子春秋》產生在毛亨以後,如此,結論自然不會正確。"(董治安:《與吳則虞先生談〈晏子春秋〉的時代》,載《先秦文獻與先秦文學》,濟南:齊魯書社,1994 年,頁 382。)董氏針對吳則虞所言,以爲《晏子春秋》引《詩》不以四家詩説囿之,其説恰當。

　　② 案:有關《晏子春秋》成書年代之論説,衆説紛紜,惟二十世紀七十年代四批西漢竹簡之出土,爲《晏子春秋》之成書年代提供了新線索。第一批爲 1972 年山東臨沂銀雀山竹書《晏子春秋》十六章,第二批爲 1973 年河北定縣竹簡《晏子春秋》殘文,第三批爲 1977 年安徽阜陽雙古堆《晏子春秋》殘文,第四批爲 1972—1974 年間居延《晏子》木簡四十八字。駢宇騫云:"簡本《晏子春秋》的出土對研究該書的源流及成書年代等都有重大意義。如過去管同等認爲該書爲'六朝人偽作',四種漢代簡本出土,六朝之説不攻自破。又如過去有人認爲該書成書於'漢初'或'秦統一六國之後',安徽阜陽雙古堆墓葬爲漢初之墓,該墓出土《晏子春秋》殘文,足證該書成書要早於漢初。該墓葬上距秦統一六國也僅三十餘年,古書的形成都要經過一個漫長的歲月,在當時的條件下,三十餘年即成書流傳,並書於竹帛是不可能的。"(駢宇騫:《對〈晏子春秋〉的再認識》,載《銀雀山竹簡晏子春秋校釋》,臺北:萬卷樓圖書有限公司,2000 年,頁 12。)駢氏所言有理,則《晏子春秋》當成書於戰國。

周,萬民之望"。① 此爲《詩·小雅·都人士》,今本《毛詩》作"彼都人士,狐裘黄黄。其容不改,出言有章。行歸于周,萬民所望"。② 王先謙《詩三家義集疏》云:"此詩毛氏五章,三家皆止四章。"③今《毛詩》五章,而三家只有四章,缺首章。賈誼所引即爲此詩首章。王先謙以爲此章爲逸詩,而毛氏取之以冠《都人士》之首。胡承珙(1776—1832)《毛詩後箋》云:

> 賈誼《新書·等齊篇》引《詩》云:"彼都人士,狐裘黄裳。行歸于周,萬民之望。"賈時《毛詩》未行,又所引字亦小異,疑同於三家。然則三家無此首章,或後漢時逸之,亦未必無本也。④

可見胡氏以爲三家本有此章,更以賈誼所引爲證。魏源《詩古微》亦云:

> 《緇衣》引《都人士》首章,而鄭注云:"此詩毛氏有之,三家則亡。"《詩疏》又引《襄十四年》服虔注以爲逸詩,且謂《韓詩》見存,實無首章。然賈誼《新書·等齊篇》引《詩》曰"狐裘黄裳"、"萬民之望",是《魯詩》《都人士》有首章。此《韓》失而《魯》、《毛》得也。⑤

可見魏源亦以爲三家《詩》本有此章,而及後散佚而已,胡、魏所論與王先謙頗有不同。今考《左傳·襄公十四年》引此詩已有"行歸于周,萬

---

① 《新書校注》,卷一,頁47。
② 《毛詩正義》,載《十三經注疏(整理本)》,卷十五,頁1070。
③ 《詩三家義集疏》,卷二十,頁801。
④ 胡承珙:《毛詩後箋》,合肥:黄山書社,1999年,卷二十二,頁1184。
⑤ 《詩古微》,卷一,頁11a,總頁14603。

民所望"句，①是賈生引《詩》有與《左傳》相同者也。至若賈誼與《左傳》之關係，詳見下文"賈誼《新書》與《左傳》關係考辨"。

　　賈誼《新書·等齊》引《詩·小雅·都人士》，以見君主與人臣階級有異，各有不同，必要明之方能息亂，否則便易有以下犯上之事。賈生之説，具列如下：

> 　　人之情不異，面目狀貌同類，貴賤之别非人天根着於形容也。所持以别貴賤明尊卑者，等級、勢力、衣服、號令也。亂且不息，滑曼無紀。天性則同，人事無别。然則，所謂臣臣主主者，非有楯臨之具、尊卑之經也，持面形而膚之耳。近習乎畫，近貌然後能識，則疏遠無所放，衆庶無以期，則下惡能不疑其上？君臣同倫，異等同服，則上惡能不眩於其下？孔子曰："長民者，衣服不二，從容有常，以齊其民，則民德一。"《詩》云："彼都人士，狐裘黄裳，""行歸於周，萬民之望。"孔子曰："爲上可望而知也，爲下可類而志也，則君不疑於其臣，而臣不惑於其君。"而此之不行，沐漬無界，可謂長大息者此也。②

　　賈誼此説以爲人主與臣下天性相同，面貌不異，若要分其尊卑，必需從等級、勢力、衣服、號令等之相異入手，否則階級不顯，易生亂事。此後賈生引孔子話語，謂長民衣服有所規定，舉措皆有法則，如此則百姓方有規範可循。復引《都人士》爲證，以爲在上位者上披狐皮，下穿黄衣；且上位者之行忠誠信義，乃萬民之楷模。至此，賈生復引孔子之説，指出若上下等級可一望而知，則君臣之間自不會感到疑惑。惜賈生以爲當時君主並無使上下有别之策，致使上下分界不清，誠爲可憾。考賈生

---

① 《春秋左傳正義》，載《十三經注疏（整理本）》，卷三十二，頁1069。
② 《新書校注》，卷一，頁47—48。

此般解説,實與《都人士》之《毛序》頗近。《毛序》云:"《都人士》,周人刺衣服無常也。古者長民,衣服不貳,從容有常,以齊其民,則民德歸壹。傷今不復見古人也。"①賈生所言與《毛序》相近,詳見下文對讀。

賈誼《新書·等齊》引《詩》一段,或據《禮記·緇衣》立説。陳喬樅《魯詩遺説考》云:"《都人士》首章,鄭君《禮記·緇衣》注云:'《毛詩》有之,三家則亡。'"②考《禮記》一書來源複雜,並非成於一時一人之手,而《禮記·緇衣》之作者,則向有兩種説法。一爲公孫尼子所作。王應麟(1223—1296)《漢書藝文志考證》"《公孫尼子》二十八篇"條下云:

> 《隋》、《唐志》一卷。似孔子弟子。沈約謂《樂記》取《公孫尼子》。劉瓛曰:"《緇衣》公孫尼子所作也。"馬總《意林》引之。③

劉瓛爲南齊人,其説未知所據,今姑且存而不論。二爲子思(前483—前402)所作,《漢書·藝文志》"諸子略"有"《子思》二十三篇",班固自注云:"名伋,孔子孫,爲魯繆公師。"④而《隋書·經籍志》⑤以及新舊《唐志》⑥俱有《子思子》一書之記載,可見此書在隋唐之世仍未散佚。梁人沈約(441—513)以爲《禮記》中有四篇皆爲子思所作,其時《子思子》尚在流傳,故其言亦可稱信。其曰:"《中庸》、《表記》、《防記》、《緇

---

①　《毛詩正義》,載《十三經注疏(整理本)》,卷十五,頁1069。

②　《魯詩遺説考》,卷十四,頁5b,總頁2489。

③　王應麟:《漢書藝文志考證》,上海:上海古籍出版社據《四庫全書》本影印,1987年,卷五,頁3b,總頁675—49。

④　《漢書》,卷三十,頁1724。

⑤　《隋書·經籍志》云:"《子思子》七卷。魯穆公師孔伋撰。"(《隋書》,卷三四,頁997。)

⑥　《舊唐書·經籍志》載有"《子思子》八卷。"(《舊唐書》,卷四十七,頁2024。)《新唐書·藝文志》則載有"《子思子》七卷。"(《新唐書》,卷五十九,頁1510。)

衣》,皆取《子思子》。"①隨着湖北荆門郭店楚簡之出土,李學勤
(1933—)、②姜廣輝(1948—)、③廖名春(1956—)④等學者對楚簡本
《緇衣》之考察,現大抵可證當日沈約所言不虚——《緇衣》確爲《子思
子》之一篇。《緇衣》既爲子思或其門人所作,而郭店一號楚墓之下葬
年代又當在公元前四世紀中期至前三世紀初,此即《緇衣》成書年代之
下限。至於今本《禮記》之成書年代,争議尚多,其部分篇章成書甚早,
然而又有部分篇章乃漢世所增益。⑤ 惟若據之以楚簡出土材料,則《禮
記》當有四篇來自今已散佚之《子思子》一書。前面既舉沈約之言,以
爲《緇衣》爲子思所作,今再以《文選》李善注證之。《文選》王褒《四子
講德論》李善注云:"《子思子》云:民以君爲心,君以民爲體,心正則體
修,心肅則身敬也。"⑥又《文選》張華(232—300)《答何劭二首》"周任
有遺規,其言明且清"二句,李善注云:"《子思子》,《詩》云:昔吾有先
正,其言明且清。國家以寧,都邑以成。"⑦而《子思子》此兩段文字,並
在今本《禮記·緇衣》以及楚簡本《緇衣》中,李善既題之爲"《子思
子》",則《緇衣》自是《子思子》其中一篇。既確定《緇衣》爲子思及其
後學所作,則今本《禮記》所見《緇衣》一篇,自是《禮記》編者取《子思

---

① 《隋書》,卷十三,頁288。

② 李學勤:《荆門郭店楚簡中的〈子思子〉》,《中國哲學》編輯部編:《郭店楚簡研究》,
瀋陽:遼寧教育出版社,1999年,頁75—80。

③ 姜廣輝:《郭店楚簡與〈子思子〉》,《中國哲學》編輯部編:《郭店楚簡研究》,頁
81—92。

④ 廖名春:《荆門郭店楚簡與先秦儒學》,《中國哲學》編輯部編:《郭店楚簡研究》,頁
36—74。

⑤ 有關《禮記》之成書年代,前人學者多有論之,其中周何《禮記概論》謂《禮記》之成書
可分爲四個階段。至於《禮記》四十九篇之來源,亦衆説紛紜。如漢人盧植以爲《王制》出於
漢文帝之時,《隋書·經籍志》以爲《月令》、《明堂位》等皆由馬融鈔合,沈約謂《學記》由漢人
毛生所作。凡此種種,皆是《禮記》於漢世尚有增益之證。(參自周何:《禮學概論》,臺北:三
民書局,1998年,頁112—118。)

⑥ 《文選》,卷五十一,頁2249。

⑦ 同上,卷二十四,頁1134。

子・緇衣》補入。《子思子・緇衣》成書年代當早於賈誼,是《禮記》中
成書年代較早之篇章。現再將簡本《緇衣》、今本《禮記・緇衣》,以及
《新書・等齊》所引並列如下:

《新書・等齊》與楚簡本《緇衣》、①《禮記・緇衣》、②《毛序》互見表

楚簡9	子曰:長民者,衣服不改,從容有常,
《禮記》9	子曰:"長民者,衣服不貳,從容有常,
《新書》	孔子曰:"長民者,衣服不二,從容有常,
《毛序》	古者長民　,衣服不貳,從容有常,

楚簡9	則民德　一,
《禮記》9	以齊其民,則民德　壹。"
《新書》	以齊其民,則民德　一。"
《毛序》	以齊其民,則民德歸壹。③

楚簡9	《詩》云:"　　　　　　　　其容不改,
《禮記》9	《詩》云:'彼都人士,狐裘黃黃。其容不改,
《新書》	《詩》云:"彼都人士,狐裘黃裳",

楚簡9	出言有訓,　　　黎民所信。
《禮記》9	出言有章。行歸于周,萬民所望。'"
《新書》	行歸於周,萬民之望。"

---

① 下文互見表"楚簡"後之編號,乃楚簡本《緇衣》此條在篇中之排列次序。
② 下文互見表"《禮記》"後之編號,乃今本《禮記・緇衣》此條在篇中之排列次序。
③ 《毛詩正義》,載《十三經注疏(整理本)》,卷十五,頁1069。

楚簡 3　　　　　子曰：爲上可望而知也，爲下可述而志也。

《禮記》10　　　子曰："爲上可望而知也，爲下可述而志也，

《新書》　　　　孔子曰："爲上可望而知也，爲下可類而志也，

楚簡 3　　　　　則君不疑　其臣，　臣不惑於　君　。①

《禮記》10　　　則君不疑於其臣，而臣不惑於其君矣。"②

《新書》　　　　則君不疑於其臣，而臣不惑於其君　。"③

可見今本《新書・等齊》所引，見《禮記・緇衣》第九章及第十章，而此文於楚簡本則分列於第九章及第三章。由是觀之，依《新書》所引次序考量，則與今本《禮記・緇衣》相合，大抵誼説亦本於今本《禮記》而非竹簡本《緇衣》，蓋竹簡本《緇衣》章次次序與賈誼所引不同。又《緇衣》（傳世本和竹簡本）原於"爲上可望而知也，爲下可述而志也，則君不疑於其臣，而臣不惑於其君矣"後有"尹吉曰：'惟尹躬及湯，咸有壹德'"、"《詩》云：'淑人君子，其儀不忒'"兩段文字。前者爲《書・咸有壹德》之文，後者爲《詩・曹風・鳲鳩》文字。孔穎達（574—648）《正義》謂引用《咸有壹德》所言，乃以證成孔子曰"君臣不相疑惑"之語；引用《鳲鳩》，重在指出"善人君子，其儀不有差忒"，正是針對子曰爲上爲下可一望而知之語。④ 然賈誼《新書》未如《緇衣》引用《詩》《書》之語，而接之以"而此之不行，沐瀆無界"，直下本段之結論。此賈誼《新書》與《緇衣》相異之處。

　　陳喬樅《齊詩遺説考・自序》以爲"《儀禮》及二戴《禮記》中所引

---

①　案：楚簡《緇衣》釋文參自香港中文大學中國古籍研究中心 https：//www.chant.org/scripts/jianbo2/（讀取時間 2010 年 4 月 7 日 11：30p.m.）。

②　《禮記正義》，載《十三經注疏（整理本）》，卷五十五，頁 1757。

③　《新書校注》，卷一，頁 47—48。

④　《禮記正義》，載《十三經注疏（整理本）》，卷五十五，頁 1758。

佚《詩》,皆尚當爲《齊詩》之文矣。"①陳氏謂《禮記》用《齊詩》,賈生用《魯詩》,然而此例則賈生引用《禮記·緇衣》文字,陳氏並未有就此作出論述,蓋亦其劃分三家《詩》時所遇之矛盾。由於賈誼《新書》所引次序與今本《禮記》合,則該段《禮記》最遲當成於漢初,其時三家《詩》未立,陳氏亦未可據《緇衣》此文推論《禮記》用《齊詩》。

5.《國語》

例六:《新書·禮容語下》引《詩》云:"昊天有成命,二后受之,成王不敢康,夙夜基命宥謐。"②見《詩·周頌·昊天有成命》。賈誼所引"夙夜基命宥謐",今本《毛詩》"謐"作"密"。③ 王先謙《詩三家義集疏》以爲"賈時惟有《魯詩》,知魯'密'作'謐'。"④是王氏據賈生而以爲《魯詩》"密"作"謐"。

其實賈誼《新書·禮容語下》此文,亦見《國語·周語下》,大抵爲賈說所本。然而賈生在因襲《國語》之餘,至解《詩》處而自用新意,不依舊解。茲對讀二書如下:

《新書·禮容語下》與《國語·周語下》對讀表

《新書》	晉叔向　聘于周,發幣　大夫。及單靖公,
《國語》	晉羊舌肸聘于周,發幣於大夫　及單靖公。

《新書》	靖公享之　儉而敬,賓禮贈賄同,是禮　而從　,
《國語》	靖公享之,儉而敬;賓禮贈餞　,視其上而從之;

《新書》	享燕無私,送不過郊,語説《昊天有成命》。

---

① 《齊詩遺説考》,自序,頁 1b,總頁 2563。
② 《新書校注》,卷十,頁 379。
③ 《毛詩正義》,載《十三經注疏(整理本)》,卷十九,頁 1524。
④ 《詩三家義集疏》,卷二十四,頁 1009。

《國語》　　燕無私,送不過郊;語説《昊天有成命》。

《新書》　　　　　　　　既而叔向告人曰:
《國語》　　單之老送叔向,　　叔向告之曰:

《新書》　　"　　　吾聞之曰,一姓不再興,
《國語》　　"異哉! 吾聞之曰:'一姓不再興。'

《新書》　　今周有單子以爲臣,周其復興乎?
《國語》　　今周其　　　　　　　　興乎! 其有單子也。

《新書》　　昔史佚有言曰:'動莫若敬,居莫若儉,
《國語》　　昔史佚有言曰:'動莫若敬,居莫若儉,

《新書》　　德莫若讓,事莫若資。'
《國語》　　德莫若讓,事莫若咨。'

《新書》　　今單子　　　　　　皆有焉。夫宮室不崇,
《國語》　　　單子之貺我,禮也,皆有焉。夫宮室不崇,

《新書》　　器無彤鏤,儉也;身恭除潔,
《國語》　　器無彤鏤,儉也;身聳除潔,①

《新書》　　外内肅給,敬也;燕好享賜,雖歡不踰等　　,

---

①　案: 汪遠孫(1789—1835)云:"《賈子·禮容語篇》作'蟲鏤',彤、蟲聲近通借。"(汪遠孫:《國語明道本考異》,汪氏振綺堂道光二十六年本,卷一,頁 18a。)可知賈誼《新書》與《國語》之互文,汪氏嘗加以注意,並據此以證"彤"、"蟲"二字可以通假。

《國語》　　外內齊給,敬也;宴好享賜,　　不踰其上,

《新書》　　讓也;賓之禮事,稱上而差,資也;
《國語》　　讓也;賓之禮事,放上而動,咨也。

《新書》　　若是　而加之以無私,重之以不侈,能辟怨矣。
《國語》　　如是,而加之以無私,重之以不殽,能避怨矣。

《新書》　　居儉動敬,禮讓事資,而能辟怨,以爲卿佐,
《國語》　　居儉動敬,德讓事咨,而能避怨,以爲卿佐,

《新書》　　其有不興乎?　夫　　　《昊天有成命》,
《國語》　　其有不興乎!"且其語説《昊天有成命》,

《新書》　　《頌》之盛德也。其詩曰:'昊天有成命,
《國語》　　《頌》之盛德也。其詩曰:'昊天有成命,

《新書》　　二后受之,成王不敢康,夙夜基命宥謐。'
《國語》　　二后受之,成王不敢康。夙夜基命宥密,

《新書》　　謐者,寧也,億也。命者,制令也。基者,經也,勢
　　　　　　也。夙,早也。康,安也。后,王;二后,文王武
　　　　　　王。成王者,武王之子,文王之孫也。文王有大
　　　　　　德而功未就,武王有大功而治未成,及成王承嗣,
　　　　　　仁以臨民,故稱'昊天'焉。不敢怠安,蚤興夜寐,
　　　　　　以繼文王之業。布文陳紀,經制度,設犧牲,使四
　　　　　　海之內,懿然葆德,各遵其道,故曰'有成'。承順

武王之功,奉揚武王之德,九州之民,四荒之國,歌謠文武之烈,累九譯而請朝,致貢職以供祀,故曰'二后受之'。方是時也,天地調合,神民順億,鬼不厲祟,民不謗怨,故曰'宥謐'。成王質仁聖哲,能明其先,能承其親,不敢惰懈,以安天下,以敬民人。今單子美說其志也,以佐王室,吾故曰'周其復興乎'?"①

《國語》　　於,緝熙!亶厥心肆其靖之。是道成王之德也。成王能明文昭,能定武烈者也。夫道成命者,而稱昊天,翼其上也。二后受之,讓於德也。成王不敢康,敬百姓也。夙夜,恭也;基,始也。命,信也。宥,寬也。密,寧也。緝,明也。熙,廣也。亶,厚也。肆,固也。靖,穌也。其始也,翼上德讓,而敬百姓。其中也,恭儉信寬,帥歸於寧。其終也,廣厚其心,以固穌之。始於德讓,中於信寬,終於固和,故曰成。單子儉敬讓咨,以應成德。單若不興,子孫必蕃,後世不忘。②

準上所見,賈誼《新書·禮容語下》此段文字實因襲自《國語》。賈誼因襲《國語》,並非孤例,此處更同有《昊天有成命》一詩。賈誼因襲《國語》,至引《昊天有成命》之詩文;及至解詩文字,賈生又與《國語》原文多有不同。賈誼重在說解《昊天有成命》一詩;《國語》同樣引《詩》,然

①　《新書校注》,卷十,頁378—379。
②　《國語》,上海:上海古籍出版社,1978年,卷三,頁114—116。

其重在論史,是以不同。陳喬樅、王先謙等以爲"賈時惟有《魯詩》",①然其所謂《魯詩》學者,僅賈誼引用上述一段解《詩》。賈誼引用此文目的與《國語》有異,是以至解《詩》處而自創新解,非三家義所及。若此,可見賈誼《詩》説多出己意,遍觀典籍,不因襲前人説法。

以下再看《毛傳》、鄭《箋》、韋昭(204—273)《國語解》等如何訓釋《昊天有成命》一詩。《毛傳》並鄭《箋》訓解此《詩》,語多同於《國語》,《毛傳》云:

> 二后,文、武也。基,始。命,信。宥,寬。密,寧也。②

鄭《箋》云:

> 昊天,天大號也。有成命者,言周自后稷之生而已有王命也。文王、武王受其業,施行道德,成此王功,不敢自安逸,早夜始信順天命,不敢解倦,行寬仁安静之政以定天下。寬仁所以止苛刻也,安静所以息暴亂也。③

其中《毛傳》"基"、"命"、"宥"、"密"等字之説解與《國語》相同。孔穎達《毛詩正義》謂"此篇《毛傳》皆依《國語》",④其説是也。至於韋昭《國語解》,嘗訓釋《昊天有成命》"昊天有成命,二后受之,成王不敢康"句云:

---

① 《詩三家義集疏》,卷二十四,頁1009。又陳喬樅《魯詩遺説考》謂賈誼、匡衡説解《昊天有成命》義同,因而推論"是齊、魯詩説皆如此"。(《魯詩遺説考》,卷十八,頁6b,總頁2537。)皆可見陳氏以爲賈生用《魯詩》。
② 《毛詩正義》,載《十三經注疏(整理本)》,卷十九,頁1524。
③ 同上,卷十九,頁1524—1525。
④ 同上,卷十九,頁1525。

　　昊天,天大號也。二后,文、武也。康,安也。言昊天有所成之命,文、武則能受之。謂修己自勸,以成其王功,非謂周成王身也。賈、鄭、唐説皆然。①

韋注此云"非謂周成王身也"者,當爲反駁賈生之説。賈誼以爲詩中所謂"成王不敢康"中之"成王"乃指周成王,韋昭則以爲"言昊天有所成之命,文、武則能受之。謂修己自勸,以成其王功,非謂周成王身也"。意即文王、武王能受昊天之命,成其王功,而非有關周成王也。是韋昭解説與賈生相異。《毛詩正義》本韋昭之説,復云:"是時人有疑是成王身者,故辨之也。"②蓋就賈生所言立説。

　　就《詩》文訓詁而言,賈生亦有異於他書,可見賈誼解《詩》,不囿一説,多有創見:

	《新書》	《國語》	《毛傳》	《爾雅》
謐	寧、億	寧	寧	(釋詁上)静
命	制令	信	信	(釋詁上)告
基	經、勢	始	始	(釋詁上)始
夙	早	恭		(釋詁下)早
康	安			(釋詁下)静

　　比合諸書所言,賈誼有關《昊天有成命》之解説本當出於《國語》,殆無異議。賈誼《新書·禮容語下》、《毛傳》、《國語解》或因襲其説,或爲之作解,胡承珙《毛詩後箋》謂西漢初年"《詩》未萌芽,群言淆亂,賈生雜述所聞,恐未足爲據耳"。③ 極詆賈生《詩》説。惟核之《國語》,

———————

① 《國語》,卷三,頁116 注2。
② 《毛詩正義》,載《十三經注疏(整理本)》,卷十九,頁1526。
③ 《毛詩後箋》,卷二十六,頁1519。

則見賈誼《新書》訓釋此詩,有略勝《毛傳》、《國語解》之處矣。馬瑞辰
《毛詩傳箋通釋》云:

> "二后受之,成王不敢康。"《箋》:"文王、武王受其業,施行道
> 德,成此王功,不敢自安逸。"瑞辰按:《晉語》引此詩,韋昭注:"謂
> 文、武脩己自勤,成其王功,非謂周成王身也。"説與《箋》同。但考
> 叔向説是詩曰:"是道成王之德也。成王,能明文昭,能定武烈者
> 也。"二后指文、武,則"成王"自指周成王無疑。頌作於成王之時,
> 成王猶《召南》詩稱平王,象其德而稱頌之,非謚也。叔向曰:"夫
> 道成命而稱昊天,翼其上也。'二后受之',讓於德也。"蓋謂成王
> 不自謂能受天命,而曰文、武受之,故以爲讓於德。若不指周成王,
> 則"二后受之"何謂讓於德乎?《賈子・禮容篇》釋此詩曰:"二后,
> 文王、武王。成王者,文王之孫,武王之子也。文王有大德而功未
> 就,武王有大功而治未成。及成王承嗣,仁以臨民,故稱昊天焉。
> 蚤興夜寐,以繼文王之業,懿然葆德,各遵其道,故曰有成。"是賈
> 子亦以詩"成王"指周成王身矣。……此《箋》及韋注《國語》並以
> "成王"指文、武,失之。①

馬瑞辰於此處指出就叔向所言,可見"成王"乃指周成王,故鄭《箋》及
韋《注》並誤,惟賈誼所言獨得《國語》之意。韋昭雖在注解《國語》,然
而其《詩》本毛氏,②故解釋此段《詩》文亦多用毛語。兩漢典籍引

---

① 《毛詩傳箋通釋》,卷二十八,頁1050。
② 唐晏《兩漢三國學案》將韋昭列於《毛詩》學者之下,惟未加解釋。(《兩漢三國學
案》,卷六,頁306。)歷來學者但謂韋昭習《毛詩》,未有細加考證,樊善標《韋昭〈詩〉學探論》
細意分析韋昭《詩》學,文中經過再三考證,以爲"韋昭一再引用《詩》句來證明注解中陳述的
史實,又把詩序視爲史料,這表現出他對歷史的偏好,更有意思的是,在這些材料中,完全沒有
和《毛詩》違逆的觀點,歷來把韋昭列在《詩》毛氏派的説法終於得到了證據支持。"(樊善標:
《韋昭〈詩〉學探論》,《中國文化研究所學報》第39期,1999年,頁314。)

《詩》乃常事,惟因《詩》而引申之義,則各有不同。若以《昊天有成命》爲例,賈誼所云是否魯義,實難以論斷,惟其《詩》説與毛氏及韋昭有異,則是事實。《毛詩正義》云:"古人説詩者,因其節文,比義起象,理頗溢於經意,不必全與本同。"①孔氏之言是矣!《國語》爲先秦舊典,其時三家詩未行;賈生襲取《國語》,兼引其詩,自不可以三家詩説囿之。

例七:《新書·禮容語下》引《詩》云:"敬之敬之,天惟顯思,命不易哉!毋曰高高在上,陟降厥士,日監在兹。惟予小子,不聰敬止。日就月將,學有緝熙于光明。佛時仔肩,視我顯德行。"②見《詩·周頌·敬之》。③ 王先謙《詩三家義集疏》以爲賈誼用《魯詩》,故云:"魯'維'作'惟',與毛異。'示'作'視',古字通,餘全同。"④又以爲《魯詩》作"無",《齊詩》作"毋",⑤惟今本《新書》亦作"毋",自與王氏謂賈誼用《魯詩》之論相悖,未知王氏之所據也。又賈誼引《敬之》"視我顯德行"句,陳喬樅云:"《賈子》引《詩》'示我顯德行'。'示'作'視','示'蓋'視'之古文也。"⑥是陳氏以爲賈生引作"視"者屬古文。王先謙復謂"魯'示'作'視'",⑦其所謂魯説正當以賈生爲據。

至若《詩》義而言,陳喬樅、王先謙等自以賈生用《詩》必屬魯説。然細考賈誼《新書·禮容語下》引《敬之》以前之一段文字,其實本於《國語·周語下》,兹對讀二書如下:

① 《毛詩正義》,載《十三經注疏(整理本)》,卷十九下,頁1526。
② 《新書校注》,卷十,頁381。
③ 《毛詩正義》,載《十三經注疏(整理本)》,卷十九,頁1583。案:《毛詩》與賈生所引稍有不同,《毛詩》云:"敬之敬之,天維顯思,命不易哉!無曰高高在上,陟降厥士,日監在兹。維予小子,不聰敬止。日就月將,學有緝熙于光明。佛時仔肩,示我顯德行。"
④ 《詩三家義集疏》,卷二十六,頁1041。
⑤ 同上。
⑥ 《魯詩遺説考》,卷十八,頁22b,總頁2545。
⑦ 《詩三家義集疏》,卷二十六,頁1041。

《新書·禮容語下》與《國語·周語下》對讀表

《新書》　　晉之三卿郤錡郤犨郤至，
《國語》

《新書》　　從晉厲公會諸侯於加陵　　　。
《國語》　　　　　　　　柯陵之會，

《新書》　　周單襄公在會。晉厲公視遠步高。
《國語》　　　單襄公　　　見晉厲公視遠步高。

《新書》　　　郤錡見單子，其語犯；郤犨見，其語訐；
《國語》　　晉郤錡見　　　其語犯。郤犨見，其語迂。

《新書》　　郤至見，其語伐；齊國佐見，其語盡。
《國語》　　郤至見，其語伐。齊國佐見，其語盡。

《新書》
《國語》　　魯成公見，言及晉難及郤犨之譖。

《新書》　　單襄公告魯成公曰："　　　　　晉將有亂，
《國語》　　單子　　　　　曰："君何患焉！晉將有亂，

《新書》　　其君與三郤其當之乎?"魯侯曰：
《國語》　　其君與三郤其當之乎!"魯侯曰：

《新書》　　"寡人固晉而彊其君，今君曰'將有亂'，
《國語》　　"寡人懼不免於晉　，今君曰'將有亂'，

《新書》　　敢問天道乎？意人故也？"
《國語》　　敢問天道乎，抑人故也？"

《新書》　　對曰："吾非　諸史也，焉知天道？
《國語》　　對曰："吾非瞽、史　，焉知天道？

《新書》　　吾見晉君之容，而聽三郤之語矣，殆必有禍矣。
《國語》　　吾見晉君之容，而聽三郤之語矣，殆必禍者也。

《新書》　　　君子目以正體，足以從之，
《國語》　　夫君子目以定體，足以從之，

《新書》　　是以觀　容而知其心　。
《國語》　　是以觀其容而知其心矣。目以處義，足以步目，

《新書》　　今晉侯視遠而足高，目不在體，而足不步目，
《國語》　　今晉侯視遠而足高，目不在體，而足不步目，

《新書》　　其心必異矣。體目不相從，何以能久？
《國語》　　其心必異矣。目體不相從，何以能久？

《新書》　　夫合諸侯，民之大事也，於是　觀存亡之徵焉。
《國語》　　夫合諸侯，民之大事也，於是乎觀存亡。

《新書》　　故國將有福，其君　　步言視聽，
《國語》　　故國將無咎，其君在會，步言視聽，

《新書》　　必皆得適順善，則可以知德矣。
《國語》　　必皆無讁　　　，則可以知德矣。

《新書》　　視遠　曰絕其義，足高　曰棄其德，
《國語》　　視遠，曰絕其義；足高，曰棄其德；

《新書》　　言爽　曰反其信，聽淫　曰離其名。
《國語》　　言爽，曰反其信；聽淫，曰離其名。

《新書》　　夫目以處義，足以踐德，口以庇信，
《國語》　　夫目以處義，足以踐德，口以庇信，

《新書》　　耳以聽名者矣，故不可不慎也。偏亡者有咎，
《國語》　　耳以聽名者也，故不可不慎也。偏喪　有咎，

《新書》　　既亡則國從之。今晉侯無一可焉，吾是以云。
《國語》　　既喪則國從之。　晉侯爽二　　，吾是以云。

《新書》　　　夫郤氏，晉侯之寵人也。
《國語》　　"夫郤氏，晉　之寵人也，

《新書》　　是族在晉有三卿　五大夫，貴矣，亦可以戒懼矣。
《國語》　　　　　　三卿而五大夫，　　　可以戒懼矣。

《新書》
《國語》　　高位寔疾顛，厚味寔腊毒。

《新書》	今郤伯之語犯，郤叔訐，郤季伐；
《國語》	今郤伯之語犯，　叔迂，　季伐，

《新書》	犯則凌人，訐則誣人，伐則撟人。
《國語》	犯則陵人，迂則誣人，伐則掩人。

《新書》	有是寵也，而益之以三怨，其誰能忍之？
《國語》	有是寵也，而益之以三怨，其誰能忍之！

《新書》	齊國武子亦將有禍　。齊，亂國也。
《國語》	雖齊國　子亦將與　焉。

《新書》	立於淫亂之朝，而好盡言 以暴人過，怨之本也。
《國語》	立於淫亂之國，而好盡言，以招人過，怨之本也。

《新書》	惟善人能受盡言，今齊既亂，其能善乎？”
《國語》	唯善人能受盡言，　齊　　其有　乎？

《新書》	
《國語》	“吾聞之，國德而鄰於不修，必受其福。今君偪於晉，而鄰於齊，齊、晉有禍，可以取伯，無德之患，何憂於晉？且夫長翟之人利而不義，其利淫矣，流之若何？”魯侯歸，乃逐叔孫僑如。簡王十一年，諸侯會于柯陵。

《新書》	居二年，晉殺三卿。
《國語》	十二年，晉殺三郤。

《新書》	明　年,屬公弑　於　東門　。是歲也,
《國語》	十三年,晉侯弑,於翼東門葬,　　　　以車一乘。

《新書》	齊人果殺國武子。
《國語》	齊人　殺國武子。①

《新書》	《詩》曰:"敬之敬之,天惟顯思,命不易哉! 毋曰高高在上,陟降厥士,日監在兹。惟予小子,不聰敬止。日就月將,學有緝熙于光明。佛時仔肩,視我顯德行。"故弗順弗敬,天下不定;忘敬而怠,人必乘之。嗚呼,戒之哉!②
《國語》	

上舉二文有互見關係,昭然若揭,前人有以此作校勘之例。如《國語》"郤犨見,其語迂"句,王引之《經義述聞》嘗利用賈誼《新書》加以勘正。王引之云:

> "郤犨見,其語迂。單子曰:迂則誣人。"韋注曰:"迂回,加誣於人。"家大人曰:迂,《賈子·禮容語篇》作"訏"。《説文》"訏,詭譌也。"詭譌之言,以無爲有,故曰迂則誣人。《説文》:"譁,妄言也。"《法言·問明篇》曰:"譁言敗俗,譁好敗則。"訏、譁、迂聲義並同。《荀子·非十二子篇》:"欺惑愚衆,喬宇嵬瑣。"喬與譁同,宇與訏同,皆古子假借也。《漢書·五行志》載《周語》亦作"迂"。顏師古注曰:"迂,夸誕也。"義長於韋矣。③

---

① 《國語》,卷三,頁89—94。
② 《新書校注》,卷十,頁380—381。
③ 《經義述聞》,卷二十,頁15a—b,總頁483。

在上例中,王引之轉述父親王念孫之言,以爲韋昭解"迂"之義爲"迂回"之説有所未備,並舉《新書·禮容篇》之互見文字爲證。最後又以《漢書》顔注解"迂"爲"夸誕"之義爲長。又如《國語》"好盡言以招人過"句,韋昭注曰:"招,舉也。"①《經義述聞》云:

　　引之謹案:《漢書·陳勝傳贊》:招八州而朝同列。鄧展曰:招,舉也。蘇林曰:招音翹。此舊音所本也。今案《後漢書·鍾晧傳》云:昔國武子好昭人過,以致怨本。《魏志·鍾繇傳》注引《先賢行狀》同。其字皆作"昭"。然則昭者,明著之詞,言好盡己之言,以明著人之過也。《賈子·禮容語篇》作"好盡言以暴人過","暴"亦明著之詞,則其字之本作"昭"甚明。韋本作"招"者,借字耳。《昭十二年·左傳》"祭公謀父作祈招之詩",張衡《東京賦》"招有道於側陋",賈逵、薛綜注並云:招,明也。漢校官碑:宗懿招德。即昭德。是"昭"字古通作"招"。"招人過"即昭人過,不當訓爲舉,亦不當讀爲翹也。②

在此例中,王引之亦以賈誼《新書》與《國語》之互見關係爲證,謂《國語》"好盡言以招人過"句之"招"字不當解作"舉",因《新書》"招"字已作"暴",是有明著之意。王氏以爲"招"字本通作"昭",句意謂"好盡己之言,以明著人之過"。王説是也。徐元誥《國語集解》亦以王説爲然。③
　　賈生此文襲用《國語》之迹甚明,清人已嘗利用其中互文以作校勘。就上文對讀部分所見,賈誼先因襲《國語》文字,然後自行引《詩》説明晉三郤之言行不符禮容,不敬天,則百姓定必乘隙作亂。《國語·周語》文字至"齊人殺國武子"即結束,賈誼則隨即引《詩》,再作闡述,

① 《國語》,卷三,頁93注8。
② 《經義述聞》,卷二十,頁16a—b,總頁484。
③ 徐元誥:《國語集解》,上海:上海古籍出版社,2002年,卷三,頁85—86。

大抵漢人有“以三百五篇諫”①之傳統，賈誼引用是《詩》，意亦在此。《國語》此段文字，意在論史；賈誼《新書》因襲《國語》，然後引《詩》，目的在引《詩》爲諫，不在論史，與《國語》有所不同。賈生以“弗順順敬，天下不定；志敬而怠，人必乘之。嗚呼，戒之哉”釋詩。賈生以爲三郤不敬順昊天，天下自不安定，百姓亦因此乘隙作亂。賈生先引《國語》所載史事，以史爲鑑，復以詩爲證，引申詩義。蔡邕習《魯詩》，其《獨斷》釋此詩爲“群臣進戒嗣王之所歌也”，《毛序》亦以此詩爲“群臣進戒嗣王也”，②可見魯、毛取意相同。至若賈生以百姓終必作亂以釋詩，大抵亦在引申“群臣進戒嗣王”之説。

　　上舉賈誼以文獻典籍説《詩》之例，見賈生博通群書。《史記·屈原賈生列傳》云：“年十八，以能誦《詩》屬《書》聞於郡中”，③又謂賈生“頗通諸子百家之書”，④太史公之言，良有以也。

二、結　語

　　綜上所論，賈誼説《詩》之内容與先秦文獻相合者衆矣，如《孟子》、《左傳》、《晏子春秋》、《禮記》、《國語》等皆其例。至若賈誼説《詩》之特點，可總之如下：

---

　　①　漢昭帝崩，無嗣，群臣議立昌邑王爲天子，然其德不修，後群臣改立宣帝爲天子。昌邑王群臣皆下獄，而王式得以數諫減死論，《漢書》載云：“式繫獄當死，治事使者責問曰：‘師何以亡諫書？’式對曰：‘臣以《詩》三百五篇朝夕授王，至於忠臣孝子之篇，未嘗不爲王反復誦之也；至於危亡失道之君，未嘗不流涕爲王深陳之也。臣以三百五篇諫，是以亡諫書。’使者以聞，亦得減死論，歸家不教授。”（《漢書》，卷八八，頁 3610。）王式以王賀師時日夜以《詩》三百五篇諫，欲以爲仁義聖君，惜昌邑王未能深曉，在位只二十七日，“持節詔諸官署徵發，凡千一百二十七事”，（《漢書》，卷六十八，頁 2994。）故廢。
　　②　《毛詩正義》，載《十三經注疏（整理本）》，卷十九下，頁 1583。
　　③　《史記》，卷八十四，頁 2491。
　　④　同上。

一、陳喬樅、王先謙等人以爲賈誼時惟有《魯詩》，故誼所引者，皆《魯詩》也。細究其説，實有可商之處。由阜陽漢簡《詩經》可見，西漢時期並不只有齊、魯、韓三家詩，故未可謂賈誼所用必《魯詩》也。

二、陳喬樅、王先謙等以爲賈誼用《魯詩》，其説似亦可商。唐晏《兩漢三國學案》將賈生置於“不詳宗派”之列，①其説大抵可從。《新書・等齊》引《都人士》首章，鄭玄謂“毛氏有之，三家則亡”。然而賈誼確有引用此章，或可説明賈誼引《詩》，不入三家範疇。

三、由於陳、王二人謂賈誼乃《魯詩》學者，故賈誼《新書》中所引《詩》，二人悉以爲《魯詩》也。及後若有人引《詩》與賈誼同，又謂之爲《魯詩》學者也。如此繫聯，亦未足稱信。

四、賈誼引《詩》，重在引申《詩》義，觀其於《禮容語下》兩引《國語・周語》，先因襲《國語》文字，然後改易《國語》原來詩説，又或自行引《詩》以證。此外，更每每引用先秦文獻典籍説《詩》。太史公謂賈誼“以能誦《詩》屬《書》聞於郡中”、“頗通諸子百家之書”，今觀其説《詩》，方知其言不易矣。西漢初年，三家《詩》未立學官，文人多用文獻説《詩》，實未可入於三家範疇。

五、賈生用先秦文獻説《詩》，而陳喬樅、王先謙等謂其時惟有《魯詩》，三家《詩》至西漢文帝以後方立爲學官，大抵是三家《詩》説有與賈生同者，非賈誼徵用三家之義，是以陳喬樅、王先謙所言，於推論過程而言猶有未盡是處。而且，西漢以前典籍，如《左傳》、《國語》、《孟子》等，其《詩》説實不可以三家義囿之，蓋因其時根本並無三家《詩》説。是以陳喬樅、王先謙等所謂之三家《詩》説系統，實有重新檢討之必要。

（此文於 2002 年發表於香港浸會大學
《人文中國學報》第九期，頁 253—280。）

---

① 《兩漢三國學案》，卷五，頁 213。

附録二：賈誼引《詩》説《詩》資料彙編

	篇章	賈誼詩説	《毛詩》	文字異同
1	《等齊》	然則，所謂臣臣主主者，非有相臨之具、尊卑之經也，持面形而膚之耳。近習乎晝，近貌然後能識，則疏遠無所放，衆庶無以期，則下惡能不疑其上？君臣同倫，異等同服，則上惡能不眩於其下？孔子曰："長民者，衣服不二，從容有常，以齊其民，則民德一。"**《詩》云："彼都人士，狐裘黃裳"，"行歸於周，萬民之望。"**孔子曰："爲上可望而知也，爲下可類而志也，則君不疑於其臣，而臣不惑於其君。"而此之不行，沐漬無界，可謂長大息者此也。	《小雅·都人士》：彼都人士，狐裘黃黃。其容不改，出言有章。行歸于周，萬民所望。	賈誼引作四句，而《毛詩》則作六句。賈誼引作"狐裘黃裳"，而《毛詩》則作"狐裘黃黃"，字有差異。
2	《匈奴》	**《詩》曰："普天之下，莫非王土。率土之濱，莫非王臣。"**王者，天子也。苟舟車之所至，人迹之所及，雖蠻貊戎狄，孰非天子之所作也？而憺渠頗率天子之民，以不聽天子，則憺渠大罪也。	《小雅·北山》：溥天之下，莫非王土。率土之濱，莫非王臣。	賈誼所引"普天之下"，今本《毛詩》"普"作"溥"。
3	《連語》	若材性下主也，邪人必合，賢正必遠，坐而須亡耳，又不可勝憂矣。故其可憂者，唯中主耳，又似練絲，染之藍則青，染之緇則黑，得善佐則存，無善佐則亡，此其不可不憂者耳。**《詩》曰："芃芃棫樸，薪之槱之；濟濟辟王，左右趨之。"**此言左右日以善趨也，故臣竊以爲練左右急也。	《大雅·棫樸》：芃芃棫樸，薪之槱之。濟濟辟王，左右趣之。	賈誼所引"左右趨之"句，今本《毛詩》"趨"作"趣"。

續　表

	篇章	賈誼詩説	《毛詩》	文字異同
4	《禮》	禮者，臣下所以承其上也。故《詩》云："一發五犯，吁嗟乎騶虞。"騶者，天子之囿也。虞者，囿之司獸者也。天子佐輿十乘，以明貴也。二牲而食，以優飽也。虞人翼五犯以待一發，所以復中也。人臣於是所尊敬，不敢以節待，敬之至也。甚尊其主，敬慎其所掌職，而志厚盡矣。作此詩者，以其事深見良臣順上之志也。良臣順上之志者，可以義矣。故其歎之也長，曰"吁嗟乎"。雖古之善爲人臣者，亦若此而已。	《召南·騶虞》：壹發五犯。于嗟乎騶虞！	賈誼所引"一發五犯"，今本《毛詩》"一"作"壹"；"吁嗟乎騶虞"句，今本《毛詩》"吁"作"于"。
5	《禮》	《詩》曰："投我以木瓜，報之以瓊琚；匪報也，永以爲好也。"上少投之，則下以軀償矣；弗敢謂報，願長以爲好。古之蓄其下者，其施報如此。	《衛風·木瓜》：投我以木瓜，報之以瓊琚。匪報也，永以爲好也。	相同。
6	《禮》	故禮者，自行之義，養民之道也。受計之禮，主所親拜者二：聞生民之數則拜之，聞登穀則拜之。《詩》曰："君子樂胥，受天子祜。"胥者，相也。祜，大福也。夫憂民之憂者，民必憂其憂；樂民之樂者，民亦樂其樂。與士民若此者，受天之福矣。	《小雅·桑扈》：君子樂胥，受天之祜。	賈誼所引"受天子祜"，今本《毛詩》"子"作"之"。
7	《禮》	取之有時，用之有節，則物蓄多。湯曰："昔蛛蝥作罟，不高順、不用命者，寧丁我網。"其憚害物也	《大雅·靈臺》：王在靈囿，麀鹿攸伏。	賈誼所引"白鳥皜皜"，今本《毛詩》"皜

	篇章	賈誼詩説	《毛詩》	文字異同
7	《禮》	如是。**《詩》曰:"王在靈囿,麀鹿攸伏,麀鹿濯濯,白鳥皜皜。王在靈沼,於牣魚躍。"**言德至也。聖主所在,魚鱉禽獸猶得其所,況於人民乎?	麀鹿濯濯,白鳥翯翯。王在靈沼,於牣魚躍。	皜"作"翯翯"。
8	《容經》	古者年九歲入就小學,蹍小節焉,業小道焉;束髮就大學,蹍大節焉,業大道焉。是以邪放非辟,無因入之焉。諺曰:"君子重襲,小人無由入;正人十倍,邪辟無由來。"古之人其謹於所近乎!**《詩》曰:"芃芃棫樸,薪之槱之;濟濟辟王,左右趨之。"**此言左右日以善趨也。	《大雅·棫樸》:芃芃棫樸,薪之槱之。濟濟辟王,左右趣之。	賈誼所引"左右趨之",今本《毛詩》"趨"作"趣"。
9	《容經》	古者聖王居有法則,動有文章,位執戒輔,鳴玉以行。鳴玉者,佩玉也。上有雙珩,下有雙璜,衝牙蠙珠以納其間,琚瑀以雜之。行以《采薺》,趨以《肆夏》,步中規,折中矩。登車則馬行而鸞鳴,鸞鳴而和應,聲曰和,和則敬。故**《詩》曰:"和鸞嗹嗹,萬福攸同。"**言動以紀度,則萬福之所聚也。	《小雅·蓼蕭》:和鸞雝雝,萬福攸同。	賈誼所引"和鸞嗹嗹",今本《毛詩》"嗹嗹"作"雝雝"。
10	《容經》	夫有威而可畏謂之威,有儀而可象謂之文。富不可爲量,多不可爲數。故**《詩》曰:"威儀棣棣,不可選也。"**棣棣,富也。不可選,衆也。言接君臣、上下、父子、兄弟、内外、大小品事之各有容志也。	《邶風·柏舟》:威儀棣棣,不可選也。	相同。

	篇章	賈誼詩説	《毛詩》	文字異同
11	《君道》	及武王克殷,既定,令殷之民投撤桎梏而流之於河。民輸梏者以手撤之,弗敢墜也;跪之入水,弗敢投也。曰:"昔者,文王鬻常擁此。"故愛思文王,猶敬其梏,況乎其法教乎?《詩》曰:"**濟濟多士,文王以寧**。"言輔翼賢正,則身必已安也。	《大雅·大王》:濟濟多士,文王以寧。	相同。
12	《君道》	又曰:"**弗識弗知,順帝之則**。"言士民説其德義,則效而象之也。	《大雅·皇矣》:不識不知,順帝之則。	賈誼所引"弗識弗知",今本《毛詩》"弗"皆作"不"。
13	《君道》	文王志之所在,意之所欲,百姓不愛其死,不憚其勞,從之如集。《詩》曰:"**經始靈臺**","**庶民攻之,不日成之。經始勿亟,庶民子來。**"文王有志爲臺,令近規之。民聞之者麕裒而至,問業而作之,日日以衆。故弗趨而疾,弗期而成,命其臺曰靈臺,命其囿曰靈囿,謂其沼曰靈沼,愛敬之至也。	《大雅·靈臺》:經始靈臺,經之營之。庶民攻之,不日成之。經始勿亟,庶民子來。	今本《毛詩》比賈誼所引多"經之營之"一句。
14	《君道》	《詩》曰:"**王在靈囿,麀鹿攸伏。麀鹿濯濯,白鳥皜皜。王在靈沼,於牣魚躍。**"文王之澤,下被禽獸,洽于魚鱉,咸若攸樂,而況士民乎?	《大雅·靈臺》:王在靈囿,麀鹿攸伏。麀鹿濯濯,白鳥翯翯。王在靈沼,於牣魚躍。	賈誼所引"白鳥皜皜",今本《毛詩》"皜皜"作"翯翯"。

	篇章	賈誼詩説	《毛詩》	文字異同
15	《君道》	《詩》曰："**愷悌君子,民之父母。**"言聖王之德也。	《大雅·泂酌》：豈弟君子,民之父母。	賈誼所引"愷悌君子",今本《毛詩》"愷"作"豈","悌"作"弟"。
16	《禮容語下》	夫《昊天有成命》,《頌》之盛德也。其詩曰："**昊天有成命,二后受之,成王不敢康,夙夜基命宥謐。**"謐者,寧也,億也。命者,制令也。基者,經也,勢也。夙,早也。康,安也。后,王;二后,文王武王。成王者,武王之子,文王之孫也。文王有大德而功未就,武王有大功而治未成,及成王承嗣,仁以臨民,故稱"昊天"焉。不敢怠安,蚤興夜寐,以繼文王之業。布文陳紀,經制度,設犧牲,使四海之内,懿然葆德,各遵其道,故曰"有成"。承順武王之功,奉揚文王之德,九州之民,四荒之國,歌謡文武之烈,累九譯而請朝,致貢職以供祀,故曰"二后受之"。方是時也,天地調合,神民順億,鬼不厲祟,民不謗怨,故曰"宥謐"。成王質仁聖哲,能明其先,能承其親,不敢惰懈,以安天下,以敬民人。今單子美説其志也,以佐王室,吾故曰"周其復興乎?"	《周頌·昊天有成命》：昊天有成命,二后受之。成王不敢康,夙夜基命宥密。	賈誼所引"夙夜基命宥密",今本《毛詩》"謐"作"密"。

	篇章	賈 誼 詩 説	《毛詩》	文字異同
17	《禮容語下》	《詩》曰:"**敬之敬之,天惟顯思,命不易哉! 毋曰高高在上,陟降厥士,日監在兹。惟予小子,不聰敬止。日就月將,學有緝熙于光明。佛時仔肩,視我顯德行。**"故弗順弗敬,天下不定;忘敬而怠,人必乘之。嗚呼,戒之哉!	《周頌·敬之》:敬之敬之,天維顯思,命不易哉! 無曰高高在上,陟降厥士,日監在兹。維予小子,不聰敬止。日就月將,學有緝熙于光明。佛時仔肩,示我顯德行。	賈誼所引"天惟顯思",今本《毛詩》"惟"作"維";"毋曰高高在上"句,今本《毛詩》"毋"作"無";"惟予小子"句,今本《毛詩》"惟"作"維";"視我顯德行"句,今本《毛詩》"視"作"示"。

賈誼《新書》與《左傳》關係考辨

有關賈誼《新書》與《左傳》之關係，前人學者多有論之。如《漢書·儒林傳》、《隋書·經籍志》、《經典釋文·序録》皆然。其中陸德明《經典釋文》謂賈生師事張蒼，傳其《左傳》之學。本部分將綜合前人學者意見，討論賈生與《左傳》之關係，然後取《左傳》與賈誼《新書》對讀，以見賈生引用春秋史事之法，從而證成前人論説之當否。

一、前人論評賈誼與《左傳》之關係

1. 賈誼與張蒼

今考與賈誼《新書》互見之周秦兩漢典籍甚眾，如《鬻子》、《詩》、《左傳》、《國語》、楚簡本《緇衣》、《戰國策》、《韓非子》、《吕氏春秋》、《淮南子》、《韓詩外傳》、《春秋繁露》、《毛傳》、《史記》、《文子》、《禮記》、《大戴禮記》、《新序》、《説苑》、《古列女傳》、《漢書》、《前漢紀》、《論衡》、《孔子家語》等。其中有關賈誼左氏學之討論，學者每先就其與張蒼之關係立説。

張蒼，陽武人，好書律曆，秦時官至御史，主管四方文書。漢興，高祖劉邦封張蒼爲北平侯，及後遷爲丞相。《史記》、《漢書》俱有本傳。世言其修《左傳》及傳授賈生，惟張蒼和賈誼之《史記》《漢書》本傳俱無載此事。如宋人葉夢得（1077—1148）《春秋考》卷三云：

> 《左氏》初無師，張蒼、賈誼但傳其書，亦未必盡見其全，至魯共王所得始備。①

葉氏指出張蒼和賈誼均曾傳左氏之書。又宋人魏了翁（1178—1237）《春秋左傳要義》卷首云：

> 前漢傳《左氏》者，有張蒼、賈誼、尹咸、劉歆，後漢有鄭衆、賈逵、服虔、許惠卿之等各爲詁訓。②

魏氏以爲張蒼和賈誼俱嘗爲《左傳》訓詁。又明人朱睦㮮（1517—1586）《授經圖》卷二表解《春秋》之傳授如下：

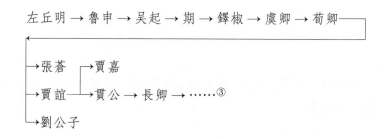

①　葉夢得：《春秋考》，上海：上海古籍出版社據《四庫全書》本影印，1987 年，卷三，頁 26a。

②　魏了翁：《春秋左傳要義》，上海：上海古籍出版社據《四庫全書》本影印，1987 年，卷首，頁 1a。

③　朱睦㮮：《授經圖》，臺北：臺灣商務印書館，1968 年臺一版，卷二，頁 89。

據朱睦㮮所言，賈誼《左傳》之學更是直承荀卿。^①　至於清人盧文弨校勘《荀子·致士》云：

> 考荀卿以《左氏春秋》授張蒼，蒼授賈誼。荀子固傳《左氏》之祖師也。^②

盧氏指出荀卿傳授賈誼《左傳》之學。又近人劉師培《經學教科書》言及兩漢春秋學之傳授云：

> 兩漢之初，傳《春秋》者有左氏、公羊、穀梁、鄒氏、夾氏五家，鄒氏無師，夾氏無書。惟賈誼受左氏學于張蒼，世傳其學，至于賈嘉。（誼之孫。）^③

劉氏亦謂張蒼嘗傳授《左傳》予賈誼。又日人狩野直喜（1868—1947）《春秋研究》云：

> 左傳は左丘明より曾申、吳起、吳期、鐸敘、虞卿、荀子に傳はり、漢に至り張蒼、賈誼なと此の學を傳ふ。^④

狩野氏以爲時至漢代，張蒼和賈誼是《左氏》學者。又今人王更生《賈誼春秋左氏承傳考》云：

① 案：朱睦㮮《授經圖》在繪製諸經傳授圖以外，亦有文字加以交代《左傳》之傳授過程。朱氏云："賈誼，雒陽人，受左氏學於荀卿。"（《授經圖》，卷二，頁94。）朱氏所云，未知所據，若據他書所載，或謂賈誼之學出自吳公，或謂出自張蒼，其中吳公爲荀卿弟子，由是而有賈生乃荀卿再傳弟子之論。朱氏謂賈誼之學直出荀卿，此論誠疑。
② 《荀子》，臺北：藝文印書館據抱經堂校定本影印，1968年，卷九，頁11a。
③ 《經學教科書》，載《劉申叔遺書》，頁8a，總頁2078。
④ 狩野直喜：《春秋研究》，東京：みすず書房，1994年，頁33。

西漢劉向條《別錄》，首明《春秋》傳授次第；班固傳《儒林》，言北平侯張蒼、及梁太傅賈誼、京兆尹張敞、太中大夫劉公子，皆修《左氏傳》，而列賈誼於張蒼之後，其承傳關係，於焉可見。①

又云：

賈誼之傳《春秋》也，承荀卿、張蒼之授業，開劉歆、賈護之先河。②

比合王氏所論，以爲張蒼和賈誼同修《左傳》，而賈生之《春秋》學有承自張蒼者也。及至唐雄山《賈誼禮治思想研究》承繼王更生所論，以爲"賈誼從師於荀子的學生張蒼，學習《左氏傳》"。③ 吳松庚（1962—）《賈誼》更是設立專章，以爲賈誼師事張蒼，並有《春秋左氏傳訓詁》一書。④

準上所見，古今學者或謂張蒼與賈生各爲《左氏訓詁》，⑤或謂賈生師承張蒼，持論各異，究其所以，蓋因學者所言或本《漢書·儒林傳》，或本《經典釋文·序錄》，或本《隋書·經籍志》。班固《漢書·儒林傳》云：

漢興，北平侯張蒼及梁太傅賈誼、京兆尹張敞、太中大夫劉公子皆修《春秋左氏傳》。誼爲《左氏傳》訓故，授趙人貫公，爲河間

---

① 《賈誼春秋左氏承傳考》，頁135。
② 同上。
③ 《賈誼禮治思想研究》，頁13。
④ 案：吳松庚《賈誼》第一章第四節"師從張蒼"，第六節"作《春秋左氏傳訓詁》"專述賈誼與《左傳》之關係"。（詳參吳松庚：《賈誼》，長沙：岳麓書社，2008年，頁17—18、22—26。）
⑤ 今《漢書·藝文志·六藝略》"春秋類"有《張氏微》十篇，學者據此以爲乃張蒼所爲《訓詁》。劉師培《左盦集·左氏學行於西漢考》："張蒼既獻其書，復作曆譜五德。又作《張氏微》十篇，以授賈誼。"（《左盦集》，載《劉申叔遺書》，卷二，頁8b，總頁1216。）劉氏所言可參。

獻王博士,子長卿爲蕩陰令,授清河張禹長子。[1]

此文具言張蒼與賈誼同修《左傳》,未有言及二人有否師徒關係。班固《漢書》撰於東漢,微爲近古,其説最爲可信。至若再言賈誼授貫公,貫公授貫長卿,貫長卿授張禹長子等,一則各人均無《左傳》著作傳世,二則並無其他證據説明各人之《左傳》學乃由賈誼所傳,因而難以論定賈誼嘗傳授《左傳》。

及後《梁書·劉之遴傳》載梁武帝《答劉之遴詔》云:"張蒼之傳《左氏》,賈誼之襲荀卿。"[2]同樣未言賈生曾受學於張蒼,僅謂賈生嘗因襲荀卿。至唐人陸德明《經典釋文·序録》則云:

> 左丘明作傳,以授曾申,申傳衛人吳起,起傳其子期,期傳楚人鐸椒,椒傳趙人虞卿,卿傳同郡荀卿名況,況傳武威張蒼,蒼傳洛陽賈誼,誼傳至其孫嘉。[3]

據陸德明《序録》所言,張蒼、賈誼並非同修《左傳》,其實乃師徒關係。[4] 唐

---

[1] 《漢書》,卷八十八,頁 3620。

[2] 姚思廉:《梁書》,北京:中華書局,1973 年,卷四十,頁 574。又《南史·劉之遴傳》亦云:"張蒼之傳《左氏》,賈誼之襲荀卿。"(李延壽:《南史》,北京:中華書局,1975 年,卷五十,頁 1251。)

[3] 《經典釋文》,序録,頁 26b,總頁 13。案:《經典釋文》謂賈誼傳授其《左傳》之學予其孫賈嘉。今考此説存疑。黃覺弘《論賈誼與〈左傳〉之關係》云:"考賈誼卒於文帝前元十二年(前 168 年),年三十三。則賈誼卒時,其或在襁褓之中,賈誼何能授其學?"(黃覺弘:《論賈誼與〈左傳〉之關係》,載《船山學刊》總第 59 期,2006 年,頁 65。)黃氏所言是也,是陸氏《釋文》所言傳授過程未必可信。

[4] 劉向《別録》云:"左丘明授曾申,申授吳起,起授其子期,期授楚人鐸椒。鐸椒作《抄撮》八卷,授虞卿;虞卿作《抄撮》九卷,授荀卿;荀卿授張蒼。"(劉向《別録》早佚,此條乃姚振宗據孔穎達《春秋左傳正義·序》輯入。見劉向撰、姚振宗輯:《七略別録》,北京:北京圖書館出版社《古籍叢殘彙編》據快閣師石山房叢書本影印,2001 年,別録佚文,頁 2a。)可《經典釋文》有關《左傳》之傳授系統,蓋本諸《別録》。惟此段《別録》所言授受源流,未及漢世,則張蒼有否授《左傳》予賈誼,亦未可知。

初長孫無忌①等奉詔撰《五代史志》，書成後編入《隋書》，《經籍志》即其中一部。《隋書·經籍志》亦謂賈誼曾修撰《左傳》：

> 《左氏》，漢初出於張蒼之家，本無傳者。至文帝時，梁太傅賈誼爲訓詁，授趙人貫公。②

《隋志》謂《左氏》本出於張蒼之家，後無傳者，至漢文帝時，賈誼爲之訓詁。《隋志》雖未如《經典釋文·序録》清楚標明"蒼傳洛陽賈誼"之授受源流，然其意蓋亦如此。陸德明活躍於南朝陳、隋、唐之世，卒於貞觀四年（630），是以《釋文》之撰，必早於此。③ 貞觀十五年（636），于志寧、李淳風等奉詔撰《五代史志》，至顯慶元年（656）由長孫無忌上進，故《隋書·經籍志》之成書，當在《經典釋文》之後。《隋志》編撰者或及見《釋文》，然亦僅言賈生嘗爲《左傳》訓詁，未言賈生傳張蒼之學，然則長孫無忌於德明所言，亦有懷疑，是以後世學者若單憑《經典釋文》所言推論賈生、張蒼師承關係，實有未安。

再者，賈誼即使學習《左傳》，亦不可能傳自張蒼。據《史記》、《漢書》本傳載：賈誼，洛陽人，年十八，河南守吳公召至門下。文帝元年（前179），徵爲博士，賈生此時方離開洛陽，赴任長安。張蒼於呂后八

---

① 唐貞觀三年，詔魏徵、顏師古、孔穎達、許敬宗等同修《隋書》，包括帝紀五篇，列傳五十篇。十五年，又詔于志寧、李淳風、韋安仁、李延壽等同修《五代史志》，共十志三十卷。顯慶元年五月，長孫無忌等上進，詔藏秘閣。後又編入《隋書》。是以《隋書·經籍志》之撰者，題長孫無忌。説參《宋天聖二年隋書刊本原跋》，載《隋書》，頁1903。

② 《隋書》，卷三十二，頁933。

③ 陸德明《經典釋文》始撰於陳朝時期，《經典釋文·序録》云："癸卯之歲，承乏上庠，循省舊音，苦其太簡。況微言久絶，大義愈乖，攻乎異端，競生穿鑿。不在其位，不謀其政，既職司其憂，寧可視成而已。遂因暇景，救其不逮，研精六籍，采摭九流，搜訪異同，校之蒼雅，輒撰集五典、《孝經》、《論語》及老、莊、《爾雅》等音，合爲三袟三十卷，號曰《經典釋文》。"（《經典釋文》，序録，頁1b，總頁1上。）癸卯年即陳後主至德元年。《四庫全書總目》以爲陳朝末年，陸德明只及弱冠，未必能撰此巨著。大概《經典釋文》只是草創該時，經過多年以後方能成書。

年（前 180）爲御史大夫，文帝四年（前 176）"丞相灌嬰卒，張蒼爲丞
相"。① 賈誼本傳謂年十八而通《詩》《書》，誦諸子百家之言，即使學習
《左傳》亦不必傳自張蒼矣。再者，張蒼以爲漢當繼秦水德，色尚黑；賈
誼則謂改正朔，易服色，色尚黃，數用五，持見亦有所不同。② 由是觀
之，賈誼當非張蒼弟子，前人謂賈生師事張蒼，其説皆有未備。③ 徐復
觀《中國經學史的基礎‧西漢經學史》云：

> 因《左氏傳》自戰國中期後流行甚廣，傳習者多，所以《漢書‧
> 儒林傳》對漢初張蒼、賈誼、張敞、劉公子等"皆修《春秋左氏傳》"，
> 而未著其所受，且四人間更没有傳承關係。④

徐氏所言甚是。張蒼與賈誼於《左傳》傳授並無承傳關係。蔡廷吉《賈誼
研究》云："賈誼之習左氏，不必傳自張蒼，否則《漢書‧儒林傳》不應略其
傳授關係。"⑤蔡氏所言良是，可見賈誼師承張蒼之説，其實並不足信。

　　2. 賈誼《春秋左氏傳訓詁》

　　班固《漢書‧儒林傳》謂賈誼"爲《左氏傳》訓故"，後世學者亦多
本《漢書》，以爲賈誼嘗作《左傳》訓詁，如劉師培《左盦集‧左氏學行於

---

　　①　《史記》，卷九六，頁 2680。
　　②　説參徐復觀：《賈誼思想的再發現》，載《兩漢思想史卷二》，頁 121—122。
　　③　學者每謂賈誼師承張蒼，更以爲賈誼乃荀卿之再傳弟子。丁毅華《荀子、賈誼禮治思
想的傳承》即以直線之傳承關係，表示賈生與荀卿之學術淵源：
　　　　　　　　　　　　　荀卿→李斯→吳廷尉→賈誼
（丁毅華：《荀子、賈誼禮治思想的傳承》，《天津師大學報》第 6 期，1991 年，頁 33。）用"直線
關係"以言漢代經學之傳承歷史，未必可信。徐復觀云："後人常以五經博士出現以後的師承
家法的情形，加在以前的經學傳承上去，每經都安放一條直線單傳的系統，一若每代只有一人
傳習，這都是出於傅會而非常不合理的。"又云："研究漢代經學史，應首先打破五經博士出現
以後所偽造的傳承歷史。"（《兩漢思想史卷二》，頁 121、122。）是以丁氏所列賈生師承關係，
未必盡信。
　　④　徐復觀：《中國經學史的基礎》，臺北：臺灣學生書局，1982 年，頁 184。
　　⑤　蔡廷吉：《賈誼研究》，頁 11。

西漢考》云："誼作《左氏傳訓故》,遺説具見《賈子新書》。"①惟細讀賈誼《新書》,又可見其論春秋史事與《左傳》多有未合,則賈誼有否撰《左氏傳》訓詁,亦屬疑問。汪中《賈誼新書序》即嘗質疑賈誼《新書》與《左傳》是否相合。汪中《賈誼新書序》云:

> 其書述《左氏》事,止《禮容篇》叔孫昭子一條。《先醒篇》言宋昭公出亡而復位,虢君出走,其御進酒食及枕土而死;《耳痹篇》言子胥何籠而自投於江;《諭誠篇》言楚昭王以當房之德復國,皆不合《左氏》。《審微篇》言晉文公請隧,叔孫于奚救孫桓子;《春秋篇》言衛懿公喜鶴而亡其國;《先醒篇》言楚莊王與晉人戰於兩棠,會諸侯於漢陽,申天子之禁,皆與《左氏》異同。②

汪中列出賈誼引春秋史事與《左傳》説有相異者,所言極是。今考諸賈誼《新書》,其中述及春秋史事與《左傳》説多相異,是以劉逢禄(1776—1829)《春秋左氏傳考證》云:

> 蓋賈生之學,疏通知遠得之《詩》、《書》,修明制度本之《禮》,非章句訓故之學也。其所著述五十八篇,《大都篇》一事,《春秋篇》九事,《先醒篇》三事,《耳痹篇》一事,《諭誠篇》一事,《退讓篇》二事,皆與《左氏》不合。惟《禮容篇》一事似采《左氏》,二事似采《國語》耳。③

可見賈誼《新書》諸篇所載春秋史事,除《禮容篇》有一事似直采《左

① 《左盦集》,載《劉申叔遺書》,卷二,頁8b,總頁1216。
② 《賈誼新書序》,載《新編汪中集》,文集第四輯,頁423。
③ 劉逢禄:《左氏春秋考證》,臺北:藝文印書館《皇清經解春秋類彙編》第二册據清咸豐十年皇清經解補刊本影印,1995年,卷二,頁8a,總頁1466下。

傳》外，他皆不見《左傳》。① 然則賈誼生於漢初，其時近古，所用春秋史事，亦不必采《左傳》。蓋其時學術風尚自由，經學亦未定於一尊，且賈誼年十八即以誦《詩》屬《書》聞於郡中，又頗通諸子百家之書，"非章句訓詁之學"。是以汪之昌《賈子新書書後》以爲賈生所言雖與《左傳》不類，惟"尤足見其廣徵博引，異於株守一先生之說者"。② 準此，賈生有其《春秋》之學，而非專用《左傳》，或爲《左傳》作解說。

賈誼《新書》所載春秋史事，與《左傳》說多相異。"訓詁"重在訓解字詞之義，較爲零碎。今考賈誼《新書》所載春秋史事，即其事與《左傳》大體相同，亦終是襲用《左傳》，而非訓解《左傳》。是以學者若以爲賈誼引用春秋史事，即是訓解《春秋》，因而有《春秋左氏傳訓詁》一書，其說皆誤。班固《漢書・儒林傳》謂賈誼有《左氏傳》訓詁，然而《藝文志》、賈誼本傳，以至歷代書志均未載，唯清人姚振宗《漢書藝文志拾補》予以補錄。③ 然而姚氏亦只據《漢書・儒林傳》、《經典釋文・序錄》、《隋書・經籍志》等爲說，未有賈誼嘗爲《左傳》訓詁之明證。

王興國《賈誼評傳》據賈誼曾受學於張蒼，因得"賈誼又是荀子的再傳弟子"④之說，若賈誼根本未有學於張蒼，則王說成疑。此外，唐晏《兩漢三國學案》以賈生爲《左傳》學者，⑤並引《新書・審微》兩段證之，惟《審微篇》言晉文公請隧，叔孫于奚救孫桓子，雖謂事見《左傳》，

---

① 章太炎《春秋左傳讀敘錄》嘗批駁劉逢祿，並以爲賈誼乃《左傳》學者，（詳見《春秋左傳讀敘錄》，頁841。）惟錢玄同《左氏春秋考證書後》云："1908，從吾師章太炎先生受聲韻訓詁之學，見到太炎師的《春秋左傳讀敘錄》之稿，專對劉書攻擊，心竊懷疑，再取劉書細讀，終不敢苟同太炎師之說。"（錢玄同：《左氏春秋考證書後》，載《古史辨》第5期，1935年，頁4。）今以後文詳細論之，終見劉逢祿所言較爲有理，故從劉說。

② 《青學齋集》，卷二十三，頁3a。

③ 姚振宗：《漢書藝文志拾補》，載《二十五史補編》，北京：中華書局，1956年，頁17，總頁1451。

④ 《賈誼評傳》，頁2。

⑤ 《兩漢三國學案》，卷九，頁448。

然其中亦與《左氏》多有不合，則唐晏所言亦未可信。王耕心《賈子次詁》云："賈子嘗受《左氏春秋》，見《漢書·儒林傳》及《經典釋文》，而内篇書無其説。《史記·日者傳》又謂賈子嘗詘於司馬季主，而本傳無其説。兩事始出附會，皆不足信。"①王氏以爲有關賈誼曾受《左傳》之説，實無明證，故不足信。王説當是。

二、《左傳》與賈誼《新書》所記春秋史事比較

班固《漢書·賈誼傳》引劉向云：

> 賈誼言三代與秦治亂之意，其論甚美，通達國體，雖古之伊、管未能遠過也。使時見用，功化必盛。爲庸臣所害，甚可悼痛。②

劉向以爲賈誼論上古治亂之道，可媲美伊尹、管仲，倘爲時君任用，功亦大矣。質言之，賈生論三代與秦政事，皆可爲後世君王法程。今考賈誼《新書》多載上古政事，其中以春秋史事居多，如下文"表一"臚列諸事。蓋亦用以勸導時君，以史爲鑒。賈誼於文帝時爲太中大夫，對政事多所欲匡建，及後被貶爲長沙王太傅、梁懷王太傅，亦多以史事爲例，勸諫二王。③

《左傳》本名《春秋左氏傳》、《左氏春秋》。《漢書·藝文志》云："古之王者世有史官，君舉必書，所以慎言行，昭法式也。左史記言，右

---

① 《賈子次詁》，卷十六，頁7a。
② 《漢書》，卷四十八，頁2265。
③ 案：王興國《賈誼評傳》謂賈誼於長沙王太傅任內有以下著述：《弔屈原賦》、《新書·階級》、《鵩鳥賦》、《諫鑄錢疏》（即《新書·鑄錢》、《銅布》）。至於梁懷王太傅任內，則有以下著述：《新書·宗首》、《數寧》、《藩傷》、《諫立淮南王諸子疏》（即《新書·淮難》）、《旱雲賦》、《請封建子弟疏》（即《新書·益壤》、《權重》）。（參自《賈誼評傳》，頁60—72。）

史記事，事爲《春秋》，言爲《尚書》，帝王靡不同之。"①《左傳》主在記事，申明《春秋》經義。《國語》所記史事，與《左傳》每有相同，因稱《國語》爲《春秋外傳》。② 班固云："孔子因魯史記而作《春秋》，而左丘明論輯其本事以爲之《傳》，又纂異同爲《國語》。"③後世學者於《左傳》、《國語》之作者多有爭論，或謂二書皆左丘明所撰，或謂《國語》乃後人據《左傳》分國編撰而成，或謂先有《國語》，《左傳》乃後世好事之徒採撰相關史事而成。關於《左傳》、《國語》之真僞，以至作者問題，前人多有論之，此處不贅。總之，二書所記自爲春秋史事，當爲西漢初年賈生及見，故賈誼書中有用其說，亦不足爲奇。

　　以上梳理前人關於賈誼與《左傳》關係之討論，包括賈誼有否師事張蒼，以及賈誼《左氏傳訓詁》等問題。下文繼而利用文本對讀，以探討賈誼《新書》與《左傳》之互見關係，並探討賈誼《春秋》學之實。

　　王更生《賈誼春秋左氏承傳考》只論及賈誼對春秋左氏之傳授，未及仔細對讀賈誼《新書》與《左傳》，實未饜人意。④ 考賈誼《新書》所記春秋史事，約共二十三條，⑤下表臚列《新書》與《左傳》、《國語》互見部分。

表一

賈誼《新書》所記春秋史事	《左傳》出處	《國語》出處
《大都篇》楚靈王問范無宇事	昭公十一年	楚語上
《審微篇》周襄王出逃	僖公二十四年	
《審微篇》晉文公請隧	僖公二十五年	
《審微篇》叔孫于奚請曲縣繁纓	成公二年	
《傅職篇》傅人之道		楚語上
《容經篇》釋《詩・邶風・柏舟》	襄公三十一年	
《春秋篇》楚惠王食寒菹得蛭		
《春秋篇》衛懿公喜鶴亡國	閔公二年	
《春秋篇》鄒穆公以粃換粟		
《春秋篇》楚王欲淫鄒君		
《春秋篇》晉文公出畋遇蛇		
《春秋篇》齊桓公割地歸燕		
《春秋篇》孫叔敖遇兩頭蛇		
《先醒篇》楚莊王圍宋伐鄭	宣公十一年至宣公十四年	
《先醒篇》宋昭公出亡至境	文公十六年	
《先醒篇》虢君驕恣亡身	哀公十一年	楚語上
《耳痹篇》伍子胥助吳伐楚	昭公二十年、定公四年哀公十一年	吳語
《諭誠篇》楚昭王因當房之德而復國		楚語下
《諭誠篇》昭王戰中取屨		

賈誼《新書》所記春秋史事	《左傳》出處	《國語》出處
《退讓篇》翟使至章華之臺	昭公七年	楚語上
《禮容語下》言魯叔孫昭聘于宋	昭公二十五年	
《禮容語下》晉叔向聘於周		周語下
《胎教篇》史鰌屍諫衛靈公		

若取上表所列二十三例，與《左傳》細意比對，得知賈誼《新書》與《左傳》之關係，約有三端：

1. 完全因襲

例一：今考賈誼《新書》有完全因襲《左傳》者，首見《禮容語下》載魯叔孫昭聘於宋一事，及後《漢書·五行志》亦載此文。茲列三書對讀如下：

　　　《新書》　　　　　　　魯叔孫昭子聘於宋，
　　　《左傳》　　二十五年，春，叔孫婼　聘于宋，
　　　《漢書》　　昭二十五年，　魯叔孫昭子聘于宋，

　　　《新書》
　　　《左傳》　桐門右師見之語，卑宋大夫而賤司城氏。昭子告
　　　　　　　　其人曰：“右師其亡乎！君子貴其身，而後能及
　　　　　　　　人，是以有禮。今夫子卑其大夫而賤其宗，是賤
　　　　　　　　其身也，能有禮乎？無禮，必亡。”

　　　《新書》　宋元公與之
　　　《左傳》　宋　公享昭子，賦《新宮》。昭子賦《車轄》。

《漢書》　　　元公與

《新書》　　燕,飲酒,樂。
《左傳》　　明日宴,飲酒,樂,
《漢書》　　　燕,飲酒 樂,

《新書》　　　　昭子右坐,歌終而語,因相泣也。
《左傳》　　宋公使昭子右坐,　　　語　相泣也。
《漢書》　　　　　　　　　　語　相泣也。

《新書》　　樂祁曰:"過哉,君! 非哀所也。"
《左傳》　　樂祁佐,
《漢書》　　樂祁佐,

《新書》　　已而告人曰:"今兹,君與叔孫其皆死乎? 吾聞之,
《左傳》　　退而告人曰:"今兹 君與叔孫其皆死乎! 吾聞之:
《漢書》　　　告人曰:"今兹 君與叔孫其皆死乎! 吾聞之,

《新書》　　"哀樂而樂哀,皆喪心也。"
《左傳》　　"哀樂而樂哀,皆喪心也。"
《漢書》　　　哀樂而樂哀,皆喪心也。

《新書》　　心之精爽 是謂魂魄,魂魄已失,何以能久?
《左傳》　　心之精爽,是謂魂魄。魂魄去之,何以能久?"①
《漢書》　　心之精爽,是謂魂魄。魂魄已失,何以能久?

① 《春秋左傳正義》,載《十三經注疏(整理本)》,卷五十一,頁 1664—1665。

  《新書》 且吾聞之，主民者不可以媮，媮必死。今君與叔
       孫其語皆媮，死日不遠矣。"居六月，宋元公薨，間
       一月，叔孫婼卒。①
  《左傳》
  《漢書》 冬十月，叔孫昭子；十一月，宋元公卒。②

由上可見，賈誼《新書》大抵因襲自《左傳・昭公二十五年》，其間所記
雖或稍有異同，仍當本自《左氏》。前人校勘賈誼《新書・禮容語下》時
即嘗據《左傳》爲説，是已見二文互見之關係矣。如劉師培校勘《新
書・禮容語下》"魂魄已失"句云：

  "失"當作"去"。《左傳・昭二十五年》作"魂魄去之"，即此
 所本。③

劉氏校勘賈誼《新書・禮容語下》之時，已見此文與《左傳・昭公二十
五年》之互文關係，因而以爲《新書》"魂魄失之"句，當如《左傳》作"魂
魄去之"。又楊伯峻（1909—1992）《春秋左傳注》云："《新書・容經語
下篇》亦敍此事，而于宋元公與叔孫婼之死期不與《春秋經》、《傳》合，
蓋賈誼誤記。"④此文《左傳》與《新書》所言相近，惟二書記宋元公與叔
孫婼死期相異，可知賈誼爲文立説，亦與《左傳》有所不同。
  賈誼《新書・禮容語下》魯叔孫昭子聘于宋一事，互見《左傳》，章太
炎（1868—1936）《春秋左傳讀》亦有以《新書》對校《左傳》。《春秋左傳

---

  ①　《新書校注》，卷十，頁378。
  ②　《漢書》，卷二十七下之上，頁1449。
  ③　《賈子新書斠補》，載《劉申叔遺書》，卷下，頁12a，總頁1002。
  ④　楊伯峻：《春秋左傳注》，北京：中華書局，1981年，頁1456。案：楊伯峻言《新書・
容經語下篇》與《左傳》此段同，其實"容經語下篇"者，當爲"禮容語下篇"之誤。

讀》云:"昭二十五年:'魂魄去之。'《賈子·禮容語下》述《傳》作'魂魄已失'。案:《荀子·致士》云:'夸誕逐魂。'此'魂魄去之'之説也。"①由此可知二書文字互見,章太炎以《新書》校理《左傳》,其説可參。

例二:劉師培《左盦外集·漢代古文學辨誣·五論西漢初年學者多治古文學》:"《容經》所言明君在上一節,本于北宫文子論威儀之語。其詞咸本于《左傳》。"②章太炎《春秋左傳讀》云:"襄三十一年:'《衛詩》曰:"威儀棣棣,不可選也。"言君臣、上下、父子、兄弟、内外、大小皆有威儀也。'麟案:《賈子·容經》'古者聖王'章,與此大同。"③楊伯峻《春秋左傳注》云:"賈誼《新書·容經篇》亦有此類語,蓋因《傳》文而略變。"④二人所言皆是,可見賈誼《新書·容經》大抵襲用《左傳·襄公三十一年》。賈誼《新書·容經》引《詩·邶風·柏舟》並釋之云:

　　夫有威而可畏謂之威,有儀而可象謂之文。富不可爲量,多不可爲數。故《詩》曰:"威儀棣棣,不可選也。"棣棣,富也。不可選,衆也。言接君臣、上下、父子、兄弟、内外,大小品事之各有容志也。⑤

賈説實本《左傳·襄公三十一年》衛侯與北宫文子之對話:

　　公曰:"善哉!何謂威儀?"對曰:"有威而可畏,謂之威。有儀而可象謂之儀。君有君之威儀,其臣畏而愛之,則而象之,故能有其國家,令聞長世。臣有臣之威儀,其下畏而愛之,故能守其官職,保族宜家。順是以下皆如是,是以上下能相固也。《衛詩》曰:'威

① 章太炎:《春秋左傳讀》,臺北:文史哲出版社,1984年,昭公篇,頁689。
② 《左盦外集》,載《劉申叔遺書》,卷四,頁18a,總頁1382。
③ 《春秋左傳讀》,襄公篇,頁574。
④ 《春秋左傳注》,襄公三十一年,頁1195。
⑤ 《新書校注》,卷六,頁229。

儀棣棣,不可選也。'言君臣、上下、父子、兄弟、内外、大小,皆有威
儀也。"①

《左傳》"有威而可畏,謂之威",賈生作"夫有威而可畏謂之威,有儀而
可象謂之文";《左傳》"《衛詩》曰:'威儀棣棣,不可選也'",賈生作"故
《詩》曰:'威儀棣棣,不可選也'";《左傳》"言君臣、上下、父子、兄弟、
内外、大小皆有威儀也",賈生作"言接君臣、上下、父子、兄弟、内外,大
小品事之各有容志也"。可見賈誼此處説《詩》大抵引申北宫文子之
詞。其中詞句與《左傳》同,可見賈生亦嘗參諸《左傳》。② 若謂此即賈
誼訓解《左傳》之證,亦不足信,因賈誼只是全段抄録《左傳》文字,並没
有爲《左傳》原文作訓解。

2. 同記一事而所載有別

賈生言春秋史事,因襲《左傳》文字者僅有以上二例。至於其他春
秋史事,賈生所言有與《左傳》故事相近者,惟所記略有不同,《新書》與
《左傳》並無重文關係。可見賈生即使引用《左傳》,亦旨在言其史事,
並非旨在解經。劉殿爵云:

> 重見文字大體可分兩類,一類是同源的重文,一類是不同源的
> 重文。兩者明顯不同,不容易混淆。同源重文之間有個別互相不
> 同的異文,甚或有詳略之別,但必定可以一字一字相對排比起來。
> 不同源的文字則不然,即使内容無甚差別,文字卻無法一字一字排

---

① 《春秋左傳正義》,載《十三經注疏(整理本)》,卷四十,頁 1304。
② 賈誼《新書·容經》於此段文字亦引《詩·邶風·柏舟》。陳喬樅《魯詩遺説考》、王
先謙《詩三家義集疏》等以爲賈誼説詩時惟有《魯詩》,則賈誼《新書》所引《詩》,皆《魯詩》也。惟
《新書·容經》明顯因襲《左傳·襄公三十一年》而來,且四家詩説起於漢世,《左傳》引《詩》
焉有四家之分? 是以賈誼《新書·容經》此文,實不當以四家詩説囿之。陳、王二氏所言待
商。關於賈誼説《詩》,詳參前文"賈誼説《詩》考"。

比起來。①

今賈誼《新書》即與《左傳》同載春秋某史事,細節描述多與《左傳》不合,大抵即劉氏所言之次類。

劉逢禄《左氏春秋考證》謂賈誼曰:

> 其所著述存者五十八篇,《大都篇》一事,《春秋篇》九事,《先醒篇》三事,《耳痹篇》一事,《諭誠篇》一事,《退讓篇》二事,皆與《左氏》不合。惟《禮容篇》一事似采《左氏》,二事似采《國語》耳。②

劉逢禄言賈誼《新書》少有採用《左傳》,如《大都》、《春秋》、《先醒》、《耳痹》、《諭誠》、《退讓》諸篇皆然,而只有前引《禮容語下》一段出自《左傳》,其説是也。又汪之昌《賈子新書書後》復云:

> 其述《左氏》事,《禮容篇》叔孫昭子一條,《先醒篇》宋昭公出亡而復位、虢君出走其御進酒食及枕土而死,《耳痹篇》子胥荷籠而自投於江,《諭誠篇》楚昭王以當房之德復國,今《左氏傳》並無其文。《審微篇》晉文公請隧、叔孫于奚救孫桓子,《春秋篇》衛懿公好鶴亡國,《先醒篇》楚莊王與晉人戰於兩棠、會諸侯於漢陽申天子之禁,皆與《左氏傳》異同,尤足見其廣徵博引,異於株守一先生之説者。③

汪之昌所言亦與劉逢禄相近,皆謂賈誼《新書》各篇所載春秋史事少與

---

① 劉殿爵:《秦諱初探》,載《中國文化研究所學報》第19期,1998年,頁251。
② 《左氏春秋考證》,卷二,頁8b,頁1466下。
③ 《青學齋集》,卷二十三,頁3a。

《左傳》文字相合，是以所言有別。

　　賈誼《新書》屢用春秋史事，大多用以勸諫人君，旨在援引史事爲鑒。賈生嘗爲長沙王太傅及梁懷王太傅，懷王乃文帝少子，愛之，故任賈生爲太傅。是以賈誼《新書》亦有載賈生教育梁懷王之篇章，如《先醒篇》以"先醒"、"後醒"、"不醒"之君主爲例，説明先醒於國家興衰存亡之重要。① 賈誼《新書》所用故事，或據《左傳》，或本他書，不主一家，知賈生引事説理旨在闡明爲君之道，並不專在解釋經書。下列六例，賈生所言事俱見《左傳》，然賈誼《新書》皆非直取《左傳》爲文，所述與《左傳》有所別異：

　　例三： 賈誼《新書·大都》與《左傳·昭公十一年》

　　案： 賈誼《新書·大都》言楚靈王問范無宇事，與《左傳·昭公十一年》、②《國語·楚語上》③所記有異。賈誼《新書》載楚靈王謂欲擴大"陳、蔡、葉與不羹"之城池，《左傳》則只有"陳、蔡、不羹"，並無"葉"城，《國語·楚語上》同。顧炎武（1613—1682）《左傳杜解補正》引"李雲霈曰：按《賈誼新書》'楚靈王問范無宇曰：我欲大城陳、蔡、葉與不羹'，正合四國之數，或是《傳》文脱'葉'字。"④又劉師培《左盦集·左氏學行於西漢考》云："至于四國有葉，……尤足補《左傳》之缺。"⑤可見《新書》所記與《左傳》、《國語》稍有不同，賈誼所言或可補二書之缺。

　　又《左傳》作"王問於申無宇"，賈誼《新書》則作"范無宇"。⑥ 洪亮

---

① 案：賈誼《新書·先醒》篇首有"懷王問於賈君"語，知本篇大抵出於賈生爲梁懷王太傅之任內。

② 《春秋左傳正義》，載《十三經注疏（整理本）》，卷四五，頁 1484—1487。

③ 《國語》，卷十七，頁 547—550。

④ 顧炎武：《左傳杜解補正》，上海：上海古籍出版社據文淵閣《四庫全書》本影印，1987，卷下，頁 12b。

⑤ 《左盦集》，載《劉申叔遺書》，卷二，頁 8b，總頁 1216。

⑥ 案：《國語·楚語上》韋昭注："范無宇，楚大夫芋尹申無宇也。"（《國語》，卷十七，頁 547。）可知"范無宇"即"申無宇"也。

吉《春秋左傳詁》云:"《外傳》作'范無宇'。賈誼《新書》同。"①洪氏所謂《外傳》者指《國語》,今考《國語·楚語上》正作范無宇,與賈誼《新書》同。可知洪氏亦嘗對校二書,並存二説。

例四:賈誼《新書·審微》與《左傳·僖公二十四年》

案:賈誼《新書·審微》記周襄王出逃事,與《左傳·僖公二十四年》有異。《新書·審微》云:"周襄王出逃伯鬭,晉文公率師賊,定周國之亂,復襄王之位。""伯鬭"二字意義不詳,盧文弨以爲"二字不可曉,疑衍"。② 章太炎謂"伯鬭"即霸主,"鬭""主"二字古音同部可通,並屬下讀;或謂"伯鬭"乃人名,即叔帶,亦未可知。③《國語·周語中》亦指周襄王之出居於鄭乃因避開王子帶(即大叔帶),説與《左傳》相合。俞樾《諸子平議》云:"周襄王出居於鄭,《左傳》以爲避大叔帶也。而此以爲逃伯鬭,乃古事相傳之異。"④鍾夏《新書校注》云:"賈生所言古事或與典籍所載不合,相傳之異,賴此得存,彌足珍貴,未可以彼非此,俞説甚是。"⑤楊伯峻《春秋左傳注》亦謂賈誼《新書·審微》此文"與《傳》稍異"。⑥ 三人所言是也。

例五:賈誼《新書·春秋》與《左傳·閔公二年》

案:《春秋篇》記衛懿公喜鶴亡國,與《左傳·閔公二年》之記載有異。賈誼《新書·春秋》云:

> 衛懿公喜鶴,鶴有飾以文繡者,賦斂繁多而不顧其民,貴優而輕大臣。群臣或諫,則面叱之。及翟伐衛,寇挾城堞矣,衛君垂淚

---

① 洪亮吉:《春秋左傳詁》,北京:中華書局,1987年,卷十六,頁696。
② 《新書》(抱經堂校定本),卷二,頁5a。
③ 章太炎之説法,轉引自《賈誼集校注》,甲編,頁70。
④ 《諸子平議》,卷二十七,頁321。案:王耕心《賈子次詁》亦採用俞氏此説。(《賈子次詁》,卷五,頁13a,總頁37。)
⑤ 《新書校注》,卷二,頁77。
⑥ 《春秋左傳注》,僖公二十五年,頁433。

而拜其臣民曰："寇迫矣，士民其勉之！"士民曰："君亦使君之貴
優，將君之愛鶴，以爲君戰矣。我儕棄人也，安能守戰？"乃潰門而
出走。翟寇遂入，衛君奔死，遂喪其國。故賢主者，不以草木禽獸
妨害人民，進忠正而遠邪僞，故民順附而臣下爲用。①

此乃論衛懿公因好鶴而亡國之事。衛懿公不知民心背向之重要性，只
好爲鶴打扮，橫徵暴斂，使民不聊生。最後衆叛親離，出走喪國。其中
賈誼謂"鶴有飾以文繡"，是指衛懿公用文彩綿繡，爲愛鶴悉心打扮。
《左傳·閔公二年》亦載衛懿公此事，惟當中文句頗有差異，且直謂"衛
懿公好鶴。鶴有乘軒者"，以爲衛懿公真給愛鶴乘坐大夫之車。此說
與賈誼《新書·春秋》稍見差異。楊伯峻《春秋左傳注》云："《賈子·
春秋》云：'衛懿公喜鵲，鶴有飾以文繡而乘軒者。'則以鶴乘軒車爲實
有其事，恐不可信。"②楊氏指出賈誼大抵懷疑《左傳》之説，因改爲"鶴
有飾以文繡"。《新書校注》云："而乘軒事，他書及宋本不載，賈生或疑
其事而改。"③取意復與楊伯峻相同。細考上文，尤其可見賈誼雖援引
春秋史事，其意不在解經，僅用以勸勉時君當愛人民而遺忠道。章太炎
《春秋左傳讀》謂"太傅説經，非僅章句也"，④"章句"近於訓解詞義，非
賈誼之所重，其引用春秋史事，重在以古諷今，勸勉君主。觀賈誼先爲
長沙王太傅，後爲梁懷王太傅，其任太傅一職，⑤旨在匡扶扶主，多所勸
勉，則章氏所言誠是。

---

① 《新書校注》，卷六，頁247。
② 《春秋左傳注》，閔公二年，頁265。
③ 《新書校注》，卷六，頁252。
④ 《春秋左傳讀》，閔公篇，頁221。
⑤ 案：太傅一職始置於周代，用以輔弼天子治理天下。秦代廢此官，至漢復置。《正代
職官表》卷六十七有載。"太傅"於賈誼之時等同於"太子太傅"，乃輔導太子之官。賈誼歷任
長沙王太傅、梁懷王太傅，旨在勸教二人。後來梁懷王死，賈誼自傷爲傅無狀，亦可見賈誼於
扶翼幼主用力甚多。

例六：賈誼《新書·先醒》與《左傳·文公十六年》

案：賈誼《新書·先醒》言宋昭公出亡而復位。其文如下：

> 昔宋昭公出亡至於境，喟然嘆曰："嗚呼！吾知所以存亡！吾被服而立，待御者數百人，無不曰吾君麗者；吾發政舉事，朝臣千人，無不曰吾君聖者。外内不聞吾過，吾是以至此，吾困宜矣。"於是革心易行，衣苴布，食鱗餕，晝學道而夕講之。二年，美聞於宋。宋人車徒迎而復位，卒爲賢君，謚爲昭公。既亡矣，而乃寤所以存，此後醒者也。①

此言宋昭公革心易行，盡改前非，卒爲賢君之事，與《左傳·文公十六年》所載昭公之事大異。《左傳·文公十六年》記曰："冬十一月甲寅，宋昭公將田孟諸，未至，夫人王姬使帥甸攻而殺之。蕩意諸死之。書曰'宋人弑其君杵臼'，君無道也。"②事與賈誼所言未合。若據《左傳》此説，昭公因無道而爲人所殺，身已死矣，自無復位之事。今人注解賈誼《新書》此文，多以爲賈生所言宋昭公之事與史不符，如王洲明（1944—）與徐超《賈誼集校注》、③于智榮（1954—）《賈誼新書譯注》、④李爾鋼《新書全譯》⑤、吳云與李春台《賈誼集校注增訂版》⑥皆然。惟細考春秋戰國時代之宋國歷史，實有兩昭公，一爲杵臼，二爲公子特。《史記·宋微子世家》云："宋公子特攻殺太子而自立，是爲昭

---

① 《新書校注》，卷七，頁262。
② 《春秋左傳正義》，載《十三經注疏》，卷20下，頁157，總頁1859下。
③ 《賈誼集校注》，甲編，頁264。
④ 于智榮：《賈誼新書譯注》，哈爾濱：黑龍江人民出版社，2003年，卷七，頁208。
⑤ 《新書全譯》，卷七，頁308。
⑥ 吳云、李春台：《賈誼集校注增訂版》，天津：天津古籍出版社，2010年，頁213。

公。"①是載另一昭公,此説本諸《左傳·哀公十六年》。②此昭公在位四十七年而卒,卻無載關於其出亡復位之事。章太炎云:"宋昭公一事,此昭公見《宋世家》,即哀二十六年《傳》公孫周之子得,與爲王姬所弑者異。《傳》終哀二十七年,昭公此事當在《傳》後矣。"③亦以爲賈誼《新書·先醒》所言者乃係魯哀公時之宋昭公。若此説屬實,則賈誼《新書》所載者自是多所引申《左氏》之文。

例七:賈誼《新書·先醒》與《左傳·哀公十一年》

案:賈誼《新書·先醒》言虢君出走,其御進酒食及枕土而死。《新書·先醒》云:

> 昔者虢君驕恣自伐,諂諛親貴,諫臣詰逐,政治踳亂,國人不服。晉師伐之,虢人不守,虢君出走,至於澤中,曰:"吾渴而欲飲。"其御乃進清酒。"吾饑而欲食。"御進股脯梁糗。虢君喜曰:"何給也?"御曰:"儲之久矣。""何故儲之?"對曰:"爲君出亡而道饑渴也。"君曰:"知寡人亡邪?"對曰:"知之。"曰:"知之,何以不諫?"對曰:"君好諂諛而惡至言,臣願諫,恐先虢亡。"虢君作色而怒。御謝曰:"臣之言過也。"爲間,君曰:"吾之亡者,誠何也?"其御曰:"君弗知耶?君之所以亡者,以大賢也。"虢君曰:"賢,人之所以存也。乃亡何也?"對曰:"天下之君皆不肖,夫疾吾君之獨賢也,故亡。"虢君喜,據式而笑,曰:"嗟!賢固若是苦耶!"遂徒行而於山中居,饑倦,枕御膝而臥。御以塊自易,逃行而去。君遂餓死,爲禽獸食。此已亡矣,猶不悟所以亡,此不醒者也。④

---

① 《史記》,卷三十八,頁 1631。

② 《春秋左傳正義》,載《十三經注疏(整理本)》,卷六十,頁 1972。

③ 《春秋左傳讀敘錄》,頁 842。

④ 《新書校注》,卷七,頁 262—263。

此虢君驕恣放縱，只用阿諛奉承之人，及至國破出走，仍不知悔改，只望
其御能順適己心。最後，虢君倦極而枕御膝以睡，其御卻以石塊易之，
自行逃走，虢君因此餓死山林之中。據章太炎考證，虢君之事有與《左
傳·哀公十一年》轅頗事合，又有與《國語》楚靈王事合，未知賈生所
本。《左傳·哀公十一年》云：

> 　　夏，陳轅頗出奔鄭。初，轅頗爲司徒，賦封田以嫁公女。有餘，
> 以爲己大器。國人逐之，故出。道渴，其族轅咺進稻醴、粱糗、腵脯
> 焉。喜曰：“何其給也？”對曰：“器成而具。”曰：“何不吾諫？”對
> 曰：“懼先行。”①

轅頗乃陳國大夫，後爲國人所逐，其族人進甜酒、乾飯、乾肉予轅頗。轅
頗心喜，謂族人何不早諫，族人以爲倘眞早諫，若言不從，只能先逐。
《左傳》此事與虢君有所相同，然人物既異，細節亦不盡相同。至於《國
語·周語上》白公子張諫楚靈王事，白公在進諫以後，“遂趨而退，歸，
杜門不出”。② 白公大抵懼怕靈王害己，因而不復出門。結果，後因乾
谿之亂，靈王死在叛亂之中。考此事亦與虢君之事多有不同，未必全然
相合。《新書校注》云：“轅頗事，見《左傳·哀公十一年》。又‘君之所
以亡者，以大賢也’，見《呂氏春秋·審己》，則謂齊湣王事。是一事傳
爲三人矣，而《新序》又訛爲靖郭君，豈皆‘情事同耳’？傳説不同，未可
深詰也。”③《新書校注》反駁章太炎説，大抵有理；“傳説不同，未可深
詰”是也。章太炎《春秋左傳讀敘録》云：“自古人異事同者，傳記所載，
何止一端？非必彼此有誤，自其情事同耳。”④ 章太炎所言是也。賈誼

---

① 《春秋左傳正義》，載《十三經注疏（整理本）》，卷五十八，頁 1908。
② 《國語》，卷十七，頁 557。
③ 《新書校注》，卷七，頁 267—268。
④ 《春秋左傳讀敘録》，頁 842。

生於西漢,去古未遠,經學未立於一説,賈生博采諸書,掇輯舊聞,實未可非議。

　　例八：賈誼《新書·耳痺》與《左傳·哀公十一年》

　　案：賈誼《新書·耳痺》記伍子胥進諫吳王夫差,卻忠言逆耳,未被採納。後子胥見吳國凶兆連連,遂荷籠自投於江。惟《左傳·哀公十一年》載子胥之死乃因吳王"使賜之屬鏤以死",[①]説與賈生未合。俞樾云："古事相傳,往往不同,即如子胥爲夫差所殺,其事甚箸。此云子胥見事之不可爲也,何籠而自投水。"[②]《新書校注》亦云："誼此節所數事,頗異於他書,豈可一一辨證? 古事傳聞不同,未可執一而論。"[③]其言是也。可見雖同載伍子胥之死,同爲春秋史事,賈誼《新書》與《左傳》卻不盡相同。劉師培以爲《新書》之"籠"字,乃《左傳》"屬鏤"二字之合音,如此則《新書》與《左傳》所言不異。劉氏云：

　　　《左傳·哀十一年》云："使賜之屬鏤而死。"《荀子·成相篇》作"到以獨鹿棄之江"。"獨鹿"即"屬鏤",服注釋爲劍名。其字靡定,隨音而轉。"籠"與"屬鏤""獨鹿"均一聲之傳。《方言》九：車拘篝,或謂之篋籠。此"篝""籠"互通之證。又《荀子·議兵篇》"隴種",即《方言》之"瀧涿"。"涿""獨"古通,則"龍""獨"二字亦雙聲通轉。此文之"籠",即彼文之"屬鏤""獨鹿"也。長言則爲"屬鏤",短言則爲"籠"。猶柱名"株儒",省稱爲"梲"也。"何"訓爲"揭","投"乃"殺"字之誤。"水"亦衍文。"何籠而自殺",即揭屬鏤之劍而自殺也。且下言浮江,此文不應複言投水,蓋"投"訛爲"殺",後人妄加"水"字也。[④]

① 《春秋左傳正義》,載《十三經注疏(整理本)》,卷五十八,頁1911。
② 《諸子平議》,卷二十八,頁331。
③ 《新書校注》,卷七,頁277。
④ 《賈子新書斠補》,載《劉申叔遺書》,卷下,頁5b—6a,總頁999。

所謂"長言""短言",乃以漢字合音之説論之。據郝静儀所言,"合音字"在字音方面有一定規範性。郝氏云:"將組成的雙音詞或雙音詞組的兩個字凝合成一個字,必須符合嚴格的規範,即合音字必須由前字的相同或相近的聲母,跟後字的相同或相近的韻母凝合而成。"[1]若據此準則,"籠"字乃來母東部字,"屬"字(前字)乃禪母屋部字,"鏤"字(後字)則爲來母侯部字,其中前字之禪母與來母並不接近,因此未必符合合音字之原則。此外,劉師培此説頗多推測之辭,訛脱誤衍之字皆未屬確證,故僅將劉説聊備於此。

由是觀之,賈生言春秋史事,即使與《左傳》同説一事,記載亦有不同。太史公嘗謂賈生"頗通諸子百家之書",[2]賈生既通諸子百家之書,是以雖言春秋史事,亦可據他書申説,不必全依《左傳》。先秦古籍流傳至今,多所散佚,當中記載春秋史事者,亦不一而足,賈誼生於西漢,其所見必遠較今日所見爲多。是以稱引春秋史事有別於《左傳》者,未足稱奇。

3. 賈誼《新書》所言事不見《左傳》

考賈生言春秋史事,有完全不見於《左傳》者:如《春秋篇》言楚惠王食寒菹得蛭、鄒穆公以粃换粟、楚王欲淫鄒君、晉文公出畋遇蛇、齊桓公割地歸燕、孫叔敖遇兩頭蛇、《諭誠篇》言楚昭王因當房之德而復國、昭王戰中取屨、《退讓篇》記翟使至章華之臺事、《胎教篇》言史鰌屍諫衛靈公,《左傳》皆不載。可見賈生所言春秋史事,或別有所據,並不專用《左傳》。其中賈誼《新書·春秋》多載《左傳》未見之事,章太炎云:

　　《春秋篇》惟衛懿公一事,亦合《左傳》;其他楚惠王等八事,不

　　知采自何書,各記別事,本與《左傳》絲毫無涉。①

章氏謂賈誼《新書·春秋》所載史事多不見於《左傳》,其言是也。即其謂衛懿公一事合乎《左傳》,惟據上文考證,知賈誼《新書》所記此事之細節,亦與《左傳》稍異。何況他事全不見於《左傳》者乎! 賈誼《新書》所載史事不見於《左傳》者,今具列其文如下:

	篇　目	賈誼《新書》原文
1	《春秋》	楚惠王食寒菹而得蛭,因遂吞之,腹有疾而不能食。令尹入問,曰:"王安得此疾?"王曰:"我食寒菹而得蛭,念譴之而不行其罪乎,是法廢而威不立也,非所聞也;譴而行其誅,則庖宰、監食者,法皆當死,心又弗忍也。故吾恐蛭之見也,遂吞之。"令尹避席,再拜而賀曰:"臣聞:'皇天無親,惟德是輔。'王有仁德,天之所奉也,病不爲傷。"是昔也,惠王之後而蛭出,故其久病心腹之積皆愈。故天之視聽,不可謂不察。(卷六,頁246)
2	《春秋》	鄒穆公有令,食鳧鴈者必以粃,毋敢以粟。於是倉毋粃而求易於民,二石粟得一石粃。吏以請曰:"粃食鴈,爲無費也。今求粃於民,二石粟而易一石粃,以粃食鴈則費甚矣。請以粟食之。"公曰:"去! 非而所知也。夫百姓煦牛而耕,曝背而耘,苦勤而不敢墮者,豈爲鳥獸也哉? 粟米,人之上食也,奈何其以養鳥? 且汝知小計而不知大會。周諺曰'囊漏貯中',而獨弗聞與? 夫君者,民之父母也。取倉之粟,移之於民,此非吾粟乎? 鳥苟食鄒之粃,不害鄒之粟而已。粟之在倉,與其在民,於吾何擇?"鄒民聞之,皆知其私積之與公家爲一體也。(卷六,頁247)

　　① 《春秋左傳讀敘錄》,頁842。案:章太炎謂八事者,愚謂只六事而已。賈誼《新書·春秋》載有宋康王及楚懷王之事,然二人事迹具見《戰國策》,乃戰國時人,故其事迹不見於專記春秋史事之《左傳》,亦屬常事。

	篇　目	賈誼《新書》原文
3	《春秋》	楚王欲淫鄒君,乃遺之技樂美女四人。穆公朝觀,而夕畢以妻死事之孤,故婦人年弗稱者弗蓄,節於身而弗衆也。王輿不衣皮帛,御馬不食禾菽,無淫僻之事,無驕燕之行,食不衆味,衣不雜采,自刻以廣民,親賢以定國,親民如子。鄒國之治,路不拾遺,臣下順從,若手之投心。是故以鄒子之細,魯衛不敢輕,齊楚不能脅。鄒穆公死,鄒之百姓,若失慈父,行哭三月,四境之鄰於鄒者,士民鄉方而道哭,抱手而憂行。酤家不讎其酒,屠者罷列而歸,傲童不謳歌,舂築者不相杵,婦女抉珠瑱,丈夫釋玦軒,琴瑟無音,朞年而後始復。故愛出者愛反,福往者福來。《易》曰:"鳴鶴在陰,其子和之。"其此之謂乎!故曰:"天子有道,守在四夷;諸侯有道,守在四鄰。"(卷六,頁247—248)
4	《春秋》	晉文公出畋,前驅還白,前有大蛇,高若堤,橫道而處。文公曰:"還車而歸。"其御曰:"臣聞:'祥則迎之,見妖則凌之。'今前有妖,請以從吾者攻之。"文公曰:"不可。吾聞之曰:'天子夢惡則脩道,諸侯夢惡則脩政,大夫夢惡則脩官,庶人夢惡則脩身。若是,則禍不至。'今我有失行,而天招以夭,我若攻之,是逆天命也。"乃歸。齊宿而謂於廟,曰:"孤實不佞,不能尊道,吾罪一。執政不賢,左右不良,吾罪二。飭政不謹,民人不信,吾罪三。本務不脩,以咎百姓,吾罪四。齊肅不莊,粢盛不潔,吾罪五。請興賢遂能而章德行善,以道百姓,毋復前過。"乃退而脩政,居三月,而夢天誅大蛇,曰:"爾何敢當明君之路!"文公覺,使人視之,蛇已魚爛矣。文公大説,信其道而行之不解,遂至於伯。故曰:見妖而迎以德,妖反爲福也。(卷六,頁248—249)
5	《春秋》	齊桓公之始伯也,翟人伐燕,桓公爲燕北伐翟,乃至於孤竹,反,而使燕君復召公之職。桓公歸,燕君送桓公入齊地百六十六里。桓公問於管仲曰:"禮,諸侯相送,固出境乎?"管仲曰:"非天子不出境。"桓公曰:"然則燕君畏而失禮也,寡人恐後世之以寡人能存燕而朝之也。"乃下車,而令燕君還車,乃剖燕君所至而與之,遂溝以爲境而後去。諸侯聞桓公之義,口不言而心皆服矣。故九合諸侯,莫不樂德;扶興天子,莫不勸從。誠退讓,人孰弗戴也。(卷六,頁249—250)

	篇　目	賈誼《新書》原文
6	《春秋》	孫叔敖之爲嬰兒也,出遊而還,憂而不食,其母問其故。泣而對曰:"今日吾見兩頭蛇,恐去死無日矣。"其母曰:"今蛇安在?"曰:"吾聞見兩頭蛇者死,吾恐他人又見,吾已埋之也。"其母曰:"無憂,汝不死。吾聞之,有陰德者,天報以福。"人聞之,皆諭其能仁也。及爲令尹,未治而國人信之。(卷六,頁250)
7	《諭誠》	楚昭王當房而立,愀然有寒色,曰:"寡人朝饑饉時,酒二酣,重裘而立,猶憭然有寒氣,將奈我元元之百姓何?"是日也,出府之裘以衣寒者,出倉之粟以賑饑者。居二年,闔閭襲郢,昭王奔隋。諸當房之賜者,請遷,至死之寇。闔閭一夕而十徙卧,不能賴楚,曳師而去。昭王乃復。當房之德也。(卷七,頁279)
8	《諭誠》	昔楚昭王與吳人戰,楚軍敗,昭王走,屨决背而行失之,行三十步,復旋取屨。及至於隋,左右問曰:"王何曾惜一踦屨乎?"昭王曰:"楚國雖貧,豈愛一踦屨哉?思與偕反也。"自是之後,楚國之俗無相棄者。(卷七,頁280)
9	《退讓》	翟王使使至楚,楚王欲誇之,故饗客於章華之臺。上者三休,而乃至其上。楚王曰:"翟國亦有此臺乎?"使者曰:"否。翟,寠國也,惡見此臺也?翟王之自爲室也,堂高三尺,壤陛三絫,茆茨弗剪,采椽弗刮,且翟王猶以作之者大苦,居之者大佚,翟國惡見此臺也!"楚王媿。(卷七,頁284—285)
10	《胎教》	衛靈公之時,蘧伯玉賢而不用,彌子瑕不肖而任事。史鰌患之,數言蘧伯玉賢而不聽。病且死,謂其子曰:"我即死,治喪於北堂,吾生不能進蘧伯玉而退彌子瑕,是不能正君也。生不能正君者,死不當成禮。死而置屍於北堂,於我足矣。"靈公往弔,問其故,其子以父言聞。靈公戚然易容而寤,曰:"吾失矣!"立召蘧伯玉而進之,召彌子瑕而退之,徙喪於堂,成禮而後去。衛國已治,史鰌之力也。夫生進賢而退不肖,死且未止,又以屍諫,可謂忠不衰矣。(卷十,頁393)

　　其實賈誼《新書》與《左傳》之關係，大抵僅在於賈生引用《左傳》故事立說而已。至於史事中之細節，賈生或別有所據，未必遵從《左氏》，此漢初學術崇尚自由之風氣使然。汪中《賈誼新書序》云："其時經之授受，不著竹帛。解詁屬讀，率皆口學。其有故書雅記，異人之聞，則亦依事枚舉，取足以明教而已。"①汪氏之言是也。

　　賈誼《新書》所載春秋史事，雖多與《左傳》、《國語》未合，然賈生語有足采者，故劉向《説苑》、《新序》、《列女傳》每有采之，茲列如下：

	賈誼《新書》	劉向著述
1	《春秋》楚惠王食寒菹得蛭	《新序·雜事四》
2	《春秋》鄒穆公以粃換粟	《新序·刺奢》
3	《春秋》楚王欲淫鄒君	
4	《春秋》晉文公出畋遇蛇	《新序·雜事二》
5	《春秋》齊桓公割地歸燕	《説苑·貴德》
6	《春秋》孫叔敖遇兩頭蛇	《列女傳·仁智》《新序·雜事一》
7	《諭誠》楚昭王因當房之德而復國	
8	《諭誠》昭王戰中取屨	
9	《退讓》翟使至章華之臺	
10	《胎教》史鰌屍諫衞靈公	《新序·雜事一》

上表所列十件春秋史事，《左傳》、《國語》俱未嘗載之，惟劉向《新序》、

---

①　《賈誼新書序》，載《新編汪中集》，文集第四輯，頁 423。王更生《賈誼春秋左氏承傳考》亦云："今案賈誼之引春秋與左氏多不合，蓋因其經之授受，不著竹帛，解詁屬讀，率皆口學耳，其有故書雅記異人之聞，則亦依事枚舉，取足以明教而已。"(《賈誼春秋左氏承傳考》，頁141。)王氏所言是也，其説蓋襲用汪中而未明言之。

《說苑》、《列女傳》所輯春秋史事，每有與賈誼《新書》相同，《新書》或即劉向所本。賈誼《新書》所載春秋史事之價值可見一斑。

三、結　語

準上所論，賈誼《新書》與《左傳》之關係可總之如下：

1. 學者嘗言賈誼師事張蒼，傳《左傳》，今考知賈誼與張蒼於政見上有所不同，且賈誼亦無緣師承張蒼，則葉夢得、魏了翁、劉師培、狩野直喜、王更生等謂賈誼師承張蒼，其說似亦可商。

2. 班固《漢書·儒林傳》謂賈誼“爲《左氏傳》訓故”，今“訓故”之書不見，惟據汪中、劉逢祿、汪之昌等考證，以爲賈誼《新書》所載春秋史事亦與《左傳》有異。二汪、劉所言是也。

3. 賈誼《新書》二十多次援引春秋史事，其中與《左傳》相同者僅有二例，與《國語》相同者亦只三例，其他史事，皆未知賈生所本。且賈生偶用《左傳》、《國語》，意亦不在說解二書，僅爲引用其事而已，“咸非其本義”。①

4. 賈誼《新書》與《左傳》之關係，大抵只爲賈生引用《左傳》故事立說而已。史事中之細節，賈生或別有所據，未必遵從《左氏》，此漢初學術崇尚自由之風氣使然。汪中《賈誼新書序》云：“其時經之授受，不著竹帛。解詁屬讀，率皆口學。其有故書雅記，異人之聞，則亦依事枚舉，取足以明教而已。”②汪氏之言是也。

5. 汪之昌《賈子新書書後》言《新書》所記春秋史事“皆與《左氏

---

① 班固《漢書·藝文志》云：“漢興，魯申公爲《詩》訓故，而齊轅固、燕韓生皆爲之傳。或取《春秋》，采雜說，咸非其本義。與不得已，魯最爲近之。”（《漢書》，卷三十，頁1708。）此處處言三家《詩》大抵皆非本義，可見漢人解經之法如是，賈生用春秋史事，或亦如此。

② 《賈誼新書序》，載《新編汪中集》，文集第四輯，頁423。

傳》異同，尤足見其廣徵博引，異於株守一先生之説者。"①其言甚是。太史公謂賈生"頗通諸子百家之書"，②今觀其言春秋史事，良有以也。且劉向諸書或亦多有採之，益見賈生所論春秋史事頗有價值。

（此文於 2005 年發表於劉小楓、陳少明主編《經典與解釋》
第六期，頁 181—198。收入本書時略作修訂。）

---

①　《青學齋集》，卷二十三，頁 3a。
②　《史記》，卷八十四，頁 2491。

論賈誼經學思想之時代意義

一、前人論述賈誼經學派別概説

賈誼,祖籍洛陽,漢文帝時人。漢初經學未盛,致力經學者多爲故秦博士,"經學至漢武始昌明,而漢武時之經學爲最純正"。① 可知賈生之時,經學既未定於一尊,且亦未爲大盛。惟後人論述賈生學術思想之時,多述其經學所承,以爲沿波討源,雖幽必顯。就《詩》而言,陳喬樅《魯詩遺説考》、王先謙《詩三家義集疏》、魏源(1794—1857)《詩古微》等皆以爲賈生用《魯詩》;至於《春秋》,學者多推尋賈生學術淵源,以爲其師承張蒼,修《左氏傳》訓故。及至用禮,又單憑片言隻語,少加考證,輒謂賈誼乃"荀子的再傳弟子"。② 以上衆説,皆可商而未可盡信。汪中云:"漢世慕尚經術,史氏稱其緣飾,故公卿或持禄保位,被阿諛之譏,博士講授之師,僅僅方幅自守,文吏又一切取勝。蓋仲尼既没,六藝之學其卓然著於世用者,賈生也。"③汪氏以爲賈生説事多用六經,卓然於世,今證以《新書》諸篇,知汪説是也;而《新書》與六經之關係亦可考

<hr />

① 皮錫瑞:《經學歷史》,頁 70。
② 王興國:《賈誼評傳》,頁 99。
③ 汪中:《賈誼新書序》,載《新編汪中集》,文集第四輯,頁 423。

見。又陸心源(1834—1894)《儀顧堂集》云:"漢儒承秦滅學之後,抱殘守缺,不爲無功,其能推本仲尼之學,卓然著於世用者,董仲舒以外,賈誼而已。"①指出賈誼之學卓然於世,推本孔子。

下文以賈誼《新書》與周秦兩漢典籍互見部分爲證,考察賈誼引用經籍之實況,以期打破前人所謂賈生學術淵源之成見。復以諸經爲例,細論賈誼《新書》所引經文,及其説解與經説之異同,並據此重構賈生用經之貌,以及其經學思想之時代意義。

二、賈誼《詩》學概説

陳喬樅《魯詩遺説考》、王先謙《詩三家義集疏》以爲賈誼之時惟有《魯詩》,賈生引《詩》立説必以魯義。② 賈誼生於西漢文帝之世,其時《毛詩》未行,故二人從而推論賈生引《詩》,必屬《魯詩》。反之,吳智

---

① 陸心源:《擬復漢儒賈誼從祀議》,載《儀顧堂集》,上海:上海古籍出版社據清光緒刻本影印,1995 年,卷三,頁 9a。

② 陳喬樅《魯詩遺説考》卷一解釋《騶虞》一詩云:"賈太傅時惟有《魯詩》,此所説《騶虞詩》即魯義也。"(陳喬樅:《三家詩遺説考·魯詩遺説考》,卷一,頁 32a,總頁 2354。)案:《三家詩遺説考》分爲《魯詩遺説考》、《齊詩遺説考》、《韓詩遺説考》三部分,下文引用《三家詩遺説考》,即分別以《魯詩遺説考》、《齊詩遺説考》、《韓詩遺説考》稱之,以示區別。又王先謙《詩三家義集疏》每多沿用陳喬樅説,其於賈生用《詩》之處,亦云:"賈時惟有《魯詩》,所引魯訓也。"是王氏亦以賈誼所用爲《魯詩》也。(王先謙:《詩三家義集疏》,北京:中華書局,1987 年,卷二,頁 121。)魏源《詩古微·齊魯韓毛異同論上》云:"賈誼、劉向博極群書,何以《新書》、《説苑》、《列女傳》宗《魯》而不宗《毛》?"(魏源:《詩古微》,臺北:藝文印書館據清光緒十四年江陰南菁書院本影印,1972 年,卷一,頁 3a,總頁 14599。)可見魏源亦以爲賈誼用《魯詩》也。王洲明、徐超《〈賈誼集校注〉前言》亦云:"漢初三家詩比毛詩盛行,而三家詩中魯詩又最盛行,所以《新書》十五條引詩,用魯詩者達十二條之多。"(王洲明、徐超校注:《賈誼集校注》,北京:人民文學出版社,1996 年,前言,頁 2。)可見二人亦以爲賈誼用《魯詩》。唯唐晏《兩漢三國學案》將賈生置於"不詳宗派"之列,説較近是。(唐晏:《兩漢三國學案》,北京:中華書局,1986 年,卷五,頁 213。)

雄則以爲“賈誼詮釋的詩義與毛詩義合者或近者爲多”。① 其實歷來學者論賈誼所用《詩》家，每多忽略賈生説《詩》，旨不在解經，而係依據先秦典籍以申述己意，説理述事。本書前文“賈誼説《詩》考”已就賈誼《新書》説《詩》及其互見文獻之關係作詳細討論，此不贅述。

　　前人所論賈誼引《詩》之文，其實多屬賈誼《新書》與他書重文互見處。此等文字皆各有所自，非必由賈生所創。倘以此等文字論述賈生所屬詩派，未免失諸偏頗。漢初詩學流派分立，門户之見未成，賈生“以能誦《詩》屬《書》聞於郡中”、“頗通諸子百家之書”，②今觀其説《詩》，方知其言不易矣。西漢初年，三家《詩》未立學官，文人多用文獻説《詩》，實未可入於三家範疇。陳喬樅、王先謙等以爲賈誼引《詩》必屬魯説，實有可商之處。劉立志《漢代詩經學史論》撰有“漢代《詩經》學者圖表”，以爲賈誼引《詩》不以三家囿之，③可謂知言。

三、賈誼《春秋》學概説

　　據《漢書・儒林傳》、《隋書・經籍志》和《經典釋文・序録》所載，賈誼與《左傳》一書關係密切，其由有二：一爲賈生師承張蒼，習《左氏》之學，並傳之貫公，以至誼孫嘉。④ 二爲賈生撰有《左氏傳》訓故。後世學

---

　　① 吴智雄：《西漢前期經學思想研究》，高雄：臺灣中山大學中國文學系博士論文，2002 年，頁 200。

　　② 《史記》，卷八十四，頁 2491。

　　③ 劉立志：《漢代詩經學史論》，北京：中華書局，2007 年，頁 189。

　　④ 案：沈玉成、劉寧《春秋左傳學史稿》云：“《經典釋文・敍録》所記《左傳》的傳承，全部照抄《别録》和《漢書》，但在賈誼之後多出一句‘誼傳至其孫嘉’，然後由賈嘉傳給貫公，同時，和張禹同出貫長卿門下的還有張敞。貫公爲河間獻王劉德博士，劉德以景帝前元二年（前 155）立，在位二十六年而卒（武帝元光五年，前 130），賈誼卒於文帝前元十二年（前 168），年三十三。以年齡推算，似乎不太可能由他的孫子去傳授《左傳》於貫公。陸德明（轉下頁）

者據此加以發揮，唐晏《兩漢三國學案》以賈生爲《左傳》學者，①劉師培謂張蒼“作《張氏微》十篇，以授賈誼。誼作《左氏傳訓故》，遺説具見《賈子新書》。賈氏世傳其業，誼兼授貫公”。② 又云：“賈誼受左氏學于張蒼，世傳其學，至于賈嘉。”③是皆置賈生於《左傳》授受源流之統，以爲賈生必屬《左氏》學者。今人王更生《賈誼春秋左氏承傳考》云：

> 西漢劉向條《別録》，首明《春秋》傳授次第；班固傳《儒林》，言北平侯張蒼、及梁太傅賈誼、京兆尹張敞、太中大夫劉公子，皆修《左氏傳》，而列賈誼於張蒼之後，其承傳關係，於焉可見。④

王氏所論受《漢書》、《隋書》等啟發，惜未有以《新書》、《左傳》文本爲據，深入討論，誠屬憾事。

　　細考《史記》、《漢書》本傳所載，賈誼即使學習《左傳》，亦不可能傳自張蒼。賈誼爲洛陽人，年十八，河南守吴公召至門下。文帝元年（前179），徵爲博士，賈生此時方離開洛陽，赴任長安。張蒼於呂后八年（前180）爲御史大夫，文帝四年（前176）“丞相灌嬰卒，張蒼爲丞相”。⑤ 賈誼本傳謂年十八而通《詩》《書》，誦諸子百家之言，即使學習《左傳》亦不必傳自張蒼矣。再者，張蒼以爲漢當繼秦水德，色尚黑；賈誼則謂改正朔，易服色，色尚黄，數用五，持見亦有所不

（接上頁）所據何自，不詳。”（沈玉成、劉寧：《春秋左傳學史稿》，南京：江蘇古籍出版社，1992年，頁78。）準此，有關賈誼傳授《左傳》之過程實在有可疑之處，未可輕易論定。

① 唐晏：《兩漢三國學案》，北京：中華書局，1986年，卷九，頁448。
② 劉師培：《左氏學行於西漢考》，載《劉申叔遺書》，左盦集，卷二，頁8b，總頁1216。
案：劉氏此文又有“研治群籍兼通左氏”一派，惟未有列賈誼於此範疇之内。
③ 劉師培：《經學教科書》，載《劉申叔遺書》，第一册，頁8b，總頁2078。
④ 王更生：《賈誼春秋左氏承傳考》，《孔孟學報》35，1978年，頁135。
⑤ 司馬遷：《史記》，卷九十六，頁2680。

同。① 由是觀之，賈誼當非張蒼弟子，前人謂賈生師事張蒼，其説皆有未備。② 徐復觀《中國經學史的基礎·西漢經學史》云：

> 因《左氏傳》自戰國中期後流行甚廣，傳習者多，所以《漢書·儒林傳》對漢初張蒼、賈誼、張敞、劉公子等"皆修《春秋左氏傳》"，而未著其所受，且四人間更没有傳承關係。③

徐氏所言甚是。張蒼與賈誼於《左傳》傳授並無承傳關係。蔡廷吉《賈誼研究》云："賈誼之習左氏，不必傳自張蒼，否則漢書儒林傳不應略其傳授關係。"④蔡氏所言良是，可見賈誼師承張蒼之説，其實並不足信。

劉毓崧謂賈誼"于諸經固多所發明，而其學之最精者，尤在于《春秋》"。⑤ 劉説是也。考諸《新書》，知賈生引春秋史事説理，多有溢出《左傳》者，即使《左傳》載有相關史事，其説法亦與賈生所述頗相逕庭。考賈誼《新書》所記春秋史事，共二十三條，下表即比較《新書》與《左傳》互見部分：

---

① 説參徐復觀：《賈誼思想的再發現》，載《兩漢思想史》卷二，頁121—122。
② 學者每謂賈誼師承張蒼，更以爲賈誼乃荀氏之再傳弟子。丁毅華《荀子、賈誼禮治思想的傳承》即以直線之傳承關係，表示賈生與荀卿之學術淵源：

荀卿→李斯→吳廷尉→賈誼

(丁毅華：《荀子、賈誼禮治思想的傳承》，《天津師大學報》6，1991年，頁33。)用"直線關係"以言漢代經學之傳承歷史，未必可信。徐復觀云："後人常以五經博士出現以後的師承家法的情形，加在以前的經學傳承上去，每經都安放一條直線單傳的系統，一若每代只有一人傳習，這都是出於傅會而非常不合理的。"又云："研究漢代經學史，應首先打破五經博士出現以後所僞造的傳承歷史。"(《賈誼思想的再發現》，載《兩漢思想史》卷二，頁121及頁122。)是以丁氏所列賈生師承關係，未可盡信。
③ 徐復觀：《中國經學史的基礎》，頁184。
④ 蔡廷吉：《賈誼研究》，頁11。
⑤ 劉毓崧：《通義堂文集》，上海：上海古籍出版社據民國劉氏刻求恕齋叢書本影印，1995年，卷八《西漢兩大儒董子賈子經術孰優論》，頁43b。

	賈誼《新書》所記春秋史事	《左傳》出處①	與《左傳》關係		
			完全因襲	所載有別	未見有載
1	《大都篇》楚靈王問范無宇事	昭公十一年		✓	
2	《審微篇》周襄王出逃	僖公二十四年		✓	
3	《審微篇》晉文公請隧	僖公二十五年		✓	
4	《審微篇》叔孫于奚請曲縣繁纓	成公二年		✓	
5	《傅職篇》傅人之道				✓
6	《容經篇》釋《詩·邶風·柏舟》	襄公三十一年	✓		
7	《春秋篇》楚惠王食寒葅得蛭				✓
8	《春秋篇》衛懿公喜鶴亡國	閔公二年		✓	
9	《春秋篇》鄒穆公以秕換粟				✓
10	《春秋篇》楚王欲淫鄒君				✓
11	《春秋篇》晉文公出畋遇蛇				✓
12	《春秋篇》齊桓公割地歸燕				✓
13	《春秋篇》孫叔敖遇兩頭蛇				✓
14	《先醒篇》楚莊王圍宋伐鄭	宣公十一至十四年		✓	
15	《先醒篇》宋昭公出亡至境	文公十六年		✓	

①　賈誼《新書》部分史事見於《國語》，而《國語》與《左傳》本有《春秋》內外傳之稱，唯本部分先比較《左傳》與《新書》之關係，至若《國語》之部，自當撰文另述。

	賈誼《新書》所記春秋史事	《左傳》出處	與《左傳》關係		
			完全因襲	所載有別	未見有載
16	《先醒篇》虢君驕恣亡身	哀公十一年		✓	
17	《耳痹篇》伍子胥助吳伐楚	昭公二十年、定公四年、哀公十一年		✓	
18	《諭誠篇》楚昭王因當房之德而復國				✓
19	《諭誠篇》昭王戰中取屨				✓
20	《退讓篇》翟使至章華之臺	昭公七年			✓
21	《禮容語下》魯叔孫昭聘于宋	昭公二十五年	✓		
22	《禮容語下》晉叔向聘於周				✓
23	《胎教篇》蘧伯玉賢而不用				✓

賈生言春秋史事，因襲《左傳》文字者僅有二例，已見上表。至於其他春秋史事，賈生所言有與《左傳》故事相近者，惟所記略有不同，二者並無互見重文關係。可見賈生即使引用《左傳》，亦旨在言其史事，並非旨在解經。汪之昌《賈子新書書後》云：

　　其述《左氏》事，《禮容篇》叔孫昭子一條、《先醒篇》宋昭公出亡而復位、虢君出走其御進酒食及枕土而死，《耳痹篇》子胥荷籠而自投於江，《諭誠篇》楚昭王以當房之德復國，今《左氏傳》並無其文。《審微篇》晉文公請隧、叔孫于奚救孫桓子，《春秋篇》衛懿公好鶴亡國，《先醒篇》楚莊王與晉人戰於兩棠、會諸侯於漢陽申天子之禁,皆與《左氏傳》異同,尤足見其廣徵博引,異於株守一先生之說者。①

　　汪氏謂賈誼《新書》各篇所載春秋史事少與《左傳》文字相合,正見其"廣徵博引",與後世株守一家師說之經師大相逕庭。有關賈誼《新書》所引春秋史事與《左傳》之異同,具見前文討論,此不贅述。

　　其實賈誼《新書》與《左傳》之關係,大抵僅在於賈生引用《左傳》故事立說而已。至於史事中之細節,賈生或別有所據,未必遵從《左氏》,此漢初學術崇尚自由之風氣使然。汪中《賈誼新書序》云:"其時經之授受,不著竹帛。解詁屬讀,率皆口學。其有故書雅記,異人之聞,則亦依事枚舉,取足以明教而已。"②汪氏之言是也。太史公謂賈生"頗通諸子百家之書",③今觀其言春秋史事,良有以也。此外,學者嘗言賈誼師事張蒼,傳《左傳》,今考知賈誼實無緣師承張蒼,故前人所說成疑。

四、賈誼禮學概説

　　陳澧《東塾讀書記》云:"賈誼之學,蓋長於禮。"④陳說是也。賈誼

　　① 汪之昌:《青學齋集》,卷二十三,頁 3a。又劉汝霖《漢晉學術編年》云:"觀其書中述《左氏》事,僅《禮容篇》叔孫昭子一條。《先醒篇》言宋昭公出亡而復位;虢君出走,其御進酒食及枕土而死;《耳痺篇》言子胥何籠而自投於江;《諭誠篇》言楚昭王以當房之德復國;皆不合《左氏》。《審微篇》言晉文公請隧,叔孫于奚救孫桓子,《春秋篇》言衛懿公喜鶴而亡其國,《先醒篇》言楚莊王與晉人戰於兩棠,會諸侯於漢陽,申天子之禁。皆與《左氏》異。"(劉汝霖:《漢晉學術編年》,北京:中華書局,1987 年,頁 52—53。)劉氏所言與汪之昌取意相近,皆謂《新書》與《左傳》互見部分不多。
　　② 汪中:《賈誼新書序》,載《新編汪中集》,文集第四輯,頁 423。王更生《賈誼春秋左氏承傳考》亦云:"今案賈誼之引春秋與左氏多不合,蓋因其經之授受,不著竹帛,解詁屬讀,率皆口耳,其有故書雅記異人之聞,則亦依事枚舉,取足以明教而已。"(王更生:《賈誼春秋左氏承傳考》,頁 141。)王氏所言是也,其說蓋襲用汪中而未明言之。
　　③ 《史記》,卷八十四,頁 2491。
　　④ 陳澧:《東塾讀書記》,卷十三,頁 3a。

《新書》引《禮》文凡十三則,其中七則見於《禮記》,兩則見於《周禮》,三則爲佚文。賈生爲漢初通儒,其時因秦之速亡,尚仍在目,有志之士,多以此爲鑒;賈生提出以禮治國,其引禮文,涉乎其禮論者衆。賈誼之禮治思想,學者嘗有論之,如唐雄山云:"賈誼的理想政治是禮治。"[1]今考《新書》,知賈生之禮治思想,乃承自荀卿。前人學者每多論述賈誼禮治思想與荀卿之關係,如汪中以爲賈誼"固荀氏再傳弟子也。故其學長於禮"。[2] 饒宗頤云:"賈長沙之學,於荀卿爲再傳。"[3]二人所論並是。下文則主要探討賈誼引《禮》之文,以見其禮治思想之所據。至於賈生與荀卿之學術淵源,自當另文討論。賈誼《新書》引《禮》文者衆,下僅就引《禮記》、《周禮》、佚《禮》各舉一例:

例一: 三引《禮記·王制》以論蓄積

　　《新書·憂民》:"王者之法,民三年耕而餘一年之食,九年而餘三年之食,三十歲而民有十年之蓄。"[4]
　　《新書·憂民》:"王者之法,國無九年之蓄謂之不足,無六年之蓄謂之急,無三年之蓄曰國非其國也。"[5]
　　《新書·無蓄》:"《王制》曰:'國無九年之蓄,謂之不足;無六年之蓄,謂之急;無三年之蓄,國非其國也。'"[6]

案:《新書》所引見諸《禮記·王制》"國無九年之蓄曰不足,無六年之蓄曰急,無三年之蓄曰國非其國也。三年耕,必有一年之食。九年耕,

---

① 唐雄山:《賈誼禮治思想研究》,廣州:中山大學出版社,2005 年,引言,頁 5。
② 汪中:《賈誼新書序》,載《新編汪中集》,文集第四輯,頁 423。
③ 饒宗頤:《賈誼研究序》,載陳炳良、陳煒良、江潤勳:《賈誼研究》,饒序,頁 1。
④ 《新書校注》,卷三,頁 124。
⑤ 同上,卷三,頁 124。
⑥ 同上,卷四,頁 164。

必有三年之食。"①賈生所引與《王制》文字大抵相同。賈誼漢初人,距秦亡尚近,故其論治國之道,多以休養生息爲主。此文所引,意在以史爲鑒,述説糧食積蓄之重要性。古代社會以農立國,賈生治國之道,亦以農爲本、以商爲末,持重農抑商之見。王興國云:"古代積蓄的多少,是儒家用來考察官吏賢否而定黜陟的標準。"②王氏所言有理。可知賈生引《禮記》文字,亦旨在論治國之道。

例二:

　　　《新書·審微》:"禮,天子之樂宫縣,諸侯之樂軒縣,大夫直縣,士有琴瑟。"③

案:此文見於《周禮·春官·小胥》,文字稍有不同。《周禮·春官·小胥》:"正樂縣之位,王宫縣,諸侯軒縣,卿大夫判縣,士特縣,辨其聲。"④意謂修正懸掛樂器之位,王者四面均有懸掛樂器,諸侯除南方外三面懸掛樂器,卿大夫在東西兩面懸掛樂器,士在東面懸掛樂器,各有不同,以辨其聲。賈生化用《周禮》此文,接之以春秋時衛大夫叔孫于奚向衛君請曲縣、繁纓事,此事見諸《左傳·成公二年》。可知賈生用禮志在補充春秋史事,亦其博通諸家典籍之證。

例三:

　　　《新書·保傅》:"《學禮》曰:'帝入東學,上親而貴仁,則親疏有序而恩相及矣。帝入南學,上齒而貴信,則長幼有差而民不誣矣。帝入西學,上賢而貴德,則賢智在位而功不遺矣。帝入北學,

---

①　《禮記正義》,載《十三經注疏(整理本)》,卷十二,頁441。
②　《賈誼評傳》,頁191。
③　《新書校注》,卷二,頁74。
④　《周禮注疏》,載《十三經注疏(整理本)》,卷二十三,頁712。

上貴而尊爵,則貴賤有等而下不踰矣。帝入大學,承師問道,退習
而考於大傅,太傅罰其不則而匡其不及,則德智長而理道得矣。此
五學既成於上,則百姓黎民化輯於下矣。'"①

案:賈誼所引《學禮》屬佚禮。汪照云:"《學禮》,蓋古《禮經》也,今失
傳。"②賈生引此,旨在說明天子學習之程序及重要性。《新書·保傳》
此文前謂"及太子少長,知好色,則入於學。學者,所學之官也",《學
禮》以後接之以"學成治就,是殷周所以長有道也"。③可知賈生引《學
禮》之文,亦與其以秦亡爲鑒之論一脈相承。秦之速亡,賈生以爲與不
善教育太子相關,故其謂殷周所以長而有道,乃因教導太子有方;至若
秦之速亡,則秦始皇以趙高傅胡亥之果也。

　　此外,《新書·數寧》又引"《禮》:'祖有宗,宗有德。'"④以及
《保傳》引"《明堂之位》"⑤兩段佚《禮》,可見《新書》文字亦有存舊
之功。

　　準上所論,賈生引《禮》文,亦不囿於一家之説,而以其禮治思想
爲核心,博用諸書,援經説事,泛引《禮記》、《周禮》,乃至佚《禮》之
文。其中尤以引佚《禮》最堪注意,證賈生用經不單採一家,而必博
採衆説。徐復觀云:"通過《新書》看,賈誼對《六藝》的評價,無分軒
輕;但對於禮他下了更多的工夫。"⑥今觀其以禮述事已博采衆説,信
哉其言。

　　① 《新書校注》,卷五,頁184。
　　② 汪照:《大戴禮注補》,上海:上海古籍出版社據清嘉慶九年(1804)金元鈺等刻本影
印,卷三,頁3b。
　　③ 《新書校注》,卷五,頁184。
　　④ 同上,卷一,頁30。案:《新書校注》闕"《禮》"字,考《新書》諸本俱有"禮"字,
今據之補。
　　⑤ 同上,卷五,頁185。
　　⑥ 《中國經學史的基礎》,頁213。

五、賈誼《易》學概説

賈誼《新書》引《易》五則，其中一則重見，一則爲今本《易》之佚文。秦火之時，《易》未在焚毀之列，是以漢興以來，《易》學傳授不絶。《漢書·藝文志》云："及秦燔書，而《易》爲筮卜之事，傳者不絶。漢興，田何傳之。"①此可證漢初傳《易》不斷。賈誼漢初人，下文舉例説明賈生用《易》之情況，以見漢初《易》學之一隅：

例四：

《新書·容經》云："龍也者，人主之辟也。亢龍往而不返，故《易》曰'有悔'。悔者，凶也。潛龍入而不能出，故曰'勿用'。勿用者，不可也。龍之神也，其惟茲龍乎。能與細細，能與巨巨，能與高高，能與下下。吾故曰：龍變無常，能幽能章。故聖人者，在小不寶，在大不宄；狎而不能作，習而不能順；姚不愔，卒不妄；饒裕不贏，迫不自喪；明是審非，察中居宜。此之謂有威儀。"②

案：本篇名爲《容經》，旨在討論禮容。此處賈生用《易》理以釋威儀，亦賈生引用古代經籍之一貫方法，即不拘某家，重在引書説理。賈生此處所引，"亢龍"四句乃出《易·乾》"上九，亢龍有悔"，③"潛龍"四句則爲《易·乾》"初九，潛龍勿用"。④ 鍾夏云："解悔爲凶者殊少見，惟《公羊傳·襄公二十九年》注'悔，咎也'，與誼説近。"⑤"考之諸説，似無誼

---

① 班固：《漢書》，卷三十，頁1704。
② 《新書校注》，卷六，頁230。
③ 《周易正義》，載《十三經注疏（整理本）》，卷一，頁8。
④ 同上，卷一，頁2。
⑤ 《新書校注》，卷六，頁243。

所謂'入而不能出'之義,九二即謂'見龍在田,利見大人'。"①可知學者多以賈生説解與諸解或異。賈生之解説非章句之儒所能囿,至其説解每多加引申,大有先秦賦《詩》斷章取義之遺風。吳智雄因云:"賈誼於《容經》中引此《易》文,重點在强調國君必須具有明是審非、察中居宜的威儀之容,所以特引初九與上九經文,一在下,一在上,下者入而不能出,上者往而不返,上下變化莫測、捉摸不定,以此方能有效駕馭群臣,統治國家。"②吳氏亦指出賈生解《易》旨在陳説國君威儀之容,並不專在解經。

例五:

　　《新書·春秋》、《君道》云:"《易》曰:'鳴鶴在陰,其子和之。'"③

案:賈生所引見《易·中孚》"九二:鳴鶴在陰,其子和之"。④ 意謂鶴於不顯眼處鳴叫,其幼鶴亦隨聲應和。《春秋篇》引《易》以評鄒穆公。穆公因治國有道,愛護人民,深爲國人愛戴。後穆公死,百姓悲痛不已,不論男女老少,任何職業,俱欲報穆公之大德,賈生遂引《易》文以示此等應和。孔《疏》:"處於幽昧,而行不失信,則聲聞于外,爲同類之所應焉。"⑤其解説亦與賈生謂穆公治國以德,因而百姓愛之,至死而不渝之情相類。可知孔氏所解與賈生取意相近。至若《君道篇》引《易》,旨在借周文王之逸事,刻劃人君與臣民關係之理想境界。賈生於《易》文後,復加"言士民之報也"句,指出因文王之大德,故百姓"不愛其死,不

---

① 《新書校注》,卷六,頁243。
② 吳智雄:《西漢前期經學思想研究》,頁206。
③ 此語兩見《新書》。《新書校注》,卷六,頁248;卷七,頁288。
④ 《周易正義》,載《十三經注疏(整理本)》,卷六,頁285。
⑤ 同上,卷六,頁285—286。

憚其勞,從之如集",①大抵亦跟上文孔《疏》"聲聞于外,爲同類之所應"取意相近。

例六:

> 《新書·胎教》:"《易》曰:'正其本而萬物理,失之毫釐,差以千里。'故君子慎始。《春秋》之元,《詩》之《關雎》,《禮》之《冠》、《婚》,《易》之《乾》、《坤》,皆慎始敬終云爾。"②

案:賈誼主張教育太子當從母親懷胎時開始,遂引上述《易》文,以明"君子慎始"③之意。此"《易》曰"之文,盧辯云:"據《易説》言也。"孔廣森云:"《易説》,通卦驗文。"④是二人以爲此爲緯書之文。惟今《易》無此文,孔氏所言實不知所據。王利器云:"考緯候起於哀、平,兩戴所記爲古記之文。賈誼、東方朔、司馬遷時,緯候未出,何緣見之。"⑤賈誼漢初人,其時緯書未出,孔穎達以爲數句爲《易·繫辭》文也"。⑥ 惟今《易·繫辭》未見此文,未知孔穎達所據。向宗魯云:"孔沖遠非不讀《易》者,以爲《繫辭》,必有所受之矣。"⑦向氏所論雖未有明證,純屬推想之辭,惟孔穎達既謂爲《易·繫辭》,想必其時可見此文,今散佚而已。考"失之毫釐,差以千里"二句乃漢人習用語,《禮記·經解》、⑧

---

① 《新書校注》,卷七,頁 288。
② 同上,卷十,頁 390。
③ 《新書校注》,卷十,頁 390。
④ 孔廣森:《大戴禮記補注》,上海:商務印書館,1939 年,卷三,頁 36。
⑤ 王利器:《風俗通義校注》,北京:中華書局,1981 年,卷二,頁 61。
⑥ 《禮記正義》,載《十三經注疏(整理本)》,卷五十,頁 1603。
⑦ 向宗魯:《説苑校證》,北京:中華書局,1987 年,卷三,頁 56。
⑧ 案:《禮記·經解》云:"故禮之教化也微,其止邪也於未形,使人日徙善遠罪而不自知也。是以先王隆之也。《易》曰:'君子慎始,差若豪氂,繆以千里',此之謂也。"(《禮記正義》,載《十三經注疏(整理本)》,卷五十,頁 1603。)《禮記》此文引《易》有"君子慎始"四字,倘此句亦屬《易》文,則《新書》"故君子慎始"五字亦當屬《易》文矣。

《大戴禮記·禮察》、《史記·太史公自序》、①東方朔《化民有道對》、②《説苑·建本》、③《風俗通義·正失》④俱嘗引之,文字少異,而皆稱之爲"《易》"。大抵賈生所引此《易》文並非緯書,而是今本《周易》之佚文。此《新書》多存古説之又一明證。

賈生用《易》,亦如上引諸經相同,皆借經書内容以申述己説。且賈生引《易》亦有不見於今本《易》者,更可見賈生近古,其時所見書與今日或異。因此,今日藉《新書》以保留者,不僅爲賈誼之遺文,更是諸經於西漢初年之歧解異説。

六、賈誼《書》學概説

《史記》本傳謂賈生以能"誦《詩》屬《書》聞於郡中",⑤可知其於《書》亦嘗涉獵。惟唐晏云:"西漢之初,《書》出最後,故陸生、賈生箸書多引《易》、《詩》、《春秋》而不及《書》。至文帝始獲伏生,雖遣晁錯往受,習者終鮮。"⑥徐復觀《兩漢思想史》謂賈誼"與陸賈一樣,没有引用到'《書》',而他對'《書》'的内容,只從字義上加以陳述;如《道德説篇》'是故著之竹帛謂之書,書者此之著也。'我

---

① 案:《史記·太史公自序》云:"故《易》曰'失之豪釐,差以千里'。"(《史記》,卷一百三十,頁3298。)

② 《漢書》,卷六十五,頁2858。案:東方朔云:"上爲淫侈如此,而欲使民獨不奢侈失農,事之難者也。陛下誠能用臣朔之計,推甲乙之帳燔之於四通之衢,卻走馬示不復用,則堯舜之隆宜可與比治矣。《易》曰:'正其本,萬事理;失之豪氂,差以千里。'願陛下留意察之。"

③ 案:《説苑·建本》云:"《易》曰:'建其本而萬物理,失之毫釐,差以千里。'是故君子貴建本而重立始。"(《説苑校證》,卷三,頁56。)《説苑》所引《易》與賈生最爲接近。

④ 案:《風俗通義·正失》云:"《論語》曰:'名不正則言不順。'《易》稱:'失之毫釐,差以千里。'故糾其謬曰《正失》也。"(《風俗通義校注》,卷二,頁59。)

⑤ 《史記》,卷八十四,頁2491。案:《漢書·賈誼傳》作"以能誦《詩》《書》屬文稱於郡中",文字與《史記》本傳所載略有不同,於義無異。(《漢書》,卷四十八,頁2221。)

⑥ 《兩漢三國學案》,卷三,頁99。

推測,秦政焚書,以對《書》的影響最大。漢初伏生以其殘篇‘教於齊魯之間’,晁錯尚未奉詔受讀,所以賈生僅知有其名而未嘗讀其書。"①唐、徐二説未是。徐復觀後來知悉前説未是,以爲自己"犯下了大錯",並云:

> 賈誼《新書》卷五《保傅篇》引"《書》曰,一人有慶,兆民賴之",此係引用《呂刑》(一稱《甫刑》)又卷七《君道篇》引"《書》曰,大道亶亶,其去身不遠。人皆有之,舜獨以之",這可能是出自今日看不到的《逸書》。並且他把傳統的"《詩》《書》"的序列,改變爲"《書》《詩》"的序列,把《書》的地位安放於《詩》之上,這不能不懷疑他曾看到了《書》或《書》的一部分。他是雒陽人,生於高祖七年(西前二〇〇年),卒於文帝十二年(西前一六八年);文帝即位之初,召爲博士;而朝廷知道有伏生,據《儒林傳》,也在文帝時代;以賈生之出生地與齡,不可能受到伏生的《書》教。則賈生在雒陽"以能誦《詩》《書》屬文稱於郡中"(本傳)的"能誦《詩》《書》"中的《書》,並非虛語;當時雒陽,尚有民間所出之《書》可誦,特旋被埋没不章,遂使伏生獨得傳《書》之名,不是不可能的。②

徐氏指出《新書》有二段出自《書》之文字,較其前説可信。並以引文證成"能誦《詩》《書》"之可信。惟徐説尚有未備處,今翻檢整部《新書》,可見"《新書》引《書》之處凡三,一出於《呂刑》篇,一出於《蔡仲之命》篇,一未詳所出。"③至若《新書》引《書》之例,具見如下:

---

① 《賈誼思想的再發現》,載《兩漢思想史》(卷二),頁123。
② 《中國經學史的基礎》,頁114—115。
③ 黄錦鋐:《西漢之孔學》(二),《淡江學報》第4期,頁18。

例七：

>《新書·保傅》："《書》曰：'一人有慶，兆民賴之。'"①

案：此《書》文見《周書·吕刑》"一人有慶，兆民賴之"，②文字與《新書》所引無異。賈生引《吕刑》前云："夫教得而左右正，則太子正矣，太子正而天下定矣。"③顔師古注"一人有慶，兆民賴之"云："一人，天子也。言天子有善，則兆庶獲其利。"④知賈生引《書》，旨在説明教得太子正道直行，他日太子登位，百姓自可於此中得其利。《新書·保傅》專論如何教育太子，此處引《書》正與篇旨相合。孫星衍云："言天子有善，兆民享其利。"⑤取意正與賈生相近。

例八：

>《新書·春秋》："令尹避席，再拜而賀曰：'臣聞："皇天無親，惟德是輔。"王有仁德，天之所奉也，病不爲傷。'"⑥

案：《新書》所引"皇天無親，惟德是輔"二句，見諸《尚書·蔡仲之命》。⑦賈生此處引"皇天"二句乃見諸楚惠王食寒菹而得蛭之事。惠王食寒菹而得蛭，患腹疾而不能進食，理當懲處庖宰、監食等人，然惠王以爲弗忍，故不宣食寒菹得蛭之事。令尹因賀惠王，以爲惠王因有仁德，腹疾將癒。令尹賀惠王之時，即引"皇天無親，惟德是輔"二句，以

---

① 《新書校注》，卷五，頁186。
② 《尚書正義》，載《十三經注疏（整理本）》，卷十九，頁640。
③ 《新書校注》，卷五，頁186。
④ 《漢書》，卷四十八，頁2252。
⑤ 孫星衍：《尚書今古文注疏》，北京：中華書局，1986年，卷二十七，頁530。
⑥ 《新書校注》，卷六，頁246。
⑦ 《尚書正義》，載《十三經注疏（整理本）》，卷十七，頁534。

爲惠王有仁德,上天將助惠王克服此病。《蔡仲之命》屬《書序》百篇篇目之一。賈生引《書》本無"《書》曰"二字,①與其餘二例不同,且"皇天無親,惟德是輔"二句《左傳‧僖公五年》亦嘗引之,劉起釪《尚書學史》即以爲《新書》"皇天"二句後爲"僞古文《蔡仲之命》襲用"。② 總之,可知《新書》引《書》亦有存舊之功。

例九:

> 《新書‧君道》:"《詩》曰:'愷悌君子,民之父母。'言聖王之德也。《易》曰:'鳴鶴在陰,其子和之。'言士民之報也。《書》曰:'大道亶亶,其去身不遠,人皆有之,舜獨以之。'去射而不中者,不求之鵠,而反脩之於己。君國子民者,反求之己,而君道備矣。"③

案:《新書》引《書》"大道亶亶,其去身不遠,人皆有之,舜獨以之",乃屬今本《尚書》佚文。④ 考"大道亶亶,其去身不遠"二句,亦見於《文子‧道原》、⑤《淮南子‧原道》,⑥文前未言出《書》,且未有引録後二句。是以末二句是否屬於《尚書》佚文,委實存疑。王洲明等《賈誼集校注》、李爾綱《新書全譯》、閻振益等《新書校注》、于智榮《賈誼新書譯注》、饒東原《新書讀本》以爲四句俱爲《尚書》引文,劉殿爵《賈誼新書逐字索引》則以爲"大道"二句方是。若就《文子》、《淮南子》之互見

---

① 案:《新書‧春秋》楚惠王食寒菹而得蛭一文互見於《新序‧雜事四》、《論衡‧福虛》,二文亦僅引"皇天"二句,而無"《書》曰"二字。

② 劉起釪:《尚書學史》,北京:中華書局,1989 年,頁 98。

③ 《新書校注》,卷七,頁 288。

④ 案:《逸周書彙校集注》據陳逢衡《逸周書補注》輯"大道亶亶,其去身不遠。人皆有之,舜獨以之"爲《逸周書》之佚文。(黃懷信、張懋鎔、田旭東:《逸周書彙校集注》,上海:上海古籍出版社,2007 年,附録一佚文,頁 1172。)

⑤ 王利器:《文子疏義》,北京:中華書局,2000 年,卷一,頁 14。案:《文子‧道原》:"大道坦坦,去身不遠。"與《新書》所引文字稍有不同。

⑥ 《淮南子》,臺北:藝文印書館據宋鈔本淮南鴻烈解影印,1974 年第 3 版,卷一,頁 13a。案:《淮南子‧原道》:"大道坦坦,去身不遠。"與《新書》所引文字稍有不同。

資料而言,《賈誼新書逐字索引》標點較爲謹慎可取。

　　賈生此文遍引群經(《詩》、《易》、《書》),以論君主之正道。以《詩·大雅·泂酌》論聖王之德,以《易·中孚》論士民之報,最後以《書》論君主當求己修身,其實皆屬斷章取義,就事引經,不囿一家之説,而以論事説理爲務。

　　一如上引諸經,賈生引用《尚書》時以能論事説理爲尚。此外,賈生所引有未見於今本《尚書》者,後世輯佚者有據賈生引文而輯録《尚書》佚文,可見《新書》引文實有助於《尚書》輯佚。前人嘗謂賈誼《新書》未有引用《尚書》文字,此説可商。且《史》《漢》本傳皆謂賈生能誦《詩》《書》,故《新書》有引用《尚書》文字,自不爲奇。

七、賈誼總論六經

　　劉歆云:"在漢朝之儒,唯賈生而已。"①自《漢書·藝文志》起,歷代史籍多置賈誼於儒家,至《宋史·藝文志》始列入雜家。"儒術在漢初未見獨尊,諸子百家之書及傳記,皆充秘府,學者於周、秦諸子之學等量齊觀,不專治經學,亦無醇儒。賈誼生當其時,各學派思想混合而具有之多元性,正爲其思想所應具,不得責之以'雜'也。"②今究之整部《新書》,亦可見賈生思想複雜多元之處。然賈生論事既多引用儒家經典,復有總論六經之處,可藉以體現賈生經學思想之時代意義。

　　考《新書》之中,賈生嘗多番總論六經。《史》、《漢》本傳謂賈誼提倡改革漢室朝政時要"數用五",惟今見《新書》有《六術》、《道德説》等

---

① 《漢書》,卷三十六,頁1969。
② 蔡廷吉:《賈誼研究》,頁101。

篇,其中論事行文皆以六爲綱領,學者因而以爲此等篇章當屬賈生早年
作品,仍承秦之遺緒,數用六而不用五。^① 惟考諸賈生所論,其論六經
乃屬其道論之分屬。賈生論道術,以道爲體,以術爲用。他事亦皆以六
爲度。德有六理,皆由道所生,由六理而爲六德,由六德而外遂爲六術。
六術又即六行,而六行之教在於六藝。《新書・六術》云:

> 德有六理,何謂六理? 道、德、性、神、明、命。此六者德之理
> 也。六理無不生也,已生而六理存乎所生之內。是以陰陽、天地、
> 人盡以六理爲內度,內度成業,故謂之六法。六法藏內,變流而外
> 遂,外遂六術,故謂之六行。是以陰陽各有六月之節,而天地有六
> 合之事,人有仁、義、禮、智、信之行,行和則樂與,樂與則六,此之謂
> 六行。陰陽、天地之動也,不失六律,故能合六法;人謹修六行,則
> 亦可以合六法矣。然而人雖有六行,細微難識,唯先王能審之,凡
> 人弗能自志。是故必待先王之教,乃知所從事。是以先王爲天下
> 設教,因人所有,以之爲訓;道人之情,以之爲真。是故內本六法,
> 外體六行,以與《書》《詩》《易》《春秋》《禮》《樂》六者之術以爲大
> 義,謂之六藝。令人緣之以自修,修成則得六行矣。^②

可知六理之道,精微非常,絕非人人之所能得,故必遵循先王教化,以其
所設六藝之道爲教,然後方始有得。此後,賈生又論及六理、六美,以爲
實行六理、六美,實即行德之意,而將德書寫於竹帛便是書。至於六藝,
則於德各有表述,《道德説》云:

---

① 如王興國云:“《六術》、《道德説》中數多用六,顯爲承秦之制。《史記・秦始皇本
紀》云:‘數以六爲紀,符、法冠皆六寸,而輿六尺,六尺爲步,乘六馬。’而賈誼於漢文帝元年上
《論定制度興禮樂疏》中,建議‘色尚黄,數用五’,故其以六爲數的文章不應遲於此年。”(《賈
誼評傳》,頁55。)

② 《新書校注》,卷八,頁316。

　　《書》者,此之著者也;《詩》者,此之志者也;《易》者,此之占者也;
《春秋》者,此之紀者也;《禮》者,此之體者也;《樂》者,此之樂者也。①

此文分論六藝,以爲《書》用以紀録德,《詩》反映德之所志,《易》則用以
占驗德,《春秋》則編録與德相關之事,《禮》乃德之體現,《樂》爲表現行
德之歡樂。六經排列次序,衆説紛紜,據周予同所論,古文經學家認爲六
經是周公舊典,依據時間的先後排列爲《易》、《書》、《詩》、《禮》、《樂》、
《春秋》;今文經學家認爲六經爲孔子所作,用以教人,根據本身程度之深
淺排列爲《詩》、《書》、《禮》、《樂》、《易》、《春秋》。② 廖名春則不以爲然,
並據出土文獻爲證,以爲“孔子晚年以前輕視《周易》,所以殿《易》於
《詩》、《書》、《禮》、《樂》之後;晚年以後重《易》而輕《詩》、《書》、《禮》、
《樂》,所以冠《易》於《詩》、《書》、《禮》、《樂》之前”;③準此,六經排列
次序自不與今古文經學相關。

　　考諸《新書》,關於六藝排列之資料只有寥寥數則。廖名春《六經
次序探源》、王葆玹《西漢經學源流》同據《新書・六術》“以與《詩》、
《書》、《易》、《春秋》、《禮》、《樂》六者之術”句,以爲賈誼《新書》引六
藝次序當以《詩》爲首,④惟此説可商而未可盡信。今考《新書》諸本,
載《六術》一篇六藝次序,稍有差異,具列如下:

---

① 《新書校注》,卷八,頁 325。
② 周予同:《經今古文學》,載《周予同經學史論著選集》(增訂本),上海:上海人民出
版社,1996 年,頁 6—8。
③ 廖名春:《六經次序探源》,載廖名春:《中國學術史新證》,成都:四川大學出版社,
2005 年,頁 25。案:此文曾發表於 1999 年 10 月北京“紀念孔子誕辰 2500 週年暨國際儒學聯
合會第二屆會員大會”,後刊於《歷史研究》2002 年第 2 期。
④ 案:廖名春以爲除《六術篇》“偶以‘《易》、《春秋》’居‘《禮》、《樂》’前外,都是按照
《詩》、《書》、《禮》、《樂》、《易》、《春秋》的次序排列的”。(廖名春:《六經次序探源》,頁
15。)王葆玹《西漢經學源流》以爲“《新書》將《易》和《春秋》列於《詩》、《書》之後,……考慮
到西漢儒者逐漸認識到《易》與《春秋》的內容比《詩》、《書》更爲深奧,可見《新書》所講的次
序更合乎西漢魯學的習慣”。(王葆玹:《西漢經學源流》,臺北:東大圖書公司,1994 年,頁
73—74。)

	《新書》版本	卷/頁	《六術》原文
1	《兩京遺編》本	8/8a—b	以與《書》《詩》《易》《春秋》《禮》《樂》六者之術
2	《漢魏叢書》本	8/7a	以與《書》《詩》《易》《春秋》《禮》《樂》六者之術
3	《四部叢刊》本	8/9a	以與《書》《詩》《易》《春秋》《禮》《樂》六者之術
4	抱經堂校定本	8/7a—b	以與《詩》《書》《易》《春秋》《禮》《樂》六者之術
5	賈子次詁本	9/1b	以興《詩》《書》《易》《春秋》《禮》《樂》六者之術
6	賈誼集校注	甲編/312	以興《詩》《書》《易》《春秋》《禮》《樂》六者之術
7	賈誼新書逐字索引	8/58	以與《書》《詩》《易》《春秋》《禮》《樂》六者之術
8	新書全譯	8/362	以與《書》《詩》《易》《春秋》《禮》《樂》六者之術
9	新書校注	8/316	以與《書》《詩》《易》《春秋》《禮》《樂》六者之術
10	新譯新書讀本	頁386	以與《詩》《書》《易》《春秋》《禮》《樂》六者之術
11	賈誼新書譯注	8/241	以與《詩》《書》《易》《春秋》《禮》《樂》六者之術

據上表,可知有明諸本多作"《書》《詩》",至清世則以"《詩》《書》"爲主。序號6以下屬今人作品,多據明清諸本爲底本校點而成。今考《新書》引六藝次序可供比較者共七次,其中四次以《書》爲首,三次以《詩》居先。《新書·傅職》作"詩書禮樂無經"、"教誨諷誦詩書禮樂之不經不法不古",前者文字互見於《大戴禮記·保傅》,後者則無。此處

“詩書禮樂”之序,屬戰國以來習説,荀子反復提到“《詩》、《書》、禮、樂”次序,以《詩》居先。至於《君道》遍引《詩》《易》《書》三部典籍,其中所引《書》未見今本《尚書》,當爲佚文,則此處“《書》”是否必指《尚書》,亦未可知。

《六術》、《道德説》所引均以“《書》”爲首,“《詩》”次之,首尾呼應,環環相扣。且此皆引《書》、《詩》爲序並加以解説,有條不紊,説理井然。是以廖、王二氏以爲賈誼《新書》六藝排列之序,以《詩》爲先,其説未可盡信。

八、結語：漢初學者用經之再思考

準上所論,賈誼《新書》與六經關係密切,且賈生之用經,亦屬漢初文人説理述事之法。究其要者,總結如下:

第一,朱熹云:“賈誼之學雜。”①以“雜”概括賈生學術,其説蓋是。惟“雜”之意,非謂賈生學術思想漫不經心,反之,乃指賈生博通諸家之書,不能以一家一派之學囿之。傅斯年《性命古訓辨證》下卷第一章“漢代性之二元説”云:“在西漢以至東漢之初,百家合流,而不覺其矛盾,揉雜排合而不覺其難通,諸家皆成雜家,諸學皆成雜學,名曰尊諸孔子,實則統於陰陽,此時可謂爲綜合之時代。”②蔡尚志云:“彼時儒術未見獨尊,其視周、秦諸子之學爲同列,故漢初學者之學,固不專治經也。……漢代學者,實無醇儒,而其思想亦受各學各派之影響。”③傅、

---

① 黎靖德編:《朱子語類》,卷一百三十七,頁 3257。案:又朱熹云:“賈誼司馬遷皆駁雜。”(《朱子語類》,卷一百三十五,頁 3227。)可知朱熹以爲賈誼學術之特點乃在於雜。
② 傅斯年:《性命古訓辨證》,上海:商務印書館,1937 年第 2 版,下卷,第一章“漢代性之二元説”,頁 7a—b。
③ 蔡尚志:《賈誼研究》,頁 68。

蔡二人所言並是,可藉以得見漢初學者學術思想之實。劉歆稱先師皆出於建元之間,①皮錫瑞云:"自建元立五經博士,各以家法教授。"②可知家法、師法確立於武帝年間。後如陳喬樅、王先謙、唐晏嘗謂賈生之經學多爲魯説,惟賈生文帝時人,其時家法師法蓋未盛行,故此等説法未必可信。

　　第二,賈生用經特重經世致用。汪中云:"漢世慕尚經術,史氏稱其緣飾,故公卿或持禄保位,被阿諛之譏,博士講授之師,僅僅方幅自守,文吏又一切取勝。蓋仲尼既没,六藝之學其卓然著於世用者,賈生也。"③今考賈誼《新書》所引經説,大多隨事而解,斷章取義,賈生引經之目的乃以明事爲根本,並不旨在解經,汪氏所謂"著於世用"是也。《新書》述事説理並多引經籍爲證,藉以加强説理之説服力。任繼愈《中國哲學發展史》以爲賈誼"的思想和陸賈一樣,首先不是對某家思想的繼承,而是對現實的反映,和對歷史經驗的總結。他不同於尋章摘句,引經據典的陋儒,而是把現實情況作爲自己立論的根據。他的建議首先不是看符合不符合儒家的教條,而是着眼於如何解決面臨的問題"。④ 任氏所論,可謂真知灼見。

　　第三,《新書》解經文字,一字千金,彌足珍貴。如論春秋史事,不必只據《左傳》;解《詩》論《易》,時有異説。賈生爲學不主一家,今人研究賈生學術,亦不必只以一家經説囿之。

　　前人學者多以賈生屬魯學,其實更近齊學。蒙文通從地域文化分析賈生學術所尚,謂"齊學和魯學不同的根本原因,是齊學本重百家言",⑤"到漢文帝時,博士有魯學派的申公,有齊學派的賈誼(通諸子百

----

① 語見劉歆《移讓太常博士書》,載《漢書》,卷三十六,頁 1969。
② 《經學歷史》,頁 75。
③ 汪中:《賈誼新書序》,載《新編汪中集》,文集第四輯,頁 423。
④ 任繼愈:《中國哲學發展史(秦漢)》,北京:人民出版社,1985 年,頁 143—144。
⑤ 蒙文通:《經學導言》,載《經史抉原》,成都:巴蜀書社,1995 年,頁 28。

家之言），有内學派的公孫臣”。① 據本傳所載，賈誼爲洛陽人，屬晉地。
本傳謂賈生“頗通諸家之書”，正是齊學派學者之特質。漢初仍承戰國
遺風，諸侯林立，學風各異，未趨一致，蒙氏所論，可作深思。

　　　　　　　　　　（此文於 2014 年發表於《嶺南大學經學國際
　　　　　　　　　　　學術研討會論文集》，頁 905—939。）

---

① 蒙文通：《經學導言》，載《經史抉原》，頁 31。